# *Aggressionen im Kindes- und Jugendalter*

von

Dirk Varbelow

Tectum Verlag
Marburg 2000

Die Deutsche Bibliothek - CIP-Einheitsaufnahme

**Varbelow, Dirk:**
Aggressionen im Kindes- und Jugendalter
/ von Dirk Varbelow
- Marburg : Tectum Verlag, 2000
ISBN 3-8288-8148-3



Herstellung: Libri Books on Demand

Tectum Verlag
Marburg 2000

# Inhaltsverzeichnis


1 VORWORT ..... 5

2 PSYCHOANALYTISCHE ASPEKTE DER AGGRESSION ..... 7

2.1 DIE TRIEBTHEORIE ..... 7
2.2 DAS STRUKTURELLE PERSÖNLICHKEITSMODELL ..... 17
2.3 DIE PARTIALTRIEBE ..... 26
2.4 ANTISOZIALE TENDENZ UND DEPRIVATION ..... 29
2.5 DIE FRUSTRATIONS-AGGRESSIONS-HYPOTHESE ..... 33
2.6 KATHARSIS DER AGGRESSION(EN) ..... 48
2.7 AGGRESSION UND OBJEKTBEZIEHUNG ..... 54
2.8 ANGSTAGGRESSION ..... 58

3 PSYCHOLOGISCHE ASPEKTE DER AGGRESSION ..... 65

3.1 AGGRESSIONSTHEORIEN ..... 65
3.2 STÖRUNG DES SOZIALVERHALTENS ..... 66
3.3 KLASSIFIKATION DER AGGRESSION ..... 70
3.4 DELINQUENZ, DISSOZIALITÄT UND VERWAHRLOSUNG ..... 76
3.5 VERLAUF AGGRESSIVER VERHALTENSWEISEN ..... 81

4 ÄTIOLOGIE DER AGGRESSION ..... 89

4.1 PRÄ- UND PERINATALE ASPEKTE ZUR AGGRESSIONSENTSTEHUNG ..... 89
4.2 AUF PSYCHISCHEN STÖRUNGEN FUßENDE AGGRESSION ..... 91
*4.2.1 Aggressionsursache Depression ..... 91*
*4.2.2 Schizophrenie als Aggressionsursache ..... 94*
*4.2.3 Sucht als Aggressionsauslöser ..... 97*
4.2.3.1 Aggressionsursache Drogenmissbrauch ..... 98
4.2.3.2 Aggressionsursache Alkoholmissbrauch ..... 100
4.2.3.3 Aggression bei Kindern infolge elterlichen Alkoholismus′ ..... 102
4.3 GENETISCHE VERSUS ERZIEHUNGSBEDINGTE AGGRESSIONSFAKTOREN ..... 104
*4.3.1 Aggression durch genetisch bedingte Faktoren ..... 105*
*4.3.2 Erziehung und Aggressionsentwicklung ..... 107*
4.3.2.1 Aggressionsursache: Misshandlung ..... 116
4.3.2.2 Aggressionsursache: Sexueller Missbrauch ..... 121
*4.3.3 Die Peergroup als Quelle aggressiven Verhaltens ..... 125*
*4.3.4 In welchem Kontext stehen die Gene, die Eltern respektive deren Erziehungspraktiken und die Peergroup in der Kindesentwicklung? ..... 136*
*4.3.5 Rechtsradikalismus: Erziehungsversagen oder Gesellschaftsproblem? ..... 137*
*4.3.6 Bandenkriminalität in der Jugend ..... 141*

4.4 AUSDRUCKSFORMEN AGGRESSIVER HANDLUNGEN ... 142

*4.4.1 Sexuelle Übergriffe von Kindern gegen Kinder ... 143*

*4.4.2 Gewalt in der Schule ... 144*

*4.4.3 Bullying ... 148*

**5 AUTOMUTILATION ... 151**

5.1 AUTOAGGRESSIONEN ... 151

5.2 DAS MÜNCHHAUSEN-SYNDROM ... 155

5.3 ESSSTÖRUNGEN ALS SELBSTSCHÄDIGENDES VERHALTEN ... 157

*5.3.1 Essstörungen bei Kindern ... 157*

*5.3.2 Futterstörung im Säuglings- und Kleinkindalter ... 158*

*5.3.3 Anorexia nervosa (Magersucht) ... 159*

*5.3.4 Bulimia nervosa ... 161*

*5.3.5 Adipositas ... 164*

5.4 MASOCHISMUS ALS AUTOAGGRESSIVES VERALTEN ... 166

**6 SUIZID IM KINDES- UND JUGENDALTER ... 169**

6.1 KINDER, JUGENDLICHE UND SUIZID – EIN PHÄNOMEN? ... 170

6.2 SUIZID-THEORIEN ... 171

6.3 KAUSALE UND MOTIVATIONALE FAKTOREN SUIZIDALER HANDLUNGEN VON KINDERN UND JUGENDLICHEN ... 175

6.4 SUIZID UND SUIZIDVERSUCHE ... 184

6.5 ABSCHLUSSDISKUSSION ZUM SUIZID ... 186

**7 MEDIEN: AGGRESSIONSAUSLÖSER ODER KATHARSIS? ... 189**

**8 PROSOZIALES VERHALTEN ... 197**

**9 THERAPEUTISCHE INTERVENTIONSVERFAHREN ... 201**

9.1 THERAPEUTISCHE GRUNDLAGEN ... 201

9.2 SOZIALES LERNEN ... 202

9.3 UMSETZUNG SOZIALEN LERNENS ... 206

**10 SCHLUSSBEMERKUNGEN ... 209**

**11 GLOSSAR ... 211**

**12 LITERATURVERZEICHNIS ... 221**

# 1 Vorwort

Was ist/sind Aggression(en)? Welcher Ursprung liegt ihnen zugrunde? Welchen Einfluss besitzt das soziale Umfeld (Erziehung, Schule, Freunde) des Kindes auf seine Aggressionsentwicklung? Ist Aggression ein angeborener Trieb? Ist ein Leben ohne aggressive Verhaltensweisen überhaupt denkbar? Ist Aggression gar ein Selbsterhaltungstrieb? Warum werden Kinder bzw. Jugendliche autoaggressiv? Welchen Einfluss haben exogene Faktoren auf das Aggressionsverhalten eines Kindes oder Jugendlichen? Wie stark wirken die visuellen Medien in Form gewaltverherrlichender Filme auf Kinder und Jugendliche ein? Wird möglicherweise das Vorleben aggressiver Verhaltensweisen Erwachsener von den Kindern internalisiert und dementsprechend imitiert? Welche Maßnahmen können herangezogen werden, um aggressive Kinder und Jugendliche adäquat zu therapieren? Wo überspringt die dissoziale Aggression die Grenze zur Delinquenz? Was lässt ein Kind bzw. einen Jugendlichen zum Rechtsradikalen mutieren? Aus welchem Grund handeln Kinder bzw. Jugendliche autoaggressiv?

Die Anzahl derartiger Fragen ließe sich unendlich fortsetzen. Im Verlauf der vorliegenden Arbeit werde ich sowohl die psychoanalytischen, die psychologischen und die psychopathologischen Aspekte, soweit sich diese voneinander trennen lassen, hervorzuheben und darzustellen versuchen. Um im Verlauf der Arbeit nicht einseitige Thesen aufzustellen, halte ich es für angebracht, das Thema der Aggression von verschiedenen Standpunkten aus zu durchleuchten.

Bevor ich nun weiter in das Thema der Aggressionshypothesen eingehe, scheint es mir an dieser Stelle erst einmal angebracht, den Terminus Aggression bezüglich der verbreiteten Meinung in der Psychoanalyse sowie der Psychologie zu definieren:

*Unter AGGRESSION versteht man die Neigung, absichtlich und mutwillig jemand anderen bzw. etwas anderes (einem Gegenstand) zu zerstören. Hierbei ist ein Vorsatz vorausgesetzt.*

Der Terminus *Aggression* leitet sich aus dem lateinischen *aggredi* bzw. *adgredi* ab, und bedeutet soviel wie *herangehen, drauf zugehen, sich jemandem zuwenden, etwas unternehmen, beginnen oder versuchen.* Um den Begriff Aggression jedoch mit einem Angreifen gleichsetzen zu können, bedarf das *„aggredi“* eine Verbindung mit einem *Akkusativobjekt*, also nach einem *„Wen oder was greift das Subjekt an?“*.

Seit Freuds Einführung der Psychoanalyse und den damit von ihm postulierten Sexualtrieb (Libido) und dem Destruktions- bzw. Todestriebes, hat die Aggressionsforschung im immensen Umfang zugenommen. Einige Wissenschaftler stehen seiner Triebtheorien skeptisch gegenüber; sie suchen die Ursachen der Aggression nicht im tiefenpsychologischen Kontext, sondern im Bereich des sozialen Milieus, in dem ein Kind aufwächst. Alle Aggressionstheorien ließen sich, wenn man es grob überschlägt, unter folgender These subsumieren:

*Aggressiv werden demnach solche Kinder, die als Säugling oder als Kleinkind nicht genügend liebevolle Zuwendung der Mutter erhielten!*

Selbstverständlich lässt sich diese These ***so*** nicht aufrechterhalten, da die Einflussfaktoren bezüglich der Aggression im großen und ganzen sehr mannigfaltig einhergehen. Bemerkenswert ist allerdings die Tatsache, dass das Thema Aggression in ansatzweise jeden Lebensbereich integriert ist.

In der Umgangssprache ist der Terminus *Aggression* stets ein negativ besetzter Terminus. Aggression wird allenthalben als etwas Destruktives angesehen, ohne jedoch zu bedenken, dass Aggression auch im positiven Sinne einzuordnen ist. So würde beispielsweise jede Person, deren Leben bedroht scheint, aufgrund ihres Selbsterhaltungstriebes eine aggressive Handlung vollziehen, wenn die Lebensgefahr dadurch gebannt würde.

In fast allen Lebensbereichen ist eine Konfrontation mit aggressiven Tendenzen gegeben. Sei es ein Streit in Form von verbaler Auseinandersetzung, sei es ein Lästern über den Kollegen, sei es die einfache Verneinung einer Bittstellung - überall sind Aggressionen verborgen. Auf die verschiedenen Aggressionsarten gehe ich im Verlauf des Buches noch im Besonderen ein.

Kassel, im April 2000 — Dirk Varbelow

## 2 Psychoanalytische Aspekte der Aggression

Einleitend in den Bereich der psychoanalytischen Aggressionstheorien halte ich es für angebracht, die Termini Aggression, Aggressivität und Destruktion im psychoanalytischen Kontext zu definieren.

a) **Aggression:** Die Aggression entsteht im psychoanalytischen Sinne in Affektsituationen. Sie ist der direkte Ausbruch der □*Aggressivität.*

b) **Aggressivität:** Aggressivität ist als latentes Verhaltensmuster in jedem Menschen vorhanden; jedoch von Mensch zu Mensch in unterschiedlich hohem Maße.

c) **Destruktivität:** Die Destruktivität ist immer auf die Zerstörung eines Objektes hin ausgerichtet. Sie gilt als das Misslingen der Integration einer adäquaten aggressiven Entwicklung.

In der Psychoanalyse stehen die Postulate verschiedener Psychoanalytiker konträr zueinander. So vertreten einige Analytiker die These, Aggression sei ein angeborener Trieb, andere hingegen sehen die Kausalität der Aggressionsentstehung in der frühen Mutter-Kind-Beziehung.

### 2.1 Die Triebtheorie

Einleitend zur Triebtheorie sei angemerkt, dass *Triebe* ausschließlich ein menschliches Phänomen darstellen und daher vom Instinkt unterschieden werden müssen. *Instinkte* sind angeborene Fähigkeiten des Organismus, auf bestimmte Reize zu reagieren, welche auf angeborenen Auslösemechanismen basieren. Im Gegensatz zum Trieb ist Instinkt nicht ein Wunsch, sondern eine biologische Notwendigkeit. In diesem Zusammenhang schreibt *Müller-Pozzi*: *„Die psychische Repräsentanz des Triebes ist der Wunsch."* Im Trieb sind das Bedürfnis und die Befriedigung nicht automatisch und unlösbar miteinander verbunden, beim Instinkt ist die Trennung jedoch nicht voneinander getrennt anzusehen.[1]

Die spezifisch menschliche Entwicklung beginnt mit der Fähigkeit, die Befriedigung von Bedürfnissen aufschieben zu können. Diese Fähigkeit, die Befriedigung eines Bedürfnisses aufschieben zu können, schafft erst den psychisch erlebten Wunsch, das heißt den Raum, in dem sich Vorstellungen, Phantasien und Affekten entfalten können. Hierbei steht an erster Stelle nicht mehr die instinktgesteuerte Versorgung und des Überlebens, sondern die Entfaltung persönlicher Beziehungen, wie zum Beispiel

---

[1] vgl.: Müller-Pozzi, Heinz (1995); Psychoanalytisches Denken; Seite 78ff.

das Bemuttern, eine Interaktionsform, die sich auf Liebe gründet. An die Stelle der instinktmäßigen Fortpflanzung tritt eine offene Triebbeziehung, die Zuneigung und Liebe voraussetzt. Unter Hinzuziehung einer somatischen Ebene des Körpers entwikkelt sich nunmehr das, was Freud unter dem verseht, was er als Trieb bezeichnet; das Bedürfnis, die Befriedigung und die somatische Ebene ergeben den Trieb. So gesehen bedeutet ein Triebwunsch das Zusammenspiel körperlicher Spannungen aufgrund hormonaler und biochemischer Prozesse und dem Drang, eine Befriedigung an einem externen Objekt in der Umwelt zu suchen.

Freud ging anfangs in seiner Triebtheorie davon aus, der Mensch werde von zwei wesentlichen Trieben geleitet: Dem Lebenstrieb bzw. Sexualtrieb (Libido) und dem Destruktions- bzw. Todestrieb. So stellt der Sexualtrieb als Triebziel die Aufhebung sexueller Spannungen dar, der Todestrieb hingegen sucht nach der Aufhebung sämtlicher Spannungen, so auch der des Lebens per se. Um einer Auslöschung des Lebens entgegenzuwirken, übernimmt der Lebenstrieb die Aufgabe, die selbstzerstörerischen Tendenzen an die Umwelt abzuleiten, und zwar in Form von destruktiven Verhaltensmerkmalen; der Destruktionstrieb ist somit in den Dienst des Eros gestellt.

Anfangs postulierte Freud, wie eingangs bereits angemerkt, Aggression sei ein angeborener Trieb. Triebe sind, wie er weiter schreibt, zwingend und man kann sich ihnen nicht widersetzen. Sie sind zyklisch. Das heißt, sie suchen nach Befriedigung. Nach der Befriedigung nimmt die Intensität des Triebes wieder ab und steigt danach sukzessiv wieder an. Der Triebwunsch an sich ist das auftreten körperlicher Spannung aufgrund hormonaler und biochemischer Prozesse; sie wird an die Außenwelt abgeführt und sucht hier nach Befriedigung an einem Objekt; *Müller-Pozzi.*[2] Ein Trieb besteht nach Freuds Ansicht aus vier Merkmalen: Quelle, Drang, Ziel und Objekt der Begierde. Die *Quelle* besagt einen somatischen Vorgang in einem Organ oder Körperteil, dessen Reiz im Seelenleben durch den Trieb repräsentiert ist; als *Drang* des Triebes versteht man das motorische Moment bzw. die Summe der Kraft, das der Trieb repräsentiert; *Ziel* des Triebes ist, wie bereits oben angemerkt, die Befriedigung des Triebes in Form von der Aufhebung des Reizzustandes; und unter dem *Objekt* versteht man dasjenige, an welchem man seinen Trieb befriedigen kann. Im Objekt wird das Variabeleste am Trieb gesehen. Es dient der Befriedigung und steht somit nicht im Kausalzusammenhang mit der Triebentstehung, sondern wird im Nachhinein dem Trieb zugeordnet. Das Objekt kann ein fremder Gegenstand oder aber auch der eigene Körper sein, wobei das Objekt der Begierde im Laufe des Lebens beliebig oft gewech-

[2] vgl.: Müller-Pozzi, Heinz (1995); Psychoanalytisches Denken; Seite 74 ff.

selt werden kann; möglicherweise kann ein Objekt zur Befriedigung mehrerer Triebe dienen.

***Müller-Pozzi (1995/Seite 77)***

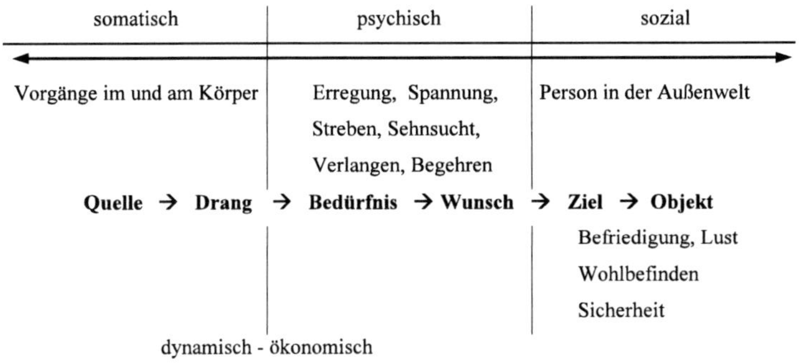


Soweit die einleitenden Sätze bezüglich der Freudschen Triebtheorie. Da die vorliegende Arbeit jedoch mit der Aggression im engsten Sinne einhergehen soll, werde ich nunmehr auf den von Freud postulierten Aggressionstrieb im Einzelnen eingehen.

Die Freudsche Aggressionstheorie lässt sich nicht isoliert betrachten. Sie muss stets in Verbindung mit der Libidotheorie angesehen werden. Die Entwicklung dieser Triebtheorien entstand in vier Phasen. So ließt man bei *Nagera*[3] und *Müller-Pozzi*[4] über die historische Entwicklung folgendes:

*Phase 1*

Freud erkannte bereits am Anfang seiner psychoanalytischen Arbeiten die Bedeutung aggressiver Strebungen des Menschen. Freud sah zu Beginn einerseits - wie am Anfang des Kapitels bereits aufgeführt wurde - die sexuellen und andererseits die lebenserhaltenden Lebensimpulse an; *Aggression* wurde als sadistische Komponente des Sexualtriebes angesehen. Später war Freud von jener Aussage nicht mehr überzeugt. Er stellte die These auf, dass sowohl der Sexualtrieb als auch der Lebenserhaltungstrieb aggressive Tendenzen aufweisen können. Freud sah die Komponente der aggressiven Triebe nunmehr als die Notwendigkeit, um sich der Außenwelt zu bemächtigen.

Zu Beginn der Aggressionsforschung sah Freud die Aggression ausschließlich bei Männern als gegeben - sexuelle Aggression war ein männliches Privileg, welches er in Form von Sadismus auslegte. Sadismus verstand er als Partialtrieb. Er sah die aggres-

---

[3] vgl.: Nagera, Humberto (1998); Psychoanalytische Grundbegriffe; Seite 21ff.

[4] vgl.: Müller-Pozzi, Heinz (1995); Psychoanalytisches Denken; Seite 101 ff.

siven Tendenzen der männlichen Sexualität darin, dem Widerstand des Sexualobjektes zu trotzen, sie zu überwältigen. Demnach war Sadismus eine selbständig gewordene, übertriebene und durch Verschiebung an die Hauptstelle gerückte Komponente des Sexualtriebes. Frauen zog er in dieser Hinsicht nicht in Betracht, sie sah Freud entwicklungsmäßig passiv in Bezug auf Aggressionen an. Sexuelle Aggression bei Kindern hielt er nur für möglich, wenn eine vorausgegangene Verführung erfolgt wäre. Diese Erklärungen hielt Freud allerdings für unzureichend. Dass es einen unabhängigen Aggressionstrieb gäbe, war Freud viele Jahre lang nicht bereit anzunehmen.

*Phase 2*

In der zweiten Phase postulierte Freud einerseits den Narzissmus; er stellt die libidinöse Besetzung des Selbst dar - andererseits das Konzept einer aggressiven Tendenz als Teil der Ich-Triebe und der Hassfunktion. Mit der Einführung des Narzissmus fand Freud heraus, dass die Sexualtriebe und die Ich-Triebe sich nicht in ihrer Quelle, sondern im Objekt der Besetzung unterscheiden. *Müller-Pozzi* schreibt: *„Die Einführung des Narzissmus fordert gebieterisch die Einführung der Aggression.“*[5] So kam Freud durch Überlegungen in Bezug auf Hass und Ambivalenz auf die Annahme einer aggressiven Tendenz, welche keine Komponente der Sexualtriebe darstellt, sondern der Selbsterhaltung und der Selbstbehauptung dient, womit der die Frage nach der Aggression entschieden differenziert. Somit versteht Freud die sadistische Komponente der Aggression als Partialtrieb der Libido; die feindselige Aggressionskomponente sieht er demzufolge als Kern der nicht libidinösen Selbsterhaltungstriebe, die primär im Dienst der Bemächtigung der äußeren Welt stehen.

*Phase 3*

Nach weiteren Untersuchungen der Aggressionsursprünge verwarf *Freud* die Theorie, Aggression sei eine libidinöse Strebung, wieder. Er diskutierte den Gegensatz von Liebe und Hass, wobei er die Komplexität der beiden Phänomene anerkannte. Freud nahm an, dass der Hass älter sei als die Liebe und somit einer nicht libidinösen Quelle entspringen konnte; diese Quelle sei der Selbsterhaltungstrieb. Selbsterhaltung ist ein Konzept artspezifischer Aggression. Somit bezeichnete er den Hass als Reaktion auf unwillkommene Reize der Außenwelt. Doch aufgrund weiterer Forschungen in Bezug auf Ambivalenz (gleichzeitiges Vorhandensein von Liebe und Hass), machte das Postulat, Aggression diene dem Selbsterhaltungstrieb, unglaubwürdig.

---

[5] vgl.: Müller-Pozzi, Heinz (1995); Psychoanalytisches Denken; Seite 103

*Phase 4a*

Freud revidierte die Theorie des Sexual- und des Selbsterhaltungstriebes indem er einen Lebenstrieb (Eros) postulierte und jenem den Todestrieb (Thanatos) gegenüberstellte. Somit wurde die Aggression nicht mehr dem Selbsterhaltungstrieb zugeschrieben, sondern als ein Phänomen des Todestriebes aufgefasst. Hierin sieht Freud den Dualismus der Triebe begründet. Die einen Triebe dienen dazu, das lebende Individuum zum Tode zu führen und durch gleichzeitiges Zusammenwirken vieler Einzelkomponenten, die nach außen gewendet werden, kommen die Destruktions- bzw. Aggressionstendenzen zum Vorschein. Die anderen Triebe (Sexual- oder Liebestriebe) dienen der Absicht, aus lebenden Substanzen immer größere Einheiten zu gestalten.

*Phase 4b*

Einige Zeit später führte Freud seine Strukturkonzepte ein. Darin formulierte er eine neue Definition des Aggressionsbegriffs im Zusammenhang mit der Über-Ich-Bildung. In das Über-Ich wird jener Anteil an Aggressivität aufgenommen, den das Kind aufgrund der Liebe zu seinen Eltern nicht gegen diese ausleben kann. Die im Über-Ich verinnerlichten aggressiven Tendenzen setzen sich in dem Umfang fest, in dem das Kind von den Eltern am Ausleben seiner Aggressionen gehindert wurde.

Im Gegensatz zu Freud schreibt *Dornes*[6] - er bezieht sich hier auf *Kernberg* -, dass die Termini Libido, Aggression und Trieb verschieden auszulegen sind. So entsteht die Libido aus der Integration positiver und belohnender Affekte, wie positive Stimmung und sexuelle Erregung; Aggression als Trieb gesehen, entsteht dann, wenn Aversionen oder negative Affekte wie Hass, Wut oder Ekel auftreten. Somit postuliert *Kernberg* nach *Dornes'* Auffassung, dass Affekte nicht als Abkömmlinge von Trieben zu verstehen sind, sondern Triebe als Abkömmlinge von Affekten. Infolgedessen sind Triebe seiner Ansicht nach nicht von Geburt an vorhanden, sie entwickeln erst im Alter von zwei bis drei Jahren, und zwar dann, wenn primäre Affekte in Verbindung mit der Phantasie etabliert auftreten.

An anderer Stelle seines Buches bringt *Dornes*[7] einen Weiteren Aspekt bezüglich der Triebtheorie ins Spiel. Er sagt aus, dass man von der allgemeinen Vorstellung, den Menschen treibt lediglich die Libido und die Aggression, Abstand nehmen sollte. Als Motivationsfaktoren gelten Interesse bzw. Neugier, Freude, Furcht und Überraschung,

---

[6] vgl.: Dornes, Martin (1997); Die frühe Kindheit; Seite 43 ff.

[7] vgl.: Dornes, Martin (1997); Die frühe Kindheit; Seite 244 ff.

welche nicht die Umwandlung von Trieben sind, sondern selbständige Antriebskräfte beinhalten.

Um nochmals auf die *Freudsche* Triebtheorie einzugehen, lässt diese im Bezug auf die oben bereits genannten vier Aspekte - Quelle, Ziel, Drang und Objekt – nach *Dornes* zu wünschen übrig. Besonders die Quelle ist seiner Meinung nach anatomisch gesehen keiner Körperpartie zuzuordnen. Obgleich man von der oralen, analen und der phallischen Aggression spricht, sind diese zwar für die *libidinösen* Trieberscheinungen Entstehungsort und Abreaktionsort in einem. Dort entstehen allerdings nicht die aggressiven Spannungen, sondern werden vielmehr an jenen Zonen ausschließlich abgeführt. Im Laufe der Zeit wurden auch die Muskeln als Entstehungsort für aggressives Verhalten angenommen, doch bemerkte man bald, dass auch diese nur der Abfuhr der Aggressionen dienlich sind. *Letztendlich blieb bis heute die Quelle der Aggressionsentstehung außen vor.* Zwar weiß man von dem Aggressionsvorkommen, nicht aber wo die Aggression ihren somatischen Ursprung findet. Doch nicht nur die Quelle der Aggression blieb unentdeckt, nein, auch die Unterscheidung einer destruktiven versus einer konstruktiven Aggression erhitzte lange Zeit die Gemüter. Anfangs sah Freud die Aggression dann als konstruktiv an, wenn sie dazu benutzt wurde, Hindernisse aus dem Weg zu räumen oder dem Selbsterhaltungstrieb diente. Doch auch die These ließ Freud später nicht mehr gelten. *Dornes* zitiert aus Freuds Buch von 1930, dass Freud seine einstige Theorie, Aggression sei eine Triebanlage, wieder aufgreift und die Aggressionsveranlagung als Wurzel im Menschen verankert ist.[8] Aggression enthalte somit keine Wachstumsfunktion und keine Entwicklungskomponente, sie diene ausschließlich als destruktive Kraft, die nach außen gewendet die Kultur, nach innen gewendet das Individuum selbst zerstört. Aggression sei nicht sublimierbar, was nach Freuds Auffassung nur der Libido zugesprochen werden konnte. Freud benannte zur Bannung der Aggression den „Eros", der die Kraft der Aggression bannen sollte. Einzig und allein „Eros" sowie die Beimischung von Libido und durch die Zuhilfenahme des Ich kann eine adaptive Funktion der Aggression der Umwelt gegenüber sichergestellt werden.

Da auch dieses Postulat nicht als der Weisheit letzter Schluss angesehen werden sollte, versuchten andere Wissenschaftler „den Stein der Aggressions-Weisheit" zu finden und stellten immer wieder neue Thesen des Aggressionsvorkommens auf. *Dornes* befasst sich im Nachhinein mit der Frage, wie es zu erklären ist, weshalb bei einem Säugling Neugier und Interesse ersichtlich sind, obwohl der Säugling weder in

---

[8] vgl.: Dornes, Martin (1997); Die frühe Kindheit; Seite 246f.

der Lage ist eine libidinöse Umwandlung vorzunehmen noch ein sublimierungs- bzw. neutralisierungsfähiges Ich sein Eigen nennen kann. Somit kann Neugier nicht von Umwandlung von Aggression entstehen. Dornes greift auf ein Postulat Hartmanns zurück, das besagt, dass der Säugling über eine primäre neutrale Ichenergie verfügt , die der Neugier, Motilität und der Exploration zugrunde liegen soll. Demnach besitzt der Säugling von Geburt an drei Energien, die libidinöse, die aggressiv-destruktive und die neutrale. Andere Wissenschaftler zogen sich den Schuh der drei Energien jedoch nicht an, sie besannen sich wieder auf die Freudsche Triebtheorie; postulierten jedoch zwei Aspekte *im* Aggressionstrieb, die miteinander koexistieren, nämlich einen konstruktiven und einem destruktiven. So sahen mehrere Wissenschaftler in der Aggression einen Motor der Lebenskraft, der vielen Aktivitäten zugrunde liegt. Sie legten den Aggressionsbegriff noch dahingehend aus, dass er konstruktive Formen von Aktivität, wie Exploration, Bewegung, Wahrnehmung usw. mit einbezieht. So gesehen schöpfen diese Aktivitäten und Destruktivitäten aus einer Quelle.

Woher die aggressive Energie letztendlich kommt, ist bis dato - wie oben schon geschildert - nicht nachgewiesen worden. *Winnicott* stellt sich die Frage, ob Aggression durch frusterzeugte Wut in Erscheinung tritt, oder aber doch eine eigene Wurzel aufweist. Vor allem, so *Winnicott,* sind die Ursachen der Aggression in der frühesten Kindheit zu suchen. *Müller-Pozzi* hingegen geht in seinem Buch davon aus, die Wurzeln der Aggression im Körper zu suchen. Seiner Meinung nach *wurzeln* sie im Körper, haben den Drang sich zu repräsentieren und nach Befriedigung am Objekt zu streben. Er räumt aber ein, dass die affektiven Qualitäten, welche mit dem Triebablauf einhergehen, von den des libidinösen Triebes unterschieden werden müssen, auch wenn sich hier die effektiven Gefühle vermischen können. Da es keine Schwierigkeiten mehr bereitet, die Libidotheorie als Affekttheorie aufzufassen, scheint sich die Aggressionstheorie diesem zu widersetzen. Demnach ist es für einen Menschen scheinbar schon schwer genug, die Verantwortung für seine libidinösen Triebe zu übernehmen. Für seine Aggressionen, die in Form von Gewalt und Destruktion auftreten, ist das allen Anschein nach ungleich schwerer, um hierfür Verantwortung zu übernehmen. So stellt *Müller-Pozzi* die Frage, ob es mehr Seelenarbeit erfordert, Aggressionen analytisch zu erfassen, gerade weil die Wurzeln weitaus tiefer liegen als die der Libido?! Er unterscheidet weiterhin die Aggression als Trieb, Affekt und Verhalten. Aufgrund eines Nichtvorhandenseins eindeutiger Terminidefinitionen behilft sich *Müller-Pozzi* durch eigene. Als Aggressionstrieb will er den Trieb zur *somatischen Quelle im Körper* verstanden wissen; Aggression analog zu Libido als Affekt;

aggressives Verhalten tritt dann in Erscheinung, wenn Aggressivität und Destruktivität gemeint sei.

Wie die Libido will *Müller-Pozzi* auch die Aggression als Affekt zu fassen versuchen. Zur Begründung führt er auf, die Libido fuße auf einer Objektbeziehung, was ein leidenschaftliches Begehren voraussetzt, und die Aggression eine ähnlich fundamentale Funktion aufweist.

Gibt es nunmehr eine aggressive Triebbefriedigung? Hierzu ist es jedoch notwendig, nicht von vornherein die Aggression als etwas destruktives einzuordnen. Wäre die Triebbefriedigung möglich, dann müsste meiner Ansicht nach erst einmal klar definiert werden, dass Aggression ein Trieb *ist*. *Dornes* (1997) negiert die Tatsache des Aggressionstriebes. Er bemerkt, wenn die Aggression ein Trieb *wäre*, sei sie bei weitem nicht so gefährlich und chronisch, wie sie *ist*. Triebe seien nämlich zyklisch und somit erschöpfbar. Wäre die Aggression wirklich ein Trieb, so *Dornes*, beruhte sie auf innersomatischer Energie und bräuchte hierzu eine körperliche Quelle. Da ein Trieb, nachdem er befriedigt wurde, eine Zeitlang gestillt bleibt, sei er deshalb nicht jederzeit abrufbar. Dieses scheint jedoch aussichtslos, wenn durch Phantasien von Benachteiligung, Kränkung oder Zurücksetzung eine ständige Aggressivität aufrechterhalten bleibt. *Müller-Pozzi* greift im Gegensatz hierzu die Triebfrage auf und versucht sie damit zu erläutern, dass viele Tätigkeiten vom Menschen vorgenommen werden, die von aggressiver Befriedigung begleitet zu Tage tritt. Beispielsweise ist seiner Ansicht nach das Holzhacken eine aggressive Triebbefriedigung, was ohne Aggression man nicht in der Lage wäre auszuführen. Eine weitere aggressive Befriedigung liegt sozusagen im Kinderzimmer: Nachdem ein Kind einen Turm aus Holzklötzen erbaute, stößt es diesen mit Freude und laut jauchzend um. Ist dieser Vorgang, der dem Kind sichtlich Freude bereitet, eine Destruktion im eigentlichen Sinne? Ist die Befriedigung nach einer Bergbesteigung ein destruktiver Akt? Beispiele hierfür wären unendlich. Kann man demnach nun doch davon ausgehen, Aggression sei ein Trieb, der befriedigt werden kann, und zwar durch das Überwinden von Tätigkeiten, die das Selbstwertgefühl und die narzisstische Komponente des Menschen stärken; und zwar durch das Bezwingen von Bergen, das Bezwingen des Meeres hohe Wellen in einem Boot? Sport an sich, ob nun als Einzel- oder Teamsportart, dient der Befriedigung des Aggressionstriebes - soweit er vorhanden ist. *Um eine Befriedigung erlangen zu können, bedarf es allerdings solchen Widerständen, die bezwungen werden müssen. Gerade die Vokabel (be)zwingen drückt an sich schon einen erheblichen Teil an Aggression mit aus.*

Versucht man nun die Theorie des Aggressionstriebes weiterzuspinnen, stellt sich unweigerlich die Frage, ob es so etwas wie eine aggressive Befriedigung am Objekt gibt. Sollte es so etwas geben, muss dann das Objekt automatisch als etwas Feindseliges angesehen werden, damit es zu einer Befriedigung aggressiver Tendenzen kommt? Stellt sich das Objekt in Form einer Person dar, ist dieses dann praktizierter Sadismus? Einen interessanten Aspekt in Bezug auf die Befriedigung nach einer erbrachten Leistung, außer der persönlichen narzisstischen Befriedigung benennt *Müller-Pozzi*[9]. Er bezieht nicht nur diese mit ein, sondern auch das Geehrt- und Gefeiertwerden des Siegers, die Unterwerfung des Gegners und das Heben des Selbstwertgefühls. Der Unterlegene einer sportlichen Auseinandersetzung reagiert oftmals mit Frustration, Kränkung, Depression und/oder Aggression. Aufgrund derartiger Ausbrüche wird nicht selten der Sieger verbal oder tätig angegriffen. Noch bedenklicher erscheint jedoch die Tatsache, dass die Fans einer Mannschaft, die ein Spiel verloren hat, auf die Fans der gegnerischen Mannschaft losgehen. Ist der Verlierer ein schlechter Verlierer, steigert sich seine Wut in Hass. Hass als solcher kann nicht ertragen werden. Er sucht seine Abfuhr in gewalttätigen Ausbrüchen gegen ein Objekt.

*Müller-Pozzi* bezeichnet die Integration des Hasses als eine der wichtigsten Aufgaben, die der Mensch in seiner Entwicklung zu bewältigen hat.[10] Hass und Aggressivität erwachsen aus der Erkenntnis, dass das Objekt der Begierde und das Objekt der Versagung ein und dasselbe Objekt darstellen; das Objekt ist sozusagen aggressiv und gleichzeitig libidinös besetzt. Einerseits ist der Mensch in der Lage zu hassen, ohne das Objekt des Hasses zu zerstören, und andererseits kann er ein Objekt lieben ohne mit dem Objekt in Liebe zu verschmelzen. Entwickelt das Kind erste libidinöse Tendenzen, kann er das Objekt, was er libidinös begehrt, erst zu dem Zeitpunkt lieben, wenn das Kind in der Lage ist, die Libido mit Aggression zu vermischen. Erst durch das *ad gredi* ist ein Zugehen auf das bevorzugte Subjekt denkbar (möglich). Dieses Zusammenspiel der libidinösen und der aggressiven Triebbesetzung nennt Freud die *Triebmischung*; die Triebmischung ist kein automatischer Vorgang, denn er setzt die Funktion und die Aktivität des Ichs voraus.

Im Gegensatz zur aggressiven Befriedigung, die immer auf dem Besiegen eines Gegners beruht, ist die libidinöse Befriedigung nur im Kontext mit einem Partner möglich.

*Ammon* geht davon aus, dass destruktives Verhalten *stets* als eine Reaktion auf Frustration anzusehen ist.[11] Hierbei scheint es egal zu sein, ob das destruktive Verhalten

---

[9] vgl.: Müller-Pozzi, Heinz; Psychoanalytisches Denken; Seite 107 f.

[10] vgl.: Müller-Pozzi, Heinz (1995); Psychoanalytisches Denken; Seite 113

[11] vgl.: Ammon, Günter (1998); Gruppendynamik der Aggression; Seite 11 ff.

von einem, wie er schreibt, „normalen“ Menschen begangen wird oder von einem schwer seelisch gestörtem Menschen. Einzig das Auftreten des auslösenden Frustrationserlebnisses ist unterschiedlich. So findet die Frustrierung einer seelisch schwer gestörten Person in frühester Kindheit statt und ist durch eine Psychotherapie heilbar; bei einer normalen Person mag es sich lediglich um eine kurzzeitig aggressionsauslösende Frustrierung handeln, welche jedoch durch die Aufhebung der Frustrationsursache unterbunden wird.

*Müller-Pozzi* hingegen negiert das Postulat einer Aggression aufgrund frustrierender Ereignisse, infolge mangelnder libidinöser Befriedigung sowie empathischer Selbstspiegelung.[12] Er sieht diese Konzepte der Frustrationsaggression und der narzisstischen Wut als einfach und handlich an, entzieht ihnen allerdings die erklärende Wirkung. Auch widerspricht er Freuds Annahme einer dualistischen Triebtheorie, einer Triebtheorie, die sich als monistische Theorie menschlicher Leidenschaft versteht - Leidenschaft kann seiner Ansicht nach jedoch erst zu Leidenschaft werden, wenn sie auf Gegenkraft und Widerstand stößt. *Ammon* erklärt seinerseits die Annahme eines Destruktionstriebes als Einschränkung im Fortbestehen der Psychoanalyse, da diese These das prozesshafte Denken in der Psychologie einschränke; der Mensch ist Zeit seines Lebens in einer ständigen Veränderung in Form seiner Entwicklung begriffen.[13] Hierzu gehören auch seine Störungen und Konflikte - der Mensch ist sozusagen wandelbar. Zudem wäre die Aggression, wenn sie als Trieb dem Menschen angeboren sein würde, ein unbeeinflussbares Phänomen. *Ammon* geht weiterhin davon aus, dass im Falle einer Vereinigung der Termini Aggression und Destruktion unter dem Triebbegriff, die konstruktive Aggression, dessen eigentlicher sprachlicher Ursprung vom lateinischen Terminus *„ad gredi“* abstammt, vollends ignoriert wird. Um nochmals den Vergleich zwischen der Libido und der Aggression aufzugreifen, sieht *Ammon* die treibende Kraft in der Libido und die tragende Kraft in der Aggression. Er postuliert der Aggression eine schöpferische Kraft innerer Freiheit in der genitalen Persönlichkeit, die als einzelnes Selbständigkeitsprodukt das Recht besitzt, Dinge neu zu denken und zu tun, welche noch nicht getan wurden ohne jemals um Erlaubnis fragen zu müssen.

Terminologisch treibt *Ammon* - er beschreibt es selbst als Haarspalterei - einen Keil zwischen die Begriffe der destruktiven Aggression und dem konstruktiven ad gredi. In der destruktiven Aggression sieht er eine nach innen und außen gerichtete sinnlose

---

[12] vgl.: Müller-Pozzi, Heinz; Psychoanalytisches Denken; Seite 97 f.

[13] vgl.: Ammon, Günter (1998); Gruppendynamik der Aggression; Seite 21 f.

Zerstörung, dessen Geschichte jedoch erforschbar erscheint. Das heißt, dem Menschen sind die Motive seiner destruktiven Aggression nicht bewusst; die Aggression befindet sich unter der Herrschaft und der Kontrolle des Ichs, die Destruktion jedoch nicht.

Destruktive Aggression ist in der Lage, Selbstverwirklichung, Arbeitsleistung und Liebe bereits im Ansatz zu hemmen oder gar zu verhindern. Das ad gredi hingegen ermöglicht Leistung, Liebe und damit die Selbstverwirklichung. Aufgrund seiner klinischen Erfahrung ist *Ammons* Meinung nach eine Postulierung des angeborenen Destruktions- und Todestriebes nicht vertretbar.

Ich möchte *Ammons* Postulat als Aussage so stehen lassen, ohne weiter darauf einzugehen, und noch einmal auf *Müller-Pozzi* respektive Freud eingehen. Sinnlichkeit ist, so *Müller-Pozzi*, die körperliche Seite der Libido, Motilität die körperliche Seite der Aggression. Ohne die Motilität wäre es unmöglich, einen Kontakt zwischen dem Subjekt (dem Selbst) und dem Objekt herzustellen. Die Bewegung ist der Bestandteil sämtlicher sinnlicher Erfahrungen auf allen Ebenen; sei es das orale Saugen oder Beißen, das anale Festhalten oder Loslassen oder das phallische Eindringen und das vaginale Umschließen. So ist jeder Trieb ein Stück Aktivität.

*Weiner* legt die Freudsche Theorie noch dahingehend aus, Aggression sei ein ererbter und verschobener Trieb. Weiterhin bringt *Weiner* einen nicht-psychoanalytischen Aspekt ins Spiel - den der Verhaltensforschung.[14] Zwar nicht auf den Menschen bezogen, vielmehr auf das Tierreich ausgerichtet, bringt er die Evolutionstheorie mit ein. Nach Meinung der Verhaltensforscher fördert Aggression die soziale Stellung in der Gruppe, was mit einer besseren nahrungsgemäßen Versorgung und einer besseren Wohnsituation einhergeht. Das Jagen und das Töten ist für ein Überleben in freier Wildbahn unabdinglich, was wiederum einen gewissen Grad an Aggression voraussetzt. Für die Verhaltensforscher ist Aggression demnach ein Trieb, der dazu dient, ein (Über)Leben zu sichern.

## 2.2 Das strukturelle Persönlichkeitsmodell

In der psychoanalytischen Neurosenlehre hat die Vorstellung eines Konfliktes innerhalb der Persönlichkeitsstruktur eine große Bedeutung. Allgemein werden die psychischen Strukturen auch als Instanzen bezeichnet. Diese Instanzen, als Es, Ich und Über-Ich bezeichnet, stehen in einer Art Interaktion zueinander, das heißt, sie bedingen einander.

---

[14] vgl.: Weiner, Bernhard (1994); Motivationspsychologie; Seite 35 ff.

***Das Ich als Vermittler von Verhalten***

*[vergl. Weiner (1994) Seite 23]*

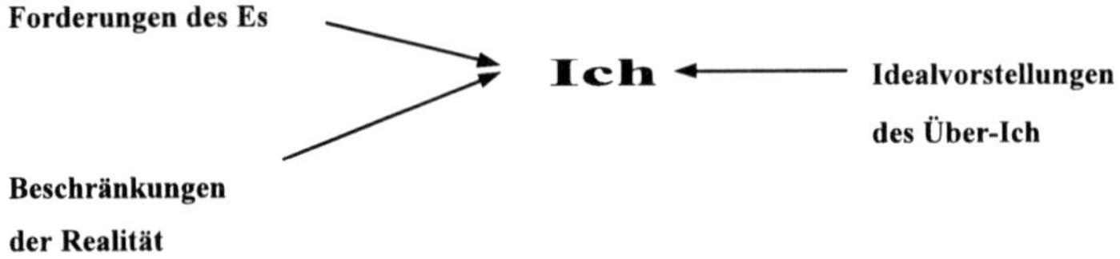


*Winnicott* postuliert, der Mensch sei immer in der Lage, einen primitiven Lebensimpuls in Form reaktiver Aggression zu entdecken, weil es eine vollständige Befriedigung des Es praktisch nicht gäbe. *Der Mensch an sich kann somit nie ausreichend zufriedengestellt werden.*[15]

Ein Lebensabschnitt wird in besonders hohem Maße von den Es-Impulsen gesteuert: Das Säuglingsalter. Werden demzufolge die Wurzeln aggressiver Verhaltensweisen im Säuglingsalter bereits verankert? Davon ausgehend, dass die Geburt eins Kindes ohne Komplikationen, wie pränataler, perinataler oder postnataler Komplikationen verlief, also der Säugling das Ereignis der Geburt als Ergebnis seiner eigenen Bemühungen empfinden kann; weder eine Übereilung (Frühgeburt) noch eine Verzögerung haben den Geburtsvorgang beeinflusst.

So negativ, also in Form eines aggressiven Aktes, wie ich den Geburtsvorgang ansehe, so positiv beschreibt *Müller-Pozzi* den Geburtsakt.[16] Er postuliert, dass zwar durch die Geburt eine physische aber nicht psychische Trennung von Mutter und Säugling stattfindet. Sie bilden weiterhin eine Einheit - eine Subjekt-Objekt-Beziehung in Interaktion. Hierbei greift die Mutter (sowohl Objekt als auch Subjekt) die Fähigkeiten des Säuglings (auch sowohl Objekt als auch Subjekt) auf, verstärkt diese und gibt ihnen letztendlich einen Sinn. *Müller-Pozzi* bezeichnet die Mutter-Kind-Interaktion als „psychische Plazenta", aus dem sich die Trieb-Objekt-Beziehung und das Kind als Zentrum eigenen Begehrens und Vorstellens, eigener Wahrnehmung und Initiative entwickelt. Genau hier liegt - *(ich würde sagen: vermutet man)* - der existentielle Ort der Sinnlichkeit und der psychologische Ort des psychoanalytischen Triebkonzeptes. Mit Hilfe der Mutter ist der Säugling in der Lage, die Welt zu erforschen

---

[15] vgl.: Winnicott, D. W. (1983); Von der Kinderheilkunde zur Psychoanalyse; Seite 100 f.

[16] vgl.: Müller-Pozzi, Heinz (1995); Psychoanalytisches Denken; Seite 73 f.

und zu entdecken. Die Sinne des Säuglings übernehmen ihre Aufgaben, um den Kontakt zur Umwelt herzustellen, den Kontakt zu halten und zu regulieren. Die Mutter ist das vom Säugling primär begehrte Objekt; sie sichert sein Überleben und gibt ihm Schutz. Der Säugling wird demnach die Aggressionen, auf die ich gleich näher eingehen werde, niemals mutwillig und gezielt gegen die Mutter einsetzen, schon aufgrund der Tatsache, dass der Säugling noch kein eigenes Ich und Über-Ich besitzt, sondern lediglich von Es-Impulsen gesteuert wird; oder wie *Winnicott* (1983) schreibt, der Impuls der Zerstörung liegt vor dem Zeitpunkt, an dem der Säugling ein Erbarmen erfahren kann.[17]

*Dornes*[18] postuliert in seinem Buch, zu Beginn des Lebens existieren zwei biologische Motivationssysteme, Assertion und reaktive Aggression bzw. Aversion. Das assertive System aktiviert sich selbst - also noch am ehesten mit einem Trieb vergleichbar - und manifestiert sich in spontanen Explorationsaktivitäten und Neugieraktivitäten des Säuglings. Diese Art der Aktivitäten können durch das Auftreten/Auftauchen von einem oder mehreren interessanten Objekten auftreten, sind davon aber nicht notwendigerweise abhängig. Auch wenn kein Objekt im Gesichtskreis des Säuglings auftritt, tastet er visuell die Umgebung ab; jedoch verstärkt sich seine Neugier, wenn er ein positives Feedback erhält, welches er mit Affekten wie Freude oder ähnlichem verknüpfen kann. Im Gegensatz zum asservativen System aktiviert sich das reaktiv-aggressive/aversive System nicht selbst. Dieses tritt erst dann in Erscheinung, wenn eine externe Bedrohung vorliegt. Sobald die Bedrohung beseitigt ist, inaktiviert sich das System wieder selbständig. Eine Aktivierung des reaktiv-aggressiven/aversiven Systems wird stets von negativen Affekten begleitet.

Obwohl die Unterschiede zwischen den beiden Systemen als recht deutlich angesehen werden könnten, kommt es immer wieder zu Verschmelzungen der beiden, was folgendermaßen gedeutet werden kann:

1. Asservative Aktivitäten, wie zum Beispiel Beißen, Treten, Greifen, Ziehen, Drücken etc. können sowohl für asservative wie auch für aggressive Zwecke eingesetzt werden. Assertiv ist es anzusehen, wenn das Kind an den Haaren der Mutter zieht, um diese zu erkunden. Reaktiv-aggressiv /aversiv ist es dann anzusehen, wenn die Mutter das Kind vorher gereizt hat, möglicherweise durch das Zufügen von Schmerzen. Destruktiv-aggressives Verhalten kann man vermuten, wenn das Kind an den Haaren der Mutter zieht, ohne das ein

---

[17] vgl.: Winnicott, D.W. (1983); Von der Kinderheilkunde zur Psychoanalyse; Seite 101

[18] vgl.: Dornes, Martin (1997); Die frühe Kindheit; Seite 251 ff.

besonderer Anlass zum Haareraißen vorliegt. Oftmals kann ein genauer Grund für solche Situationen nicht gedeutet werden, so dass das Kind der Einfachhalt halber als „böse" bezeichnet wird.

2. Eine weitere Quelle möglicher Vermischung von Assertion und Aggression liegt darin, dass das nachdrückliche signalisieren von Gefühlen des Bedrohtseins - demnach reaktive, selbstschützende Aversionsausdrücke wie Schreien des Säuglings - aufgrund seiner Stärke missverstanden wird. Dieses kann sehr leicht als aggressives Verhalten missgedeutet werden, was im Nachhinein den Säugling aggressiv werden lässt, obwohl das Schreien anfangs nicht aggressiv gemeint war.
3. Ausdrücke der Selbstbehauptung des Säuglings bzw. des Kleinkindes sind ein weiterer Aspekt der Vermischung. So kann beispielsweise das Gesicht der Mutter oder ein Möbelstück Ziel der Entdeckungslust des Kleinkindes sein. Die Exploration des Objektes kann unter Umständen mit kratzenden Ausdrücken der Finger einhergehen. Je nachdem, wie nachdrücklich die Eltern negativ auf die expolrativ-asser-vative Aktivität des Kleinkindes eingehen und die Exploration vom Objekt der Begierde unterdrücken, reagiert das Kleinkind zunächst mit Rückzug und Ärger. Ärger hingegen ist ein entscheidender Motivationsfaktor zur Überwindung von Hindernissen, was der Erhöhung der Selbstbehauptungskraft zuträglich ist. Bemächtigt sich ein Kleinkind eines Metalllöffels und „fährt" mit diesem auf einer glatten Holztischplatte umher, weil dadurch ein tolles Geräusch entsteht und er zudem lustige Spuren hinterlässt. In solcher Situation hängt viel davon ab, wie die Eltern dem Kleinkind gegenübertreten. Nimmt ein Elternteil (oder eine andere Person) dem Kind den Löffel ab, ersetzt diesen durch einen Plastiklöffel und gibt ihm somit die Möglichkeit weiterzuspielen ohne Schäden anzurichten, wird das Kind im besten Fall seine Explorationen ungebrochen fortsetzen. Nimmt man dem Kleinkind den Löffel jedoch fort, klopft ihm auf die Finger und betitelt es als „böses Kind", besteht die Gefahr, dass es sich ärgert und danach frustriert fühlt. So erhöht sich die Gefahr einer Mobilisierung reaktiver und selbstschützender Aggressionen beim Kind. Wird das Kind auf diese Weise andauernd an seinen Explorationen gehindert, kommt es mitunter zur Eskalation von anfangs adaptivem Ärger und/oder reaktiver Aggression. Bei ständiger Hemmung von Selbstbehauptung kommt es zu einem Überspringen der ersten Stufe, eines Verhandlungsspielraumes, in Form der Aktivierung von Ärger und /oder reaktiver Aggression. Anstatt die Kontroverse aufzuheben

kommt zusammen mit der Assertion ein hohes Maß an Aggression auf. Anfangs ist diese Erscheinung *nur* eine für das Kind adäquate Art auf die Sanktionen der Eltern zu reagieren, manifestiert sich dieses Verhalten jedoch, *kann* sich das Verhalten *verselbstständigen* und zu einer *automatischen Reaktion* auf Einschränkungen jeglicher Art *werden*; jede Einschränkung trifft somit auf eine stets vorhandene Bereitschaft von Aggression und Aversion. Das Kind ist aufgrund dessen in Zukunft kaum in der Lage auf Kontroversen zu reagieren und seine Selbstbehauptung beizubehalten, ohne dass es ein hohes Maß an Aggressionen mobilisiert. *„Auf diese Weise wird Selbstbehauptung mit Aggression kontaminiert.“*[19] Das somit internalisierte neue System, in dem Aggression und Assertion miteinander verschmelzen, kann zwar wie ein Trieb angesehen werden, jedoch keiner ist, da das System auf einer eigenen Entwicklung beruht.

4. Um „Punkt 3“ fortzuführen, einem Kind wird ein Alternativobjekt angeboten, kann es vorkommen, dass es das Kind zurückweist. Die Zurückweisung beruht möglicherweise auf Desinteresse am Alternativobjekt – oder aber das Kind ist anderweitig beschäftigt. Demnach drückt die Zurückweisung lediglich ein Desinteresse aber keine Aggression aus; es soll niemand verletzt werden. Die Eltern können die Reaktion des Kindes jedoch als Aggression gegen sich ansehen, wenn sie diese als persönlich ansehen; somit interpretieren sie die Selbstbehauptung des Kindes als offene Aggression gegen sich selbst. Infolge der elterlichen Beschimpfung aktiviert das Kind zum Selbstschutz eine reaktive Aggression. Sollte sich das eben beschriebene Vorkommnis immer öfter wiederholen, automatisiert sich die reaktive Aggression zur Gewohnheit, die sich bei ähnlichen Anlässen stets in den Vordergrund der Reaktionen des Kindes gegenüber Einschränkungen stellen wird; es kann sich zu einer habituellen Charaktereigenschaft ausweiten.

Die oben beschriebenen Beispiele verdeutlichen das enge Beieinanderliegen von Assertion und Aggression. Beide Systeme stehen mit denselben Handlungen in Verbindung. Eine Unterscheidung kann nur unter Berücksichtigung der Begleitumstände, die das Verhalten des Kindes auslösten, vollzogen werden. Neigen Eltern dazu, asservative oder zweideutige Handlungen des Kindes fehl zu interpretieren, sehr stark, besteht eine hohe Gefahr, dass sich das Kind aggressiv entwickeln wird. Zum einen, weil sie die Selbstbehauptung des Kindes einschränken, zum anderen, weil sie selbst zu

[19] vgl.: Dornes, Martin (1997); Die frühe Kindheit; Seite 254

aggressiven Mitteln in Form von verbalen Ausbrüchen oder tätlichen Handlungen greifen, um das Kind in seinen Handlungen einzuschränken. Im allgemeinen könnte man vermuten, besonders solche Personen glauben in assertiven und zweideutigen Handlungen aggressive Tendenzen zu erkennen, welche die Meinung vertreten, der Mensch sei ein von Natur aus ein Individuum mit aggressiver Veranlagung.

Da bis dato ein eigenständiger Aggressionstrieb noch nicht nachgewiesen wurde, obgleich sich hierin die Wissenschaftler unter sich uneins sind, sieht *Dornes* die Aktivitäten des Kleinkindes, wie zum Beispiel die Neugier, Motilität und Exploration, nicht als aggressive Tendenz an. Vielmehr rühren sie vom asservativen Motivationssystem her, allerdings mit der Einschränkung, dass, wie oben bemerkt, sich feindselige Aggression und Assertion durchaus vermischen können. Doch sind zu Beginn des Lebens die Unterschiede größer anzusehen als die Gemeinsamkeiten von Assertion und feindseliger Aggression.

Zwei unlustvolle Affekte bestehen nunmehr aber zu Beginn des Lebens: Ekel und Unbehagen/Schmerz. Unbehagen tritt oftmals in Form von Nervosität, Irritierbarkeit und Unruhe, vom Wimmern bis zum Schreien, auf. Die Häufigsten Auslöser derartiger Reaktionen des Kindes sind Hunger, Unterbrechungen des Saugens oder die ungeschickte Handhabung des Kindes beim Füttern oder Wickeln bzw. Verdauungsprobleme. Alle diese Affekte sind jedoch nicht als aggressives Verhalten zu interpretieren.

Verbunden ist hiermit die Frage, ob ein Säugling überhaupt in Lage ist, eine feindselige Aggression bewusst herbeizuführen?! Obwohl er ja von Es-Trieben geleitet wird, ein Ich und ein Über-Ich demnach noch nicht existent sind, kann der Säugling nicht bewusst aggressiv handeln; es fehlt ihm die regulierende Instanz. So gesehen ist seine Motilität kein Ausdruck von Aggression. Nimmt man nunmehr an, der Säugling bewegt sich heftig und strampelt mit den Beinen, beinhaltet eine derartige Motorik keinerlei aggressive Tendenz. Geschieht es noch in Verbindung mit lautem Schreien, was als eine Art Wut-Reaktion angesehen werden könnte, ist dieses möglicherweise nur ein Ausdruck seiner eigenen Ohnmacht oder Verzweiflung. Das heißt, er verspürt einen Ärger und versucht sich damit auf seine eigene Weise auseinander zu setzen, ohne aber feindselige Absichten ausleben zu wollen.

Um den roten Faden der Wut-Ärger-Theorie beizubehalten, beziehe ich mich abermals auf *Dornes*. Er schreibt, sich auf *Parens* beziehend, primitive Wut/Feindseligkeit stellt ein reaktives und kein spontan auftretendes Phänomen dar.[20] Einzige Bedingung für Wut/Feindseligkeit läge in exzessiver Unlust des Säuglings. Solche Unlust beruht

[20] vgl.: Dornes, Martin (1997); Die frühe Kindheit; Seite 259 f.

nicht auf endogenen Einflüssen wie Hunger oder Müdigkeit, sondern wird durch exogene Faktoren ausgelöst. Wird die Quelle der Unlust hingegen eliminiert, verschwindet die Wut/Feindseligkeit.

Da die Komplexität der Aggressionsentstehung im Säuglingsalter einer ungeheuren Vielfalt an Entstehungsphänomen unterliegt, gehe ich nunmehr gezielt auf den Säugling-Mutter-Kontext ein - einer, wenn nicht *die wichtigste*, Phase des Kindes. Die Mutter ist für den Säugling die wichtigste Bezugsperson; sie ist der ihn versorgende Pol, die „Überlebensversicherung", das primäre Objekt der Begierde. Sie befriedigt seine Es-Triebe, stillt und versorgt ihn, schenkt ihm Zuwendung und Aufmerksamkeit in Form mütterlicher Liebe: Sie erfüllt seine Wünsche. Demnach käme der Säugling nicht auf die Idee, die Mutter zu „zerstören". Es besteht nach *Winnicott* die Möglichkeit, dass die Mutter aufgrund der Motilität des Säuglings annehmen könnte, er wollte sie „vernichten". Motalität bei Säuglingen (Föten) ist nach *Winnicott* die früheste Form der Aggression.[21] Er setzt sie gleich mit der Lebendigkeit des Gewebes, mit einer spontanen Geste, der Tendenz zum Wachstum und zur allgemeinen Lebenskraft. Noch bevor der Säugling das erste Mal gesäugt (gefüttert) wird, erfährt er die Motilität. Jede Motilität hingegen stößt auf Widerstand, womit *Winnicott* die Motilität als Aggression ansieht. Diese aggressive Komponente der Motilität lässt den Säugling seine Nicht-Ich-Welt erkennen und somit seine ersten Ich-Erfahrungen vornehmen. Die Erfahrung muss ständig neu entdeckt und wiederentdeckt werden. Um das Wirklichkeitsgefühl des Säuglings zu stärken ist es notwendig, dass er auf einen Widerstand trifft. Aus diesem Grund benötigt der Säugling nicht bloß ein befriedigendes Objekt, nein, er braucht zudem ein äußeres Objekt, welches ihm Widerstand entgegensetzt; die Größe der Aggression ist somit abhängig von dem Widerstand, auf den die Motilität trifft. *Winnicott: „Widerstand beeinflusst die Umwandlung von Lebenskraft in Aggressionspotential."*[22] Stellen sich hingegen die Widerstände als zu groß dar, führen sie zu Komplikationen und machen die Existenz eines Individuums unmöglich. In solch einem Fall reagiert der Säugling mit inadäquaten Verhaltensweisen, er sieht sich ständig der Gefahr ausgesetzt, seine Motilität und die damit verbundenen aggressiven Tendenzen finden lediglich als Reaktionen auf seine Umwelt statt. Derart massive Störungen lassen den Säugling an seiner Omnipotenz zweifeln; er verfällt durch Rückzug in die Ruhe. Ein solcher Rückzug in die Ruhe kann im Extremfall soweit gehen, dass kein Ort

---

[21] vgl.: Winnicott, D.W. (1983); V. d. Kinderheilkunde z. Psychoanalyse; Seite 91 ff.

[22] vgl.: Winnicott, D.W. (1983); V. d. Kinderheilkunde z. Psychoanalyse; Seite 14

für das individuelle Erleben mehr bleibt. *Winnicott* beschreibt dieses als den Zustand des primären Narzissmus, in dem das Individuum einer großen Angst vor der Mutter-Hexe und der Sehnsucht nach der Mutter-Fee ausgesetzt ist. Auf diese Weise geht die Aggression und die Lebensfähigkeit verloren. Eine Beziehung zu einem Objekt kann nicht mehr hergestellt werden. Dadurch verliert die Liebe wertvolle Anteile der Aggression, der Hass dagegen wird um so explosiver erlebt; eine Verschmelzung der aggressiven und der erotischen Komponenten findet nicht statt.

In der Hand der Mutter liegt es, dem Säugling mit Verständnis für dessen individuelle Lebensart zu begegnen. Beruht das Verständnis der Mutter auf einem hohen Niveau, ist der Säugling in der Lage, sich von der Mutter sozusagen emotional auffangen zu lassen. Er kann seine latenten Ängste überwinden, die Fürsorge der Mutter ist vorhanden. Untersagt die Mutter dem Säugling jegliche Zuwendung in Form von Verständnis, fühlt er sich in seiner Existenz bedroht. Es besteht seinerseits die Angst der Vernichtung seines Selbst.

Paradoxer Weise gedeiht der Säugling nicht, wenn sich die Mutter den Bedürfnissen des Säuglings vollkommen anpasst und gnadenlos auf all seine „Forderungen“ eingeht. Sie nimmt dem Säugling die Möglichkeit, Frust zu erfahren. Frustration hingegen ruft seinerseits Wut hervor, die dem Säugling dabei dienlich ist, das Umfeld und sich selbst intensiver zu erleben. Wie im vorhergehenden Abschnitt tritt auch hier die Emotion der Wut wieder auf.[23]

Interaktionelles Verhalten von Mutter und Säugling soll zunächst einmal primäres Thema dieses Abschnittes bleiben.

Damit der Säugling eine eigene Persönlichkeit internalisieren kann, muss Aggression vorausgesetzt sein. Der Säugling schlägt mit den Ärmchen, will aber nicht gezielt schlagen, er beißt der Mutter in die Brustwarze, will jene jedoch nicht vorsätzlich zerstören. Es ist ein Zeichen von Aktivität, die Mutter sieht diese nicht als aggressiven Akt an. Im Laufe der Zeit beginnt das Kind die Mutter zu würdigen: Er integriert sukzessive sein Ich. Anhand der Ich-Integration ist nunmehr das Kind ansatzweise in der Lage, sich seiner Aktivitäten bewusst zu werden und Besorgnis zu empfinden. Die ab diesem Zeitpunkt entstehenden Aggressionen treten möglicherweise in Form von Schuldgefühlen oder als Kummer in Erscheinung. Das Schuldgefühl bezieht das Kind auf den Schaden, den er seiner Meinung nach der geliebten Bezugsperson zufügte. Ein gesundes Kind kann einem Schuldgefühl standhalten und erscheint somit in der Lage, den Kummer, den es seiner Meinung nach angerichtet hat, der Mutter (dem Objekt)

---

[23] vgl.: Winnicott, D.W. (1983) V. d. Kinderheilkunde z. Psychoanalyse; Seite 108 ff.

gegenüber wieder gut zu machen. Auf diese Weise entwickelt das Kind seine erste soziale Kompetenz. Aggression wird somit in soziales Handeln umgewandelt. Ist jedoch keine Person da, die die Wiedergutmachung entgegennimmt, tritt unter Umständen die Aggression wieder in Erscheinung; das soziale Handeln wirkt nicht befriedigend – ein positives Feedback bleibt aus.

Ein anderer Gesichtspunkt ist wieder die Wut bzw. die Frustration. *Winnicott* sieht Frustration für jegliches Erleben als unvermeidlich an. Er differenziert zwei Aspekte der Frustrations-Aggressions-Theorie:

1. unschuldige aggressive Impulse am frustrierenden Objekt und
2. aggressive Impulse gegenüber positiven Objekten, die Schuldgefühle hervorrufen.

Entstehende Frustration verführt nun zum Abrücken von Schuldgefühlen und kann die Entstehung von Abwehrmechanismen begünstigen; Liebe und Hass werden in verschiedene Richtungen kanalisiert. Unterteilt das Kind dementsprechend die Objekte auf diese Weise in gute und böse, verlieren sich unter Umständen die Schuldgefühle, weshalb die Emotion der Liebe wertvolle aggressive Anteile verliert und der Hass um so explosiver auftreten kann. *Müller-Pozzi* nennt die Beziehung des Kindes zur Mutter Urvertrauen, welches sich aus der Erfahrung des Kindes in Interaktion mit der Mutter aufbaut. Aufgrund dieses Umstandes gewinnt die erotische Komponente als verschmolzenes Motilitätspotential - die sexuelle Aggression - ihre bedeutsame Funktion im Aufbau der Objektbeziehungen. Zudem postuliert *Müller-Pozzi*, der Mensch begönne erst zu leben, wenn er nein sagen kann, also nicht mehr das primitive Aggressiv-Sein, sondern er die Aggression fühlen und erleben kann. Unter der Prämisse des Beherrschens des Neinsagens in Gebärde und Wort wird die Interaktion von Mutter und Kind durch Worte ersetzt und eine Kommunikation auf Distanz kann sich bilden. Das Nein und der Hass gelten sozusagen dem Objekt, das in der Trennung von dem Selbst und dem Objekt einhergeht. Diese Trennung bedeutet, dass auf das stetige Daseinsgefühl der Mutter verzichtet werden und die Entwicklung des eigenen Kerns, des eigenen Ich-Gefühls. Somit ist die erste Verneinung die Verneinung eines Zustandes, in welchem existieren nicht notwendig war.

Aufgrund dieser Erfahrungen macht sich das Kind immer mehr Sorge um die Wirkung der Impulshandlung der Mutter gegenüber. Die Befriedigung der jetzt erlebten Triebe erzeugen beim Kind ein angenehmes Gefühl, es ist ein psychisches Geben und Nehmen und das Kind nimmt es wahr. Von dem, was das Kind als positives Erlebnis empfindet, ist es erfüllt, so *Winnicott* (1983).

## 2.3 Die Partialtriebe

Fortfahren möchte ich nunmehr mit der Entwicklung der Aggression in Bezug auf die orale, die anale, die phallische und die genitale Phase. Ich beziehe mich mit meinen Erläuterungen ausschließlich auf die Literatur von *Laplanche*[24] und *Müller-Pozzi*[25].

Die erste Stufe der Libidoentwicklung im Säuglingsalter ist die *orale Phase*. Sexuelle Lust ist überwiegend an die Reizung der Mundhöhle sowie der Lippen gebunden, was anfangs hauptsächlich durch die Nahrungsaufnahme geschieht oder durch das Nuckeln an einem Schnuller bzw. Finger. Das Entdecken des Umfeldes geschieht primär durch orale Handlungen. *Müller-Pozzi* spricht in seinem Buch von oraler Aggression. Im Erleben des Säuglings ist noch kein Unterschied von seinem Selbst und einem Subjekt zu erkennen, demnach kann er auch noch keine libidinösen und aggressiven Affekte unterscheiden. Des Säuglings oralen Impulse sind, wie *Müller-Pozzi* schreibt, libidinös und aggressiv in einem - und doch keines von beidem. In der Phase der Oralität können sich die Wünsche des Säuglings in fordernder und erbarmungsloser Liebe ausdrücken; hier liegen die Wurzeln der *oralen Gier*. Und eben diese unstillbare Gier, die alles zu verschlingen droht, ist der Inbegriff der *oralen Aggression*.

*Säugling schreit → Mutter stillt → Säugling saugt*

Somit ist die Mutter umfassend damit beschäftigt, die Bedürfnisse des Säuglings zu befriedigen. Der gesamte Triebablauf, einschließlich der Befriedigung des Triebes, wird von archaischen Phantasien begleitet. In derartigen Phantasien verschwindet das, was befriedigt, im oralen Befriedigungserlebnis: Der Säugling zerstört, was er aufnimmt.

Angemerkt sei nunmehr, dass sich die Libido und die Aggression nicht gleichmäßig entwickeln. Der Säugling muss zunächst die Aggression in die Libido integrieren, damit die Gier der Lust einen Stellenwert einräumen kann; die Integration erfolgt unter anderem durch die entsprechende Einstellung der Mutter dem Säugling gegenüber. Die orale Phase bewirkt einen ersten kräftigen Entwicklungsschub der Libido. Aufgrund der Anhäufung befriedigender Erlebnisse ist der Säugling in der Lage, das erste libidinös besetzte Objektimago aufzubauen. Der Säugling internalisiert sukzessive seine primitiven Liebesimpulse der Liebe und des Hasses und beginnt sie zu differenzieren. Befriedigende Erfahrungen, so *Müller-Pozzi* weiter, verbinden sich mit der Imago des libidinösen Objektes, die frustrierenden Erfahrungen integrieren sich im primären Hass

---

[24] vgl.: Laplanche, J. und Pontalis, J.-B. (1996) Das Vokabular der Psychoanalyse; Seite 371 f.

[25] vgl.: Müller-Pozzi, Heinz (1995); Psychoanalytisches Denken; Seite 115 ff.

des archaischen Objektes. Nur durch die sich getrennt entwickelnden positiven und negativen Objektimago soll das libidinös besetzte und somit befriedigende Objekt vor der Zerstörung bewahrt werden, ebenso wie das Selbst.

Jedoch ist der Säugling noch nicht in der Lage, eine Realitätsprüfung vorzunehmen; Phantasie und Realität liegen noch ineinander verknüpft vor. Aus diesem Grunde ist eine Kanalisierung seiner destruktiven Impulse noch unmöglich, was letztendlich darauf hinausläuft, dass die Spontanität des Säuglings potentiell destruktiv und kreativ zugleich erscheint.

Die zweite Stufe nach der oralen Phase, ist die *anale Phase*. In der analen Phase baut das Kind erste Objektbeziehungen auf und sieht sich in der Lage, seine Ausscheidungsorgane zu kontrollieren. Diese zweite Phase liegt nach Freud etwa zwischen dem zweiten und dem vierten Lebensjahr und bringt einen gewaltigen Aggressionsschub mit sich. Das Kind, jetzt nicht mehr als Säugling betitelt, schöpft aus seinem positiven libidinösen Potential, welches es sich in der oralen Phase angesammelt hat. Ein erstes Bild des Objektes (Mutter) entwickelt sich und das Kind ist in der Lage, ein positives Objekt wiederzuerkennen und von anderen Objekten (Personen) zu unterscheiden. Das beim Kind in der oralen Phase entstandene Urvertrauen anhand von gespeicherter libidinöser Erfahrung erlaubt es dem Kind, sich vom befriedigenden Objekt getrennt zu sehen und selbst zu erleben. Auch die Omnipotenz des Kindes wird in Frage gestellt. Des Weiteren kann ein Kind die nicht libidinösen Erlebnisse in ein aggressives Potential umleiten und in den Dienst der Trennung von Selbst und Objekt bzw. von Realität und Phantasie stellen. Allmählich auflösendes omnipotentes Verhalten des Kindes lässt das Kind erkennen, dass sich seine Triebe (Wünsche) im Inneren entwickeln, aber deren Befriedigung eines äußeren Objektes gebrauchen. In diesem Zusammenhang erkennt das Kind die Abhängigkeit, in der es sich befindet und versucht alles, um dieser zu entgehen. Infolgedessen versucht das Kind alles selber zu machen; es tut so, als würde es die Mutter nicht mehr brauchen. Einerseits stößt es die Mutter zur Seite, gerade weil das Kind nach seiner Unabhängigkeit strebt, andererseits bestehen beim Kind hierdurch große Verlustängste, weil es die Mutter hierdurch gefährden oder gar verlieren könnte. Dieses Phänomen beinhaltet ambivalente Verhaltensmerkmale des Kindes: Einerseits läuft es zur Mutter hin, überhäuft es mit Liebesbeweisen, um sich deren Liebe sicher zu sein, was dazu führt, dass sich das Kind wieder in ihrer Abhängigkeit gefangen fühlt. Andererseits „verlässt" das Kind die Mutter wieder, was mit einer gewissen Art von Hass einhergeht, es bemerkt die sich wieder vergegenwärtigende Abhängigkeit zur Mutter. Der vergegenwärtigte Hass zur Mutter kann vom Kind jedoch bloß aus dem Grunde ertragen werden, da es sich sicher sein kann, durch diese Destruktivität die Liebe zur Mutter und schon gar nicht die Mutter selbst zerstören zu können. Genau diese Erfahrung an sich befähigt das Kind erst zu hassen: *Wen man hassen kann, braucht nicht zerstört zu werden - und wen man hassen kann, den kann man auch lieben. Liebe ist nur dann verlässlich, wenn sie auch Hass erträgt.*

Aufgrund des eben beschriebenen ambivalenten Verhaltens zieht das Kind das libidinöse Verhalten von der Mutter ab und ersetzt es durch aggressives; diese Verschiebung muss für das Kind aber als jederzeit reversibel gelten, wobei die Ambivalenz in rascher und oftmals verwirrender Folge wechseln kann. Das „leidtragende" Individuum in dieser Interaktionsform stellt die Mutter dar. Sie ist oftmals in erheblichem Maße Ziel aggressiver Handlungen des Kindes. Ein Kind befindet sich in der analen Phase nunmehr im Trotzalter; es kann „nein" sagen - und sagt es, es kann die Mutter tätlich angreifen - und greift sie an. In derartigen Situationen ist die Mutter nicht immer in der Lage, ihre Ruhe zu bewahren, was allerdings niemand von ihr erwarten kann. Schon gar nicht das Kind. Trotz, so *Müller-Pozzi*, ist die anale Form der Aggression. Nur infolge der Tatsache, dass das Kind jetzt in der Lage ist, seine Mutter aggressiv besetzen zu können, verschafft es dem Kind eine Beziehung zu anderen Objekten hin aufzubauen. Ebenso zieht es die libidinöse Besetzung von der Mutter ab, um sie auf neue Objekte verschieben zu können; beispielsweise auf den Vater, die Großeltern, Geschwister usw. Auch Spielsachen oder Tätigkeiten werden vom Kind her libidinös besetzt, imaginäre Objekte vom Kind aufgenommen. Die Objekte helfen ihm die innere Welt und die äußere Realität in Einklang zu bringen. Aufgrund der einsetzenden Phantasieleistung ist das Kind in der Lage, seine Ambivalenz innerhalb seines Spieles an Objekten auszuprobieren, die nicht die Mutter sind. Gleichzeitig lernt es auch Ambivalenz zu ertragen. Jetzt, wo das Kind gelernt hat, dass Dinge sowohl libidinös als auch aggressiv besetzt werden können, lässt sein analer Trotz den Willen entstehen. Im Gegensatz zur oralen Phase ist die anale Phase weniger zerstörerisch, was damit einhergeht, dass langsam eine Art Ordnung in das Leben spielt, denn der Wille wird zu einem geordneten Willen, was letztendlich ein konstruktives Tun ermöglicht.

Nachdem die orale und die anale Phase vom Kind „durchlaufen" wurden, tritt es ein in die *phallische bzw. genitale Phase*. Sie beinhaltet die Vereinigung aller Partialtriebe, der Inbegriff der infantilen Organisationsstufe. Bemerkenswert ist hierbei die Aussage, so *Laplanche*, dass das Kind, einerlei ob Junge oder Mädchen, nur das männliche Genital kennt; der Ödipuskomplex verschwindet langsam - ein Kastrationskomplex tritt daraufhin in Erscheinung. Phallische Aggression entwickelt sich aufgrund einer „gut durchlaufenen" analen Phase; es entsteht Ehrgeiz, Initiative und Rivalität. Besonders hervorzuheben ist das Eindringen in die Materie an sich (hierher der Terminus phallisch). Zu bemerken besonders in der ausgedehnten Neugier und einem peniblen Nachfragen nach dem Warum. Abenteuerlust und Forschungsdrang prägt das Verhalten und bildet das Hauptaugenmerk des Kindes. Aggression wird vom Kind gezielt eingesetzt, bestimmte Ziele zu erreichen, was oftmals in kreativen Spielen Ausdruck findet.

Werben ist die Quintessenz der phallischen Aggression. Ohne werben ließe sich kein Objekt libidinös gewinnen bzw. besetzen. Der größte libidinöse Drang verliefe im Nirwana, wenn er sich im Schmachten verlöre. Als Beispiel führt *Müller-Pozzi* zwei Personen auf, die auf einer einsamen Insel stranden. Ein gegenseitiges Werben wäre sinnlos. Eine Rivalität einer anderen Person bräuchte nicht gefürchtet werden. Zu jeder Werbung gehört das Ertragen eines bzw. mehrerer Kontrahenten. Doch nicht nur das Werben gehört der phallischen Aggression an, nein, auch eine aggressive Befriedigung im Sport, im Vergleich von Eigenschaften der Kinder untereinander usw. Sportliche Leistung kann unter Umständen soweit fortschreiten, dass nicht mehr die sportliche Leistung an sich Quelle der Befriedigung darstellt, sondern nur noch das Streben nach neuen Rekorden und Höchstleistungen. Somit mutiert das, was Quelle von Stolz, Befriedigung und Glück sein sollte, zur Quelle ewiger Unruhe und Unsicherheit.

## 2.4 Antisoziale Tendenz und Deprivation

Eine antisoziale Tendenz stellt kein eigenständiges Krankheitsbild dar, sie mit einer Neurose oder Psychose keineswegs vergleichbar. Daher kann der „normale" Mensch ebenso eine antisoziale Tendenz aufweisen wie der Psychotiker oder Neurotiker.

Ich werde in diesem Abschnitt lediglich auf die antisoziale Tendenz und die Deprivation im Kindesalter eingehen, obwohl beide Phänomene in allen Altersstufen anzutreffen sind.

Was ist überhaupt eine *antisoziale Tendenz?* Was ist *Deprivation?* Und welcher Zusammenhang besteht zwischen antisozialen Tendenz und Deprivation?

Antisoziale Tendenz ist gleichzusetzen mit dem Terminus *Dissozialität.*

Unter dem Terminus *Deprivation* versteht man den Entzug von etwas Erwünschtem, einem Mangel oder Ähnlichem. Im Kindesalter entsteht eine Deprivation in der Hauptsache durch den Liebesentzug der Mutter oder einer anderen nahestehenden Person dem Kind gegenüber.

*Winnicott* spricht von Deprivation, wenn dem Kind wesentliche Bedingungen im Elternhaus entzogen werden oder von vorn herein fehlen.[26] Als Folge einer Deprivation tritt dann die sogenannte *„Antisoziale Tendenz“* in Erscheinung. Das Kind legt ein antisoziales Verhalten an den Tag, welches man als unangepasst bezeichnen könnte. Es stiehlt und/oder wird anderen gegenüber handgreiflich usw. Derartige Verhaltensweisen führen unter Umständen zu einer Heimeinweisung oder gar vor Gericht, wo es möglicherweise als verwahrlost oder delinquent abgestempelt wird.

Deprivation setzt ein nicht mehr funktionierendes Elternhaus voraus, wichtige Bereiche der Eltern-Kind-Interaktion sind gestört oder zusammengebrochen. Sollte ein solcher Umstand vorliegen, wird das Kind womöglich in einem Heim untergebracht bzw. Pflegeeltern anvertraut. Wenn auch diese Erziehungsmaßnahmen nicht fruchten, bezeichnet man das Kind gegebenenfalls als Psychopath und weist es unter Umständen in eine Besserungsanstalt oder ins Gefängnis ein. Besonders bei häufiger Rückfälligkeit sind diese Maßnahmen in der Regel anwendbar. *Winnicott* bezieht sich bei seiner Darstellung auf England.

Ein Element, so *Winnicott*, zeichnet die antisoziale Tendenz im Besonderen aus: Das Kind mit antisozialer Tendenz versucht sein soziales Umfeld zu zwingen, auf irgendeine Weise ihm gegenüber Stellung zu beziehen; soll heißen, es will auf sich aufmerksam machen; jemand soll sich um das Kind kümmern. Bei näherer Betrachtung kann man in solch einer Verhaltensweise erkennen, dass das Kind einen Hinweis auf seine hoffnungslose Situation von sich gibt, jedoch die *Hoffnung auf Verbesserung* seiner momentanen Lage seinerseits *noch besteht.* Hoffnungslosigkeit ist ein substantieller Bestandteil der Deprivation, die mit antisozialen Tendenzen dahergeht. Hoffnungslosigkeit stellt einen – wenn nicht den - entscheidenden Aspekt für einen Suizid dar.

*Winnicott* - er ist der einzige Autor den ich fand, der sich in hohem Maße mit der antisozialen Tendenz respektive der Deprivation auseinander setzte, was nicht heißen soll, es gäbe nicht noch andere - sieht in der Einsicht, der Ausdruck der antisozialen Tendenz, einen unerlässlichen Aspekt in Bezug auf die noch vorhandene Hoffnung des Kindes. *Falsche Behandlung oder intolerantes Entgegentreten bezüglich des antisozialen Verhaltens sieht er als Augenblick ungenutzter Hoffnung.*

Dass ein direkter Zusammenhang zwischen einem antisozialen Verhalten und der Deprivation besteht, scheint unanzweifelbar. Bei der Feststellung einer antisozialen Tendenz liegt meist eine echte Deprivation des Kindes vor. Beim Kind herrscht dem-

[26] vgl.: Winnicott, D.W. (1983); v. d. Kinderheilkunde z. Psychoanalyse; 233 ff.

zufolge erheblicher Mangel an etwas, was es als positiv ansah und das es bis zu einem bestimmten Zeitpunkt hatte, ihm jedoch sukzessive oder spontan entzogen wurde.

Zwei gravierende Aspekte kennzeichnen eine antisoziale Tendenz: Erstens das Stehlen und zweitens destruktives Verhalten. Im Stehlen sucht das Kind nach etwas, was es nicht hat, jedoch auch im Stehlen nicht finden wird. Wenn es noch Hoffnung aufrechterhält, entgleitet das Kind in die Destruktivität und sucht nach einem Gegenstand, der seinem impulsiven Verhalten standhält. Dies ist sozusagen die Suche nach einer vermissten Umwelteigenschaft, einer vermissten menschlichen Zuverlässigkeit. Destruktion ist aber auch ein Ausdruck der Freiheit, sich zu bewegen, erregen oder zu handeln. Das Kind ist stets darauf bedacht, sein soziales Umfeld zu provozieren und seinen Kreis zu erweitern. Der Kreis ist so etwas wie eine Übertragung der Arme der Mutter oder deren Körper, das Elternhaus, die Familie oder anderes, was dem Kind als wichtig erscheint.

Der erste Aspekt, das *Stehlen*, steht im Mittelpunkt einer antisozialen Tendenz. Eng verknüpft mit dem Stehlen ist das Lügen. Der gestohlene Gegenstand des Kindes ist diesbezüglich völlig einerlei; das Kind sucht nicht den Gegenstand, es vermisst die Zuwendungen der Mutter bzw. des primären Objektes, auf das es seiner Meinung nach ein Recht hat. Dieses Recht sieht das Kind in der Tatsache begründet, es hätte die Mutter erschaffen; die Mutter wurde zum Objekt des Kindes.

Das *Stehlen und die Destruktivität*, also die Objektsuche, stellen dem Kind eine Art Selbstheilungskraft zur Verfügung. Wenn zu Beginn einer Deprivation eine Vermischung von aggressiven und libidinösen Tendenzen vorhanden war, so *Winnicott*, beansprucht das Kind durch das Vermischen von Stehlen und Wehtun die Mutter gemäß des jeweiligen Entwicklungsstandes des Kindes.[27] Ist die Vermischung beider Tendenzen gering, sind Objektsuche und Aggression deutlich von einander getrennt. Im Kind herrscht ein hohes Maß an Dissoziation. Hieraus lässt sich schließen, dass der Grad des Ärgernisses, den das antisoziale Kind empfindet, einen wesentlichen Aspekt darstellt. Bestenfalls führt die Getrenntheit von aggressiven und libidinösen Tendenzen zum Wiederfinden verlorengegangener Verschmelzung von Aggression und Libido.

Eine weitere Form des antisozialen Ausdrucks ist die Inkontinenz bei Kindern. Zuerst nässt das Kind beim Stillen an der Mutterbrust auf den Schoß der Mutter ein. Später tritt der gleiche Effekt als Regression während des Schlafes oder direkt nach dem Erwachen in Form von Bettnässen auf.

---

[27] vgl.: Winnicott, D.W. (1983); V. d. Kinderheilkunde z. Psychoanalyse; Seite 230 bis Seite 240

Demnach sind die Symptome der antisozialen Tendenz neben Destruktivität: Stehlen, Lügen, Inkontinenz und Unordentlichkeit. Jedes Symptom hat nach *Winnicott* seine eigene Bedeutung und einen eigenen Stellenwert. Auf einen Nenner gebracht, postuliert er ein *„Ärgernis-Potential der Symptome";* und eben dieses Ärgernis-Potential nutzt das Kind aus.

Weitere verbreitete Symptome antisozialen Verhaltens sind die Gier sowie Appetitlosigkeit. Ist demnach ein Säugling gierig, besteht in ihm ein gewisses Maß an Deprivation. Und demzufolge ein Zwang für das soziale Umfeld, auf jene zu reagieren. Der Terminus Gier dient, so *Winnicott*, nur zur theoretischen Formulierung ungeheurer Triebansprüche, die der Säugling zu Beginn seines Lebens an die Mutter stellt. So gesehen muss die Mutter zwangsläufig an der Realisierung der Triebe des Säuglings scheitern. Eine Befriedigung sämtlicher Es- und Ich-Triebe kann ihr nicht gelingen!

Sie ist allerdings in der Lage, den Säugling nicht im Stich zu lassen und dessen Ich-Bedürfnisse so lange zu befriedigen, bis der Säugling eine introjizierte und ich-stützende Mutter hat[28]; er muss in der Lage sein, die Introjektion aufrechtzuerhalten, und zwar auch dann, wenn die Umwelt zuweilen eine Ich-Unterstützung versagt. Aufgrund der Tatsache, dass die Mutter nicht alle Es-Triebwünsche beim Säugling voll befriedigen kann, erleidet in gewissem Maße jeder Säugling eine mehr oder minder ausgeprägte Deprivation; *Winnicott* bezeichnet diesen Zustand als *„Sub-Deprivation"*. Sub-Deprivation lässt sich jedoch in der Hinsicht verringern, indem die Mutter dem gierigen Verhalten und seiner Unordentlichkeit derart begegnet, die Gier und die Unordentlichkeit auszugleichen. Der Säugling „verlangt" den Ausgleich zur „Heilung", der von der Mutter ausgelösten Deprivation, wobei das Verhalten des Säugling als antisozial anzusehen ist; es ist der Vorläufer des Stehlens. Die Mutter ihrerseits versucht diesen Zustand infolge einer therapeutischen Handlung, die zu Unrecht oftmals als Verwöhnen angesehen wird, zu heilen - und zwar dadurch, dass der Ursprung der Deprivation noch nahe ist, also sich noch im Anfangsstadium befindet. Sie ist deshalb hierzu in der Lage, weil sie Therapeutin und Deprivationsverursacherin in einer Person ist; es ist keine Mutterliebe im hergebrachten Sinne, vielmehr eine „Therapie". Solch eine Therapie wird in den Fällen notwendig, wenn das, was man als Mutterliebe bezeichnet, nicht vom Säugling erfahren wurde. Eine derartige Therapie kann unter Umständen durchaus unfruchtbar verlaufen. Vor allem, wenn die Deprivation ein großes Ausmaß aufwies. Im späteren Leben sind Kaufwut, zielloses Ausgehen und das Weglaufen Ausdruck antisozialer Tendenzen. *„(...) Daraus wird ersichtlich, dass Ge-*

---

[28] Winnicott, D.W. (1983); V. d. Kinderheilkunde z. Psychoanalyse; Seite 230 bis Seite 240

*burtstagsgeschenke und Taschengeld einen Teil der antisozialen Tendenz absorbieren, die man im Normalfall zu erwarten hat.'*[29]

Den Ursprung der antisozialen Tendenz sieht *Winnicott* in einer guten – jedoch verlorengegangenen – Früherfahrung. Somit besitzt schon ein Kleinkind die Fähigkeit, zu erkennen, dass sein Unglück am Versagen seiner Umwelt liegt; er sucht dementsprechend, weil er ja weiß, die Ursache seiner Deprivation liegen in exogene Faktoren versteckt, nicht in seinem Inneren nach einer Lösung, sondern eine Heilung durch Abänderung seiner Umwelt. Zurückführen lässt jenes Phänomen auf eine ausgeprägte Ich-Reife, die statt einer psychotischen Erkrankung eine antisoziale Tendenz hervorbringt.

Eine Behandlung der antisozialen Tendenz unter Anwendung der Psychoanalyse hält *Winnicott* für nicht geeignet. Er zieht eine Therapie vor, in der das Kind mit seinen Es-Impulsen experimentieren kann und im Rahmen einer Ich-Bezogenheit erlebt werden können. Für eine neue Ich-Bezogenheit muss eine durch die Umwelt geschaffene neue Situation für das Kind entstehen, da das Kind bemerkt, die antisoziale Tendenz kam durch die Umwelt zustande.

## 2.5 Die Frustrations-Aggressions-Hypothese

Was ist *Frustration?* Wie entsteht *Frustration?* Definiert nach *„Dorsch Psychologisches Wörterbuch"* bedeutet Frustration folgendes: Vom lateinischen *frustratio* übernommen, heißt es soviel wie Vereitelung bzw. Nicht-Erfüllung. Direkt übersetzt aus dem Lateinischen bedeutet es, die Täuschung, das Hinhalten oder das Verzögern. Um aber an *Dorsch* festzuhalten, ist Frustration das Erlebnis einer wirklichen oder vermeintlichen Benachteiligung, einer Zurücksetzung, eines Zukurzkommens, einer nicht erfüllten Erwartung oder einer erlittenen Ungerechtigkeit. Psychoanalytisch betrachtet ist die Frustration ein Erlebniszustand, der auf einen oder mehrerer unbefriedigter Triebe zurückgeht, welche aufgrund exogener Umstände entstehen. Frustration ist außerdem ein Warnsignal für latente Aggressionsausbrüche mit dem Ziel einer feindseligen, körperlichen Handlung.

Vielleicht nehme ich den Terminus der *Frustrationstoleranz* schon vorweg, halte es jedoch für opportun, dessen Definition einzufügen:

*Frustrationstoleranz* drückt die Fähigkeit aus, Frustration über einen (längeren) Zeitraum hin zu ertragen, und zwar dergestalt, dass weder ein Versuch unternommen

[29] Winnicott, D.W. (1983); V. d. Kinderheilkunde z. Psychoanalyse; Seite 230 bis Seite 241

wird, die angestaute Spannung zu lindern oder die Motivation auf ursprüngliche Weise zu befriedigen. Frustrationstoleranz ist eine erlernbare Fähigkeit, obgleich auch konstitutionelle Faktoren eine erhebliche Rolle spielen. Aufgrund von Lernraten einer Person kann die Frustrationstoleranz vergrößert werden, wenn eine bekannte Situation wiederkehrt und somit eine angemessenere Reaktion möglich ist.

Im Nachfolgenden beziehe ich mich auf den Aufsatz *„Die Frustrations-Aggressions-Hypothese" von Miller, Sears, Mowrer, Doom und Dollard.*[30]

Die Wissenschaftler *Miller, Sears, Mowrer, Doom* und *Dollard* versuchten mit der Frustrations-Aggressions-Hypothese ein Fundament zu schaffen, welches für viele Forschungsgebiete als wichtig angesehen wird. Sie versuchten den Erforschern der menschlichen Natur nahe zu legen, wann immer eine Aggression beobachtet wird, die Möglichkeit in Betracht zu ziehen, es läge eine Enttäuschung vor bzw. es ging eine Verletzung individueller oder sozialen Gewohnheiten voran. Infolge klinischer Beobachtungen und experimenteller Untersuchungen versuchten sie die Frustrations-Aggressions-Hypothese nachzuweisen.

*Miller u.a.* formulierten zu Beginn ihrer Forschung die Feststellung, dass vor Eintritt einer Aggression stets eine Frustration vorangegangen sein müsse und die Existenz von Frustration unweigerlich zu einer Aggression führe. Später widerriefen sie den zweiten Teil ihrer Hypothese, weil die Existenz von Frustration nicht unweigerlich zu Aggression führen bräuchte und eine Unterscheidung zwischen aggressiver Erregung und reiner Aggression nicht differenziert genug darstellen würde. Somit wurde anfangs nicht in Betracht gezogen, andere dominante Reaktionen auf Frustrationen mit einzuschließen. *Miller u.a.* formulierten daher den zweiten Teil des Satzes um: *„Frustration ruft Erregung zu einer Reihe verschiedener Reaktionen hervor, von denen die eine Erregung aggressiver Tendenz ist.*"[31]

Eine Erregung zur Aggression kann demzufolge eine der zahlreichen Positionen in der Hierarchie der Erregungen einnehmen, welche durch eine enttäuschende Situation entstand. Sollte die Erregung einer Person zu einer Reaktion führen, die mit einer Aggression unvereinbar erscheint, also die Reaktion stärker ist als die Tendenz zur aggressiven Handlung, dann bleibt eine Aggression so lange aus, wie die Reaktion das Eintreten einer Aggression zu unterbinden in der Lage ist. Wenn die Reaktionen zu

---

[30] vgl.: Miller, Sears, Mowrer, Doob und Dollard; Die Frustrations-Aggressions-Hypothese; in: Thomae, Hans [Hrsg. (1965)] Die Motivation menschlichen Handelns; Seite 205ff.

[31] vgl.: Miller, Sears, Mowrer, Doob und Dollard; Die Frustrations-Aggressions-Hypothese; in: Thomae, Hans [Hrsg. (1965)] Die Motivation menschlichen Handelns; Seite 206

einer Reduzierung des unbefriedigten Triebes führen, wird die Erregung zur Aggression ebenfalls reduziert, im günstigsten Fall sogar ganz aufgehoben. In dem Fall aber, in dem die Erregung nicht durch die nicht aggressive Reaktion reduziert wird, rückt die nächst stärkere Reaktion nach, die unter Umständen in die Richtung einer Aggression führen kann. Daraus folgt, dass der Ausbruch einer Aggression immer wahrscheinlicher wird, wenn alle anderen nicht-aggressiven Reaktionen ungenutzt verstreichen. Je öfter derartige nicht-aggressive Reaktionen ungenutzt bleiben, desto wahrscheinlicher wird eine aggressive Handlung durch Frustration.

Obgleich in Form verschiedenster Forschungsmethoden mannigfaltige Versuche unternommen wurden, um festzustellen, ob die Beziehung von Frustration angeboren oder erlernt sei, konnte ein endgültiger Nachweis nicht erbracht werden.

Auch *Weiner* nimmt sich in seinem Buch der Frustrations-Aggressions-Hypothese von *Miller, Sears, Mowrer, Doom und Dollard (hier unter dem Namenskürzel: Dollard et al.)* an, bezieht jedoch noch zwei weitere Thesen in die Diskussion mit ein:[32] *Die Brown-Faber-Theorie der Frustration* und *Amsels Theorie der Frustration.* Alle drei Thesen behandelt er unter der *„Hullschen Triebtheorie“.* Bevor ich auf die *Brown-Faber-Theorie der Frustration* im Einzelnen zu sprechen komme, noch einige Sätze zur Frustrations-Aggressions-Hypothese. *Weiner* integriert in seinen Text noch verschiedene Forschungsberichte bezüglich der Frustrations-Aggressions-Hypothese; so stellt er folgende drei Punkte als Ergebnis einer Forschungsarbeit auf

1. je höher die Frustration, desto größer der Anreiz zur Aggression,
2. je stärker das Motiv oder Verlangen, das frustriert ist, desto intensiver der Impuls zur Aggression
3. je größer die Anzahl der Frustrationen, desto größer die aggressive Tendenz

*Weiner* schreibt weiter, eine antizipierte Bestrafung aggressiven Verhaltens schrecke ab, weshalb eine direkte Aggression unwahrscheinlicher wäre. Des Weiteren postulierten *Dollard et al.*, dass nachdem eine aggressive Handlung ausgeführt wurde, die Tendenz, eine weitere aggressive Handlung zu begehen, reduzierte. Diese These bezieht sich im Wesentlichen auf die Verschiebung und die Katharsis.

Auch *Weiner* formuliert dergestalt, dass es zu einer Frustration in den Fällen kommt, in denen ein Bedürfnis nicht befriedigt werden konnte, eine Weg-Ziel-Blockade vorliegt. Solch ein indifferentes Verhalten erzeuge demnach eine Tendenz zur aggressiven Handlung. Sie kann allerdings durch das Vorhandensein einer konkur-

---

[32] vgl.: Weiner, Bernard (1994); Motivationspsychologie; Seite 99 ff.

rierenden Vermeidungstendenz verhindert werden; das soll heißen: Der Konflikt zwischen Aggression und Vermeidungstendenz kann durch eine Umleitung der Aggression auf ein anderes Objekt verschoben werden. Diese verschobene Aggressionshandlung dient somit als *Ersatzbefriedigung* für den ursprünglichen Aggressionswunsch und wirkt in diesem Fall katharsisch.

*Weiner* betitelt die Aggressions-Frustrations-Hypothese in der heutigen Psychologie für nicht mehr angebracht, weil Aggressionen infolge einer Vielzahl von Faktoren entstehen können und Frustration selbst nicht ausschließlich in aggressiven Handlungen Ausdruck findet.

Die *Brown-Faber-Theorie der Frustration* geht mit der Annahme einher, Frustration müsste als ein generalisierter Trieb angesehen werden, anstatt die Frustration mit der Aggression zu verknüpfen. Demnach geht man auch in dieser Theorie davon aus, Frustration ist das Resultat einer Interferenz. Ursache der Interferenz kann jegliches Hindernis sein, welches die angestrebte Handlung verhindert. Entweder kann die Verhinderung in Form einer Barriere bestehen oder aus einer konkurrierenden Reaktionstendenz.

Frustration habe eine Triebeigenschaft. Jener Trieb, der bei der Nichterreichung eines Zieles erzeugt werde, aktiviert in einer bestimmten Situation alle Habits und energetisiere diese.

Aufgrund einer Untersuchung in Bezug auf diese Hypothese wurde festgestellt, Frustration tritt um so stärker auf, je näher eine Aktivität vor dem Erreichen des Zieles unterbunden wurde, und weiterhin wächst die Stärke in jenem Zusammenhang, desto größer und fester der Wille bzw. das Verlangen ist (war), jenes angestrebte Ziel zu erreichen. Zu bestätigen scheint sich diese Hypothese durch einen Versuch mit Kindern:

Zur Untersuchung des Zusammenhangs zwischen einem Nichterreichen eines gesteckten Zieles und der daraus resultierenden Frustration gab man Kindern die Aufgabe, 36 Murmeln in einer vorgegebenen Zeit in ein Brett mit 36 Löchern einzusortieren. Nachdem die Kinder bereits 25%, 50%, 75%, 89% oder 100% der Löcher gefüllt hatten, wurden sie am Weitersortieren mit der Annahme gehindert, die Stärke der Frustration wären um so größer, je näher die Kinder dem Ziel waren. Die Hinderung an der Weitersortierung erfolgte durch einen Summton, worauf die bis dahin in die Löcher sortierten Murmeln durch die Löcher hindurch fielen. Das Kind hatte dann die Möglichkeit einen Hebel zu betätigen, der den Summton beendete und das Kind den nächsten Versuch starten konnte. An den Hebel war ein Messgerät angeschlossen, welches die Kraft des Druckes – mit dem das Kind den Hebel drückte – aufnahm und in eine Maßeinheit (mm) umsetzte.

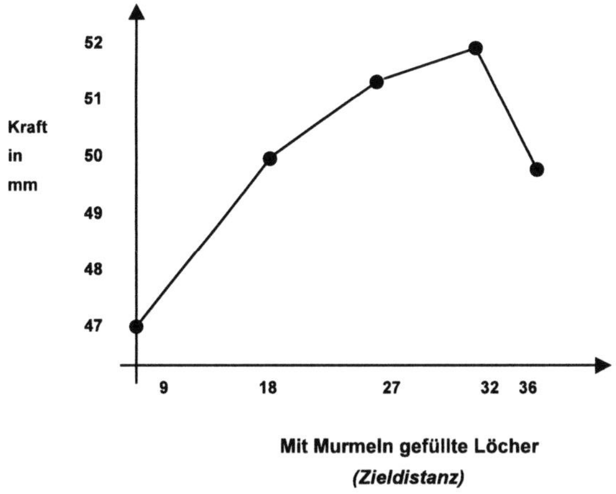


*Die Auswirkung von Frustration in Abhängigkeit von fünf Geraden der Zielnähe. Die abhängige Variable war die auf den Hebel ausgeübte Kraft, operationalisiert als Ausmaß der Hebeldrückbewegung (in mm).*

*[vergleiche: Weiner (1994), Seite 100]*

Wie in der Darstellung gut zu erkennen, nimmt die Hebeldruckintensität um so mehr zu, je näher das Kind bzw. die Kinder dem gesetzten Ziel kamen. Waren alle 36 Murmeln in den Löchern untergebracht nahm die Druckintensität deutlich ab, das Ziel wurde vorm Ertönen des Summtons bereits erreicht. Somit scheint das Ergebnis zu belegen, Frustration stellt einen nichtdirektiven, ernergetisierten Trieb dar.

Eine weitere Untersuchung, allerdings mit Säuglingen, wurde bereits im Jahre 1940 durchgeführt: Man entzog den Säuglingen während der Fütterung das Fläschchen. Anschließend maß man die Latenz, mit welcher der Säugling zu Weinen begann.

Folgende Tabelle zeigt an, dass die Säuglinge um so schneller zu Weinen begannen, je größer die Frustration war (je hungriger die Säuglingen noch waren):

| Aufgenommene Milch (in Unzen) | Latenz des Weinens (in Sekunden) |
|---|---|
| *0,5* | *5,0* |
| 2,5 | 9,9 |
| *4,5* | *11,5* |

*[vergleiche: Weiner (1995), Seite 100]*

Auch diese Untersuchung lässt den Schluss zu: Frustration hat Triebeigenschaften und energetisiert das Verhalten.

Auch *Amsels Theorie der Frustration* bezieht sich auf das Konzept des ungerichteten Triebes und bauen auf die *Brown-Farbehr-Theorie* auf. *Amsel* definiert den Terminus Frustration folgendermaßen: Frustration ist ein Zustand, der sich einstellt, wenn eine vorher regelmäßig verstärkte Reaktion nicht mehr belohnt wird. Ist somit erst einmal eine Belohnungshaltung entstanden und die Belohnung unterbleibt, entsteht eine Frustration; die Frustration fällt um so größer aus, je intensiver die Belohnung erwartet wurde. Auch Amsel postuliert der Frustration eine Triebeigenschaft. Weiterhin sei Frustration aversiv, und schon die Hinweisreize einer zur Frustration führenden Stimuli erzeugen selbst schon ein gewisses Ausmaß an Frustration.

Neutrale Reize nehmen, wenn sie ab einem bestimmten Zeitpunkt an mit einer Belohnung in Verbindung gebracht werden, eine Erwartungsfunktion an; ebenso verwandeln sich die neutralen Reize in eine aversive Struktur, wenn sie mit einem frustrierenden Ereignis gekoppelt waren. Hieraus lässt sich abschließend *Amsels* Theorie ersehen: Je größer die Anzahl der belohnten Reize, desto höher die erlebte Frustration, sollte eine erhoffte Belohnung ausbleiben.

Auch *Heckhausen* greift in seinem Buch die *Hullsche Triebtheorie* mit auf.[33] Zwar nicht im direkten Zusammenhang stehend aber nah an die Hullsche-Triebtheorie anlehnend, bringt *Heckhausen* die *Soziale Lerntheorie der Aggression* ein. In der Sozialen Lerntheorie werden Antriebs- und Richtungskomponenten in Verbindung gebracht und in verschiedener Weise konzipiert. *Heckhausen* bezieht sich in seiner Darstellung auf *Berkowitz*, der mit seiner Sozialen Lerntheorie eng an die Frustrations-Aggressions-Theorie ansetzte.

In der Sozialen Lerntheorie wurde das Postulat, Frustration führe stets zu einer aggressiven Handlung, durch das Einfügen zweier Termini ausgeweitet: *Ärger* und *auslösende Reize.*

[33] vgl.: Heckhausen, Heinz (1989); Motivation und Handeln; Seite 320 ff.

*Schmidt-Atzert* beschreibt Ärger als einen Gefühlszustand, der aufgrund einer Beleidigung eintritt.[34] Ärger per se reiche schon aus, um bei dem Beleidigten eine aggressive Handlung auszulösen. Wird die Beleidigung als das aggressionsauslösende Ereignis im kausalen Zusammenhang mit dem Ärger angesehen, lässt sich nicht feststellen, inwieweit welche der beiden Faktoren für die daraufhin folgende Aggression verantwortlich wären. Führte der Ärger zur aggressiven Handlung oder hätte die Beleidigung an sich schon ausgereicht, die Aggression zu provozieren? Ebenso könnte die beleidigte Person die beleidigende Person aus erzieherischen Maßnahmen strafen wollen. Solch eine Erfahrung, wie sie im Alttag zuweilen auftritt, kann demnach keinen endgültigen Aufschluss darüber geben, ob Ärger kausal verantwortlich für eine aufkommende Aggression steht, oder ob es sich bei dem Ärger nur um eine Begleiterscheinung der Aggression handelt. Aufschluss darüber gäbe nach *Schmidt-Atzert* nur eine experimentelle Herangehensweise. Da ich diese Passage ausschließlich als Definitionsgrundlage einfügte, lasse ich das Experiment außen vor, da es eine recht lange Ergebnisdarstellung beanspruchen würde; trotzdem ist es meiner Ansicht nach lesenswert und aussagekräftig.[35]

Im Weiteren Verlauf beziehe ich mich zunächst wieder auf das Buch von *Heckhausen*. Er definiert Ärger wie folgt: Ärger entsteht bei einer externen Blockierung einer Verfolgung einer Handlungsabsicht. *Ärger* wird also, wie im Abschnitt vorher bereits *Frustration*, als Unterbrechung einer gewollten Handlung interpretiert.

*Heckhausen* postuliert, dass das Unterbinden einer gewollten Handlung noch nicht zu einem antriebsspezifischen Verhalten führt; hierzu bedarf es zudem bestimmter Auslöse-Reize. Derartige Auslöse-Reize hängen unmittelbar mit der Ärgerquelle zusammen, sie können aber auch allein durch die Gedanken an eine Ärgerquelle aufkommen, die mit der Frustration zusammenhängen. Grundlegend ist eine Schub-Konzeption im Rahmen der klassischen Konditionierung. Um den Begriff des klassischen Konditionierens deutlicher zu machen, füge ich eine kurze Erläuterung aus dem Buch von *Angermeier, Bebnorz und Hursh* ein.[36] Es gibt zwei große Kategorien, die das menschliche (natürlich auch das tierische) Verhalten steuern: das, was das Individuum zu erreichen sucht, und das, was das Individuum zu vermeiden sucht: appetitive (antreibende) Reize und aversive (ablehnende) Reize. Reize dieser Art bestimmen und kontrollieren das Verhalten des Individuums auf unterschiedliche Weise. Entweder

---

[34] vgl.: Schmidt-Atzert, Lothar (1996); Emotionspsychologie; Seite 208 ff.

[35] vgl.: Schmidt-Atzert, Lothar (1996); Emotionspsychologie; Seite 208

[36] vgl.: Angermeier/Bednorz/Hursh [Hrsg. (1994)]; Operantes Lernen; Seite 317 ff.

werden die Reize durch das Verhalten verstärkt oder aber sie werden entfernt. In beiden Fällen kann das Verhalten später häufiger auftreten, was als Verstärkungsfunktion bezeichnet wird. Durch appetitive Reize entsteht eine *positive* Verstärkung; von aversiven Reizen geht eine *negative* Verstärkung aus. Folgt auf ein Verhalten ein aversiver Reiz oder bleibt ein appetitiver Reiz aus, kann die Reaktionsrate sinken, man spricht von einer Bestrafung. So gesehen wird der erste Zustand als positive (aktive) und der zweite Zustand als negative (passive) Bestrafung angesehen. Von Wichtigkeit sind hierbei besonders, inwieweit sich die Reaktionsfrequenz verändert und ob der Reiz durch das Verhalten hervorgerufen oder entfernt wird.

Wird ein Reiz dargeboten, spricht man von einem *positiven Reiz*, wird ein Reiz entfernt, bezeichnet man diesen Vorgang als *negativen Reiz*. So gesehen ist eine negative Verstärkung ungleich einer Bestrafung! Eine Bestrafung reduziert die Verhaltensmöglichkeit im Rahmen der oben genannten Reaktionen.

Ein Reiz ist somit in der Lage, unterschiedliche Funktionen zu übernehmen: Der aversive Reiz kann einerseits die Verhaltenswahrscheinlichkeit erhöhen, wenn er durch bestimmtes Verhalten entfernt wird, und andererseits kann er Verhalten unterdrücken, wenn er auf dieses Verhalten folgt (aktive Bestrafung). Auch für appetitive Reiz ist es schwierig festzustellen, ob deren Darbietung positiv verstärkend wirkt (etwa wenn einem Kind für ein bestimmtes Verhalten ein Bonbon gegeben wird) oder passiv bestrafend (wenn zum Beispiel ein gegebenes Versprechen aufgrund einer Ungezogenheit nicht eingelöst wird).

Auch das oben genannte Schub-Konzept wurde später revidiert. Demnach ist ein auslösender Reiz keine Bedingung mehr dafür, dass aus Ärger Aggression entsteht. Selbst Reize, die mit Bekräftigungsfolgen aggressiver Handlungen verknüpft worden sind, sind imstande Aggressionen auszulösen, wie das Konditionierungsparadigma. Auch Hinweisreize aggressions-technischer Natur wie Waffen oder Ähnlichem, können die Intensität aggressiver Handlungen erhöhen.

Kognitionspsychologische Modelle und Gedächtnisforschung ergeben eine zweite Erweiterung neben der Konditionierung. Demnach soll auch der sogenannte *priming-effect*[37] in der Lage sein, lose In Formationsinhalte mit bereits im Bewusstsein veran-

[37] **Priming-effect:** Als priming (engl. Schlüssel) bezeichnet man einen Vorgang, der einer Assoziation gleich gesetzt werden *könnte*. Priming beinhaltet jedoch noch etwas mehr als die einfache Assoziation. Beim priming werden im Gedächtnis alle die Wörter zur Verfügung gestellt, die mit dem aufgenommenen Begriff in mehr oder minder großer Verbindung stehen. *Dorsch* beschreibt es als eine Bereitschaft „vorgewärmter" Wörter, mit denen der rezipierte Begriff im assoziativen Kontext steht. Das

kerten Inhalten zu verknüpfen. *Heckhausen* verweist in diesem Kontext vor allem auf das Phänomen der Massenmedien, nachdem die Darstellung aggressiver Handlungen aufgrund semantisch artverwandter Vorstellungen beim Rezipienten die Hemmschwelle sinken lässt und derartige Handlungen selbst auszuführen in der Lage ist bzw. sich in der Lage sieht.

Im Fortlauf seines Textes bringt *Heckhausen*[38] eine weitere These mit ein. Er bezieht sich hierbei auf Bandura, der an der instrumentellen Konditionierung festhält und dem Lernen durch Beobachtung einen hohen Stellenwert zuweist. Instrumentelles Konditionieren wird auch als Synonym für operantes Konditionieren bzw. Lernen verwendet. Grundlage einer derartigen Konditionierungsform ist eher ein Verhalten, das von innen heraus kommt, bezogen auf das vegetative Nervensystem (dem Willen nicht unterliegend), und nicht der konditionierte oder unkonditionierte Reiz von außen. Beim instrumentellen Konditionieren besteht ein direkter Zusammenhang zwischen organischen und psychischen Aspekten.

Demzufolge wäre Ärger für das Auslösen einer aggressiven Handlung eine zu geringe - ja nicht einmal notwendige - Bedingung. Ärger stellt ausschließlich einen nachträglichen Erregungszustand dar, der auf aversiv erlebte Stimulation (Lärm, Hitze o.ä.) eine erhöhte Intensität auf die möglicherweise folgende Aggression ausüben könnte, soweit eine aggressive Handlung in Betracht gezogen würde. In diesen Kontext müssen jedoch die Folgen einer aggressiven Handlung mit einbezogen werden, und dazu bedarf es weder eines emotionalen Reizzustandes noch einer bestimmten Anreizkomponente - sie ist, wie *Heckhausen* formuliert - an einer anreiztheoretischen Zugkonzeption des Verhaltens orientiert. Diesbezüglich sind für das Handeln die vorweggenommenen Folgen des Handelns ausschlaggebend, was in Bezug auf die Folgen nicht von einer aus dem Umfeld stammenden Stimulation herrührt, sondern es liegen beim Handelnden persönlich verbindliche Verhaltensstandards vor. Sie geben sozusagen den endgültigen Ausschlag, ob eine aggressive Handlung erfolgt oder nicht. Der Handelnde bezieht die Sanktionen (Konsequenzen) *vor* seiner instrumentellen Handlung in die „Aggressionsvorbereitung" mit ein, um - wenn er auf schwerwiegenden negative Konsequenzen gefasst sein muss - seine Handlung in eine andere Richtung umzuleiten. Solch eine Umleitung besteht in der Möglichkeit eines Rückzuges, einer

---

priming stellt sozusagen ein Netzwerk von Begriffen bereit, die mit dem Grundbegriff am Engsten im Zusammenhang stehen.

[38] vgl.: Heckhausen, Heinz (1989); Motivation und Handeln; Seite 321

konstruktiv aggressionsfreien Problemlösung oder anderer katharsisch wirkenden Aktionen.

*Heckhausen* führt in seinem Text folgendes Modellschema ein, das, wie ich glaube, eine sehr gute Übersicht über die Aggressionstheorien darstellt:

1) ***Triebtheorie nach Freud***

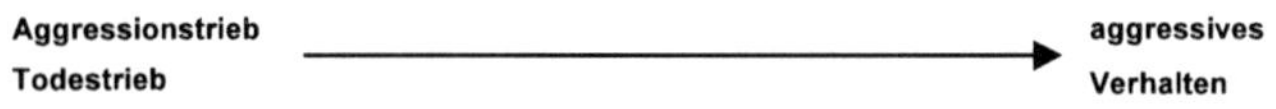


2) ***Triebtheorie nach Lorenz***

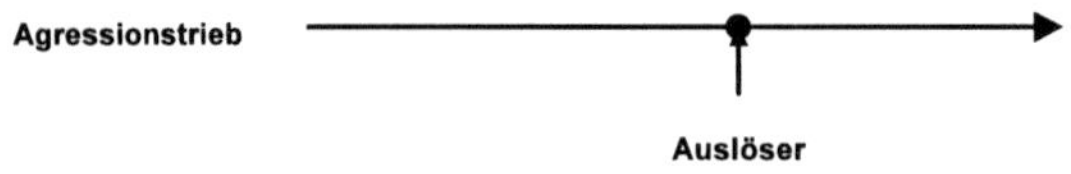


3) ***Frustrations-Aggressions-Theorie nach Dollard et al.***

4) ***Soziale Lerntheorie nach Berkowitz***

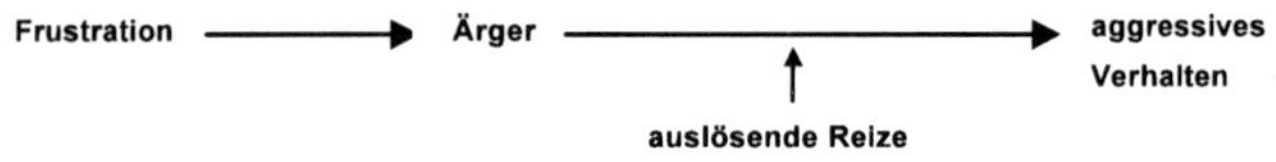


5) ***Soziale Lerntheorie nach Bandura***

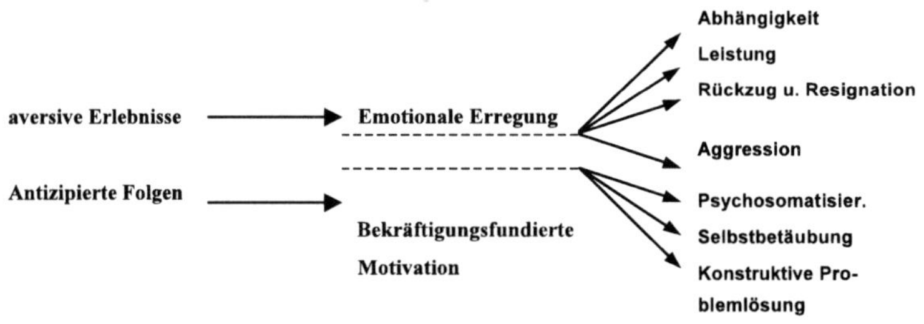


*[vgl.: Heckhausen, Seite 321)*

Auch in den frustrations- bzw. ärgerhypothetischen Kontext werde ich, wie schon des Öfteren in meiner Arbeit, die Bücher von *Dornes* und *Winnicott* einbeziehen, da ich diese für sehr kompetent und aussagekräftig halte.

Zunächst behandle ich die Entwicklung des Ärgers und dessen Auswirkungen bei Säuglingen im *Alter von zwei bis neun Monaten.*[39]

Hat ein Säugling den zweiten Lebensmonat vollendet, tritt zum ersten Mal ein neuer Affektausdruck in seinem Gesicht in Erscheinung: der des *Ärgers*. Der Gesichtsausdruck des Ärgers stellt somit das erste beobachtbare Anzeichen einer Aggression dar. *Dornes* führt nachstehenden Versuch auf, um am Experiment das Ärgerverhalten bei zwei Monate alten Säuglingen zu verdeutlichen: Man band in einem Experiment den Säuglingen ein Bändchen um den Arm. Zog der Säugling aufgrund einer Armbewegung am Bändchen, wurde ein interessantes Ereignis ausgelöst. Es erschien das Bild eines lächelnden Kindes und eine bestimmte Melodie. Einen Zusammenhang zwischen dem Ziehen am Band und der Ereignisfolge war von den Säuglingen schnell entdeckt worden. Sie zogen immer öfter und mit sichtlichem Spaß an der Schnur. Dann veränderte man das Experiment, ein interessantes Ereignis trat nach dem Zug an dem Bändchen nicht mehr ein. Die Konsequenz war, die Säuglinge bekamen allesamt eine verärgerten Mimik und das Schnurziehen wurde verstärkt. *Dornes* sieht in diesem Zusammenhang, dass der Ärger eine adaptive Reaktion ist und den Sinn macht, Hindernisse zu bewältigen, um das angestrebte Ziel letztendlich doch zu erreichen. Bei Wiederherstellung der Ausgangssituation, Bändchen ziehen - Ereignis folgt, reagierten die Säuglinge mit der gewohnten Freude und der Ärger verblasste sichtlich. *Dornes* postuliert nunmehr, dass der frühe Ärger eine Folge der Frustration sei, mit einem selbstbehauptenden, nicht feindselig-aggressiven Charakter.

Ein Säugling scheint, so *Dornes*, eher zu frustrieren, wenn er eine Befriedigung, die er selbst herbeiführen kann, nicht mehr selbst zu beeinflussen in der Lage ist. Solch eine Ärger-Reaktion erlebt der Säugling als Ohnmacht oder als Deprivation, wobei das Ohnmachtgefühl eher in eine Ärger-Reaktion umschwenken kann als die Deprivation.

Weiterhin stellte man fest, Säuglinge reagieren frühestens im Alter von zwei Monaten bei einer Impfung mit Ärger und mit sechs Monaten deutlich zunimmt. Im Alter von weniger als zwei Monaten lässt sich hingegen nur die Reaktion auf den Schmerz ausmachen; zwischen zwei und sechs Monaten treten lediglich undeutliche und seltene Anzeichen bezüglich des Ärgers auf. *Dornes* sieht in dieser Behauptung, exzessive Unlust führe nicht automatisch zu Ärger oder Feindseligkeit.

---

[39] Vgl.: Dornes, Martin (1997); Die frühe Kindheit; Seite 260 ff.

Den nächsten Versuch reiße ich nur kurz an, damit das Ergebnis ersichtlich dargestellt werden kann: Sieben Monate alten Säuglingen, die an einem Keks nuckeln durften, wurde erst durch eine fremde Person der Keks weggenommen und später von der eigenen Mutter. Als Resultat führt man nunmehr auf: Die Säuglinge frustrierten sich eher, wenn ihnen die Mutter den Keks wegnahm, als wenn es eine fremde Person tat. Womöglich rufen Frustrationen, die durch enge, intime Personen zustande kommen, mehr Ärger hervor als Frustrationen, die von einem Fremden herrühren.

Resümierend lässt sich anhand der vielen Experimente mit Säuglingen postulieren, dass der Affektausdruck des Ärgers im Gesicht erstmals mit acht Wochen auftaucht und zwischen zwei und sieben Monaten auch vermehrt unter alltäglichen Bedingungen erscheint. Bereits im Alter von drei Monaten lassen sich aggressive Handlungen beobachten - ab acht Monaten verstärkt -, einhergehend mit dem Ziehen an den Haaren der Mutter, mit dem Kratzen des Gesichts der Mutter, mit einem Beißen in die Brust usw., die *ohne* den Ausdruck von Ärger erfolgen. Solche Aktivitäten sind, so vermutet *Dornes*, asservativ und als eine Folge von Neugier und/oder Interesse zu betrachten; *das „angegriffene" Objekt soll nicht geschädigt werden.*[40]

Nunmehr komme ich auf das Alter von *neun bis achtzehn Monaten* zu sprechen. Das Bild des Ärgers nimmt andere Formen an, er wird jetzt objektgerichtet eingesetzt. Mit neun Monaten beginnt das Kind die Mutter oder unbelebte Objekte zu kratzen, zu beißen, zu schlagen oder zu treten. Im Alter von zwölf Monaten beginnen Kinder, andere Kinder wegzuschubsen, sie umzuwerfen und ihnen das Spielzeug wegzunehmen. Dies geschieht besonders aus dem Grund, da Kinder in das Alter kommen, in dem sie selbständig Krabbeln können (ab acht Monaten) und mit zwölf Monaten zu laufen beginnen; ihr Selbstverwirklichungsdrang wächst. Doch ärgerliche Verhaltensweisen treten noch immer nicht spontan in Erscheinung. Ärger ist auch hier wieder eine Reaktion auf Frustration, ausgelöst durch elterliche Verbote. Bei einem Abstellen der vom Kind empfundene Einschränkung oder eine anderweitige Ablenkung legt sich der Ärger. Ärger ist sozusagen von der jeweiligen Situation des Kindes abhängig. Reaktiver Ärger kommt bis zum Alter von etwa sechzehn Monaten vor, was dann folgt, sind instrumentell-aggressive Handlungen. Zwar sind aggressive Handlungen schon unter einem Alter von sechzehn Monaten zu erkennen, haben da jedoch noch keinen Charakter einer Verletzungsabsicht inne. Instrumentell-aggressive Handlungen dienen hauptsächlich dem Ziel, etwas zu bekommen, einem Wegnehmen eines gewollten Gegenstandes (ein Spielzeug o.ä.). So sind die Handlungen stets auf den gewollten Ge-

---

[40] vgl.: Dornes; Martin (1997); Die frühe Kindheit; Seite 263 ff.

genstand beschränkt und nicht auf das Objekt; derartige Handlungen erscheinen als Behauptungsstrategien des Kindes dem anderen Kind gegenüber. Ein Wegschubsen dient also lediglich zum Erhalt des gewünschten Gegenstandes. Eine bewusst instrumentell-aggressive Handlung gegen das andere Kind ist nicht gegeben, sie ist nicht feindselig gemeint. In dem Moment, in dem das Kind vorsätzlich und mit Absicht ein anderes Kind tätlich angreift, kann von einer feindselig-aggressiver Handlung ausgegangen werden.

Eine bewusste Verletzungsabsicht lässt sich bei einem zwölf Monate alten Kind nicht erkennen. Wenn im Verlauf des Spiels mit einem anderen Kind der Versuch unternommen wird, dem anderen Kind etwas wegzunehmen, reagiert das erste Kind (das wegnehmende) mit Erstaunen und Verblüffung, wenn das zweite Kind anfängt zu schreien oder zu weinen, da es selbst nicht bemerkte, dass es dem Kind weh tat. Somit ist das Ziel der Handlung nicht als bewusste Schädigung anzusehen, sie gilt primär als selbstbehauptend und neugierig bzw. assertiv. Sekundär hingegen ist die unbeabsichtigte Schädigung des anderen Kindes, die Zufügung von seelischem oder körperlichem Schmerz. Eine bewusste und außerdem gewollte Absicht, jemanden zu verletzen, also Feindseligkeit, tritt im Alter von fünfzehn Monaten in Erscheinung. Die Absicht, jemanden vorsätzlich zu verletzen und dabei auch noch Lust an der Aggression zu spüren, kann ab dem sechzehnten Lebensmonat entstehen.

*Dornes* schreibt weiter, die Bekundung von Ärger erfolgt immer reaktiv auf Frustration oder Schmerz und klingt hiernach unmittelbar ab. Demzufolge scheint es keine endogen spontan auftretende Energie zu geben, die nach außen abgeführt werden muss, sondern eine Neigung, auf unangenehme Umstände mit Ärger zu reagieren. Besonders dann, wenn die Selbstbehauptung eine Einschränkung erfährt.

Wie am Ende des vorletzten Absatzes bereits angemerkt, ist ab dem sechzehnten Lebensmonat eine Feindseligkeit beim Kind zu erkennen. Kinder in diesem Alter setzen nunmehr bewusst (absichtlich) aggressive Handlungen ein, um ein anvisiertes Ziel zu erreichen. Infolge der in diesem Zusammenhang entstehenden Verletzungen beim anderen Kind werden unter Umständen vom schlagenden Kind als lustvoll erlebt; es bereitet ihm Vergnügen.

Mit einem Alter von etwa *achtzehn* Monaten beginnt sich die als lustvoll bezeichnete Feindseligkeit im Kind zu internalisieren und wird zu einer festen psychischen Struktur. Ärger, ausgelöst durch ein bestimmtes Verbot, wird vom Kind nicht mehr fallen gelassen, er dauert an; der Ärger wird über die auslösende Situation hinaus am Leben gehalten. Hier sieht *Dornes* die Anfänge des Hasses. In diesem zeitlichen Zusammenhang entstehen zudem neue Quellen von Frustrationen und Kränkbarkeit, die eine Auslösung feindselig-aggressiver Handlung begünstigen. Das Kind ist nun in der Lage, sich selbst zu betrachten. Das Ichbewusstsein prägt nunmehr dessen Züge, es entsteht das Selbstwertgefühl des Kindes. Aufgrund dessen ist es in der Lage, sich zu schämen, wenn es in seinem Selbstwertgefühl gekränkt wurde. Auf derartige exogene Einflüsse reagiert das Kind mit Rückzug, Ärger oder aggressiver Feindseligkeit, die einen chronischen Verlauf annimmt, falls sich deren Anlässe häufen.

Nunmehr soll die Lebensspanne von *eineinhalb bis sechs Jahren* betrachtet werden.[41] Bei Beobachtungen von achtzehn Monaten alten Kindern stellte man fest, dass etwa 50% der Interaktion zwischen den Kindern aus Reibereien besteht. *Dornes* klassifiziert dieses Phänomen als antagonistisch. Im Alter von zweieinhalb Jahren reduziert sich das antagonistische Phänomen auf etwa 20%, wobei die Phase des Antagonismus als kurz beschrieben wird. So stellte sich bei Beobachtungen von einundzwanzig Monaten alten Kindern heraus, 87% der Kinder wurden in eine konflikthafte Situation mit ihnen *nicht bekannten* Spielkameraden hineingezogen bzw. provozierten sie herauf. Etwa 5% der Gesamtbeobachtungszeit von vier mal fünfzehn Minuten haben die Kinder in einer konflikthaften Interaktion verbracht. Im Alter von zwei Jahren beträgt eine Konfliktsituation im Durchschnitt noch rund vierzehn Sekunden. Beachtenswert ist hierbei: 79% der konflikthaften Interaktion lösen die Kinder ohne das Einschreiten einer erwachsenen Person.

In der Altersspanne von eineinhalb bis zu drei Jahren beziehen sich Konflikte ausschließlich in Bezug auf den Besitz eines Spielzeuges, also eine asservative Auseinandersetzung. Ein Kind versucht unter Zuhilfenahme expansiver Körperbewegungen - wie Schubsen oder Stoßen - in den Besitz eines gewollten Gegenstandes (z.B. Spielzeug) zu gelangen, wobei es dem anderen Kind das Spielzeug entreißt oder wegnimmt. Derartige aggressive Handlungen sind keineswegs als feindselig zu betrachten, sie unterliegen nicht einer bewusst vorsätzlichen Schädigung des anderen Kindes. Sie dienen lediglich dem Ziel, an den gewünschten Gegenstand zu gelangen. Zwei bis vierjährige Kinder sind in der Regel instrumentell-aggressiv, ab dem vierten bis zum fünften Lebensjahr nehmen die instrumentell-aggressiven Handlungen wieder ab und eine verbal-feindselige Aggression tritt in Erscheinung.

*Dornes* spricht Jungen eine physische und asservativere Aggression als Mädchen zu. Jungen sind eher bereit, körperliche Gewalt einzusetzen und sind auch Mädchen gegenüber durchaus nicht abgeneigt, diese physische Aggression anzuwenden. Sogar

---

[41] vgl.: Dornes, Martin (1997); Die frühe Kindheit; Seite 268 ff.

dann, wenn sie von einem Mädchen lediglich verbal attackiert werden. Derartige Einflüsse unterlägen somit wahrscheinlich biologischer und sozialisationsbedingter Natur.

Kinder, egal welchen Geschlechts, behalten ihre aggressive Tendenz im Weiteren Verlauf des Lebens bei. Sind Kinder im Vorschulalter als aggressiv eingestuft worden, ist dieses Verhalten noch in der Schulzeit deutlich auszumachen. Bereits bei Kindern, die mit zwei Jahren als aggressiv galten, waren auch im Alter von fünf Jahren noch stabil an ihrem Aggressionspotential. Mit einer Studie ließ sich belegen, dass in der Regel das aggressive Verhalten aller Kinder zwischen dem zweiten und dem fünften Lebensjahr abnimmt, aber bei Kinder, die mit zwei Jahren als körperlich aggressiv eingestuft wurden blieb der aggressive Zustand mit fünf Jahren weiterhin stabil. Aggressive Kinder im Alter von zwei bis fünf Jahren reagierten nicht mehr überwiegend situations- und personenspezifisch, sie generalisierten sie einfach über Situationen und Personen hinweg. Eine feindselige Aggression existiert demzufolge bereits mit zwei Jahren und verfestigt sich im Laufe der Weiteren Entwicklung des Kindes. Im Alter von sechs Jahren verhalten sich diese Kinder nicht mehr aggressiv, *weil sie geschlagen werden, sondern werden geschlagen, weil sie aggressiv sind*. Dornes bezeichnet diesen Umstand als „maligne Spirale".

An dieser Stelle verlasse ich kurz den Text von Dornes, um einen Bericht der Fachzeitschrift „Psychologie heute" miteinzubeziehen, der sich unter der Überschrift *„Kleine Biester (die versteckten Waffen der Mädchen)"* der infantilen weiblichen Aggression der Kindheit annimmt. Einschränkend sei angemerkt, dass es zwar nicht in den eben zitierten Alterskontext von eineinhalb bis sechs Jahren passt, jedoch ist der Artikel meines Erachtens ein gutes Pendant zu Dornes´ Text. Der Bericht handelt von einer Studie über die Aggressivität von Mädchen und Jungen.

In einer von der amerikanischen Psychologin *Nicki Crick* durchgeführten Studie beobachtet sie das Sozialverhalten von 383 Viert- und Fünftklässlern. Schon zu Beginn des Artikels steht: Mädchen sind heimtückisch, weil sie oft keine andere Wahl haben. Während sich Jungen in diesem Alter meist ausschließlich durch physische Aggressionen (prügeln, schubsen, kämpfen...) zur Wehr setzen, ziehen Mädchen eine infamere Variante in Betracht: sie verbreiten Gerüchte, ziehen es vor, Freundschaften aufzulösen und/oder schließen die Widersacherin von allen Aktivitäten aus; sie erteilen einfach Liebesentzug anstatt körperliche Aggression einzusetzen.

Was diese Art der - ich würde sagen einer „passiv-aktiven" - Aggression anbelangt, so ist sie, wie *N. Crick* sie bezeichnet, „unsichtbar" und dieses Unsichtbare macht sie so gefährlich. Physische Aggressionen, wie Jungen sie zu unternehmen pflegen, sind offen und direkt. Was die Mädchen jedoch unternehmen ist heimtückisch. Erschwerend hinzu kommt bei der weiblichen Aggressionsform noch, dass die verbal-aggressiv attackierten Mädchen ebenso unter Depression, Unterwürfigkeit und Angst leiden wie Jungen, die physische Gewaltakte über sich ergehen lassen mussten. Die Ohnmacht bezüglich einer Zurwehrsetzung des „gemobbten“ Mädchens gegen das Intrigengespinst ist insofern begreiflich, da ein Junge, der körperlich-feindselige Aggressionen erfährt, sich wenigstens noch körperlich zur Wehr setzen kann bzw. könnte. *Crick* sieht hierin eine große Gefahr für die gemobbten Mädchen: Das Ärgergefühl manifestiert sich möglicherweise bei einigen Mädchen so sehr, dass es eine Blockade für spätere Beziehungen aufbauen kann. Aufgrund der gestörten Emotionen und des Selbstwertgefühls in Bezug auf ihre eigenen sozialen Fähigkeiten sind sie womöglich in späteren Jahren nur schwerlich in der Lage, Freundschaften und Partnerbeziehungen einzugehen und aufrechtzuerhalten; ein Misstrauen gegen die Gesellschaft baut sich unter Umständen auf.[42]

## 2.6 Katharsis der Aggression(en)

Die Tradition der Katharsis lässt sich bis in die Zeit von etwa 350 v.Chr. zurückverfolgen. Schon damals schrieb Aristoteles der Katharsis eine reinigende Wirkung zu. So habe es nach Aristoteles eine reinigende Wirkung, wenn man sich als Betrachter von Kunst mit dem Dargestellten auseinandersetzt und sich damit identifiziert. Dadurch reagiere man seine Affekte auf einer anderen Ebene ab. Er bezog dies hauptsächlich auf die Betrachtung der Tragödie, deren Wirkung unübertroffen sein soll. *Weiner* formuliert noch hinzu, dass (nach Aristoteles) der Theaterzuschauer von seinen Leidenschaften gereinigt werde: Als Katharsis der Emotionen.[43] Die Forschungsrichtung, die am meisten mit der Aristoteles′ Theorie einhergehen, schreibt dem Beobachten motivationaler Handlungen zu, die eigene Motivation ließe sich hiermit reduzieren. Diese „Katharsis-Hypothese“ zieht es demnach in Betracht, dass ein Fußballfan, der seinem Verein beim Spielen und beim Tore schießen zuschaue, seine eigene Leistungsbedürfnisse abbaue. Auch das Betrachten von erotischen Materialien soll demnach das eigene sexuelle Bedürfnis vermindern und ein Streben nach Machtgelüste würde durch das Beobachten einer Führungspersönlichkeit aufgehoben werden. *Weiner* geht zudem noch der möglichen katharsischen Wirkung durch das Sehen von Gewaltfilmen nach. Auf diesen Punkt gehe ich im Kapitel „Aggression durch Gewalt im Film“ noch ausführlich ein.

---

[42] vgl.: Crick, N. In: Psychologie heute; Ausgabe 8 (August) 1998; Seite 11

[43] vgl.: Weiner, Bernhard (1994); Motivationspsychologie; Seite 37 ff.

Um nochmals die Katharsis dem Ursprung nach aufzugreifen, dient diese im psychoanalytischen Sinne als psychotherapeutische Methode zur Abfuhr pathogener Affekte.[44] Diese Art der Behandlung erlaubt es dem Patienten, traumatische Ereignisse, an welche diese Affekte geknüpft sind, wachzurufen, sie nochmals zu durchleben und aufgrund dessen abzureagieren. Wieder aufgenommen wurde der Ausdruck Katharsis durch *Breuer* und *Freud.* Sie sahen darin eine adäquate Wirkung zur Abreaktion traumatischer Ereignisse. *Freud* wusste nach seinen „Studien über Hysterie", dass nicht nach außen abgeführte Affekte in der Psyche verankert werden und somit pathogene Ausmaße annehmen können. *Davison/Neale* beschreiben in ihrer Abhandlung den in der Fußnote bereits angedeuteten Fall der Anna O. etwas genauer.[45] Da dieses für das Thema der vorliegenden Arbeit irrelevant erscheint, den ganzen Fall der Anna O. in aller Ausführlichkeit aufzuzeigen, nur eine kurz Einführung zum besseren Verständnis dessen, was allgemein unter der Katharsis verstanden wird:

*Anna O. war aufgrund zahlreicher hysterischer Symptome bettlägerig, ihre Beine sowie ihr rechter Arm waren gelähmt, das Hören und Sehen viel ihr schwer, auch hatte sie Mühe zu sprechen. In einigen Zeiten verfiel sie in einen traumatischen Zustand, murmelte vor sich hin und wurde von quälenden Gedanken heimgesucht. Breuer setzte Anna O. unter Hypnose, wiederholte daraufhin einige der Wörter, die sie murmelte, was letztendlich dazu führte, dass sie freier sprach und sich somit über quälende Ereignisse äußerte, die sie aus der Vergangenheit plagten. Nachdem sie aus der Hypnose erwachte, schien es ihr sichtlich besser zu gehen.*

Nach Anna O. hypnotisierte Breuer weitere hysterische Patienten und stellte eine deutliche Besserung und längerfristige Symptomfreiheit fest, wenn die Patienten sich unter Hypnose sowohl an das auslösende Ereignis als auch an die damit verbundenen Emotionen erinnert wurden, aus dem die Hysterie ehemals hervorging. Das nochmalige Erwecken der emotionalen Katastrophe und die Loslösung der emotionalen Spannung bezeichnete Breuer als *Katharsis.*

*Heckhausen*[46] führt in seinem Buch eine „Motivationstheoretische Präzisierung der Katharsis-Hypothese" auf. Hierin postuliert er, dass die bis zum damaligen Zeitpunkt (Erscheinungsjahr 1989) erforschte Katharsis-Hypothese widersprüchlich und nicht sehr aufschlussreich sei. Besondere Probleme sieht er schon im Aufbau eines entsprechenden Versuchs. Bereits die Aufgabe, Versuchspersonen zu einer Aggression zu

---

[44] vgl.: Laplanche, J. und Pontalis, J.-B.; Das Vokabular der Psychoanalyse; Seite 247ff.

[45] vgl.: Dvison, Gerald C./Neale, John M.; Klinische Psychologie; Seite 22ff.

[46] vgl.: Heckhausen, Heinz (1989); Motivation und Handeln; Seite 336 ff.

motivieren, sieht *Heckhausen* als Problem an. Eine solche Aggressionsmotivation kann nur dann gelingen, wenn eine Frustrierung der Versuchsperson erreicht wird. Solch eine Frustrierung entsteht, wie in den Kapiteln zuvor schon beschrieben, infolge einer Unterbindung bzw. einer Blockierung eines zuvor gesteckten Zieles. Neben Frustration fühlten sich die motivierten Versuchspersonen zudem beleidigt, missachtet, ärgerlich, wurden feindselig und aggressiv. Versuchspersonen, welche nicht frustriert oder beleidigt werden konnten, schieden aus. Wie aus diesen Textzeilen zu erkennen ist, scheinen sich die Frustrations-Aggressions-Hypothese und Katharsis-Hypothese einander zu bedingen.

Auch *Weiner* schreibt, dass die Erforschung der Katharsis auf die Aggression beschränkt blieb. So würde die spezifische Hypothese besagen, die Beobachtung einer aggressiven Handlung reduziere die eigenen aggressiven Tendenzen. Nach *Weiner* müsste somit auch das Ansehen von Gewaltfilmen eine katharsische Wirkung haben.[47] Eine katharsische Wirkung in Bezug auf Gewaltfilme wird konträr diskutiert. Nach der Katharsis-Hypothese müsste diese Wirkung gegeben sein. Eine ausreichende Klärung hierfür ist zum heutigen Zeitpunkt nur schwerlich nachzuweisen, da beim Ansehen von Gewaltfilmen sehr viele weitere psychologische Aspekte hinzukommen. Obwohl das Thema der Gewalt im Film noch zu einem späteren Zeitpunkt divergent diskutiert wird, muss ich an dieser Stelle bereits eine kleine Exkursion in dieses Themengebiet vorziehen. *Weiner* schreibt, ein Ansehen von Gewaltfilmen löst nicht zwangsläufig eine aggressive Handlung aus, sie kann unter Umständen tatsächlich so etwas wie eine katharsische Wirkung vorweisen. Kinder und Jugendliche, die Filme mit aggressiven Handlungen oft konsumieren, können zuweilen indirekt darauf hingewiesen werden, welche Folgen ein aggressives Verhalten infolge sozialer Übertretungen mit sich führen kann. Es wirkt sozusagen „prophylaktisch-katharsisch“.

*Zimbardo* bezieht sich auf die soziale Lerntheorie, welche die Freudsche Ansicht zur Katharsis und Aggression in Frage stellt und entgegengesetzt prognostiziert: Die Wahrscheinlichkeit aggressiver Handlungen eines Rezipienten wird verstärkt, wenn er aggressive Handlungen beobachtet.[48] Folgendes Zitat von *Zimbardo* möchte ich an dieser Stelle einfügen:

*„Die soziale Lerntheorie wird durch Untersuchungen bestätigt, die eine Zunahme der Aggression nach der Beobachtung aggressiver Modelle zeigen. Zusätzlich dazu ist gezeigt worden, dass die Gelegenheit, aggressiven Gefühlen in einer permissiven Umge-*

---

[47] vgl.: Weiner, Bernhard (1994); Motivationspsychologie; Seite 37ff.

[48] vgl.: Zimbardo, Philip G. (1995) Psychologie; Seite 430 ff.

*bung Ausdruck zu verleihen, diese Gefühle auf ihrem ursprünglichen Niveau hält, statt sie zu verringern.“*[49]

*Zimbardo* führt in seiner Abhandlung der Katharsis ein Experiment auf, welches (zumindest) ein „aussagefähiges“ Ergebnis aufweist:

Versuchspersonen (Vpn) beobachteten einen Gegner, der in ihnen Wut auslöste. Die Hälfte der Vpn konnte ihre Wut und die damit zusammenhängende Feindseligkeit an einem Interviewer zum Ausdruck bringen; die andere Hälfte der Vpn saß in der Zeit gelangweilt herum. Die Vpn mit der Möglichkeit, sich an dem „katharsischen Interview“ abzureagieren, *mochten den Gegner hinterher noch weniger(!)* als vor der „Katharsis“ und blieben in ihrem Erregungszustand der anderen Hälfte der Vpn stabil. Die eigentlich zur Abreaktion gedachte Katharsis erreichte somit das Gegenteil von dessen, was sie erreichen sollte!

Das Ergebnis scheint den Annahmen der Psychologie zu widersprechen. Im Grunde besagt der normale Menschenverstand, es wäre gut, seinen seelischen Druck abzulassen bzw. abzureagieren - hier wird nun das Gegenteil behauptet. *Zimbardo* versucht diesen Disparität zu widerlegen, indem er eine Unterscheidung zwischen dem Ausdrücken von Gefühlen einerseits und aggressivem Handeln oder der Beobachtung aggressiven Handelns unterscheidet:

- Beim *Ausdrücken von Gefühlen* durch weinen, lachen oder mit anderen sprechen, kommt es vor, dass die Person sich besser fühlt oder ihre Angst messbar gelindert erscheint.
- *Ausüben von Aggressionen gegen einen Gegner, einerlei, ob verbal oder körperlichl*, reduziert die Aggressionsneigung anscheinend nicht.

Man kann allerdings seine Bedürfnisse nach Aggression gegen andere senken, wenn man lernt, im Konfliktfall sich verbal artikulierend zu wehren.

In der Juli-Ausgabe der Fachzeitschrift „Psychologie heute“ ist unter der Überschrift „Wie man Ärger garantiert nicht los wird“ ein Artikel erschienen, der eben die Katharsis-Hypothese mit neuesten Erkenntnissen „lügen straft“. Der Artikel bezieht sich auf den im Journal of Personality and Social Psychology 3/99 erschienenen Beitrag:[50]

Die amerikanischen Psychologen *Bushman, Stack und Baumeister* widerlegen in ihrer Studie die These, dass die Aggressionsausübung eine katharsische und läuternde

---

[49] vgl.: Zimbardo, Philip G. (1995) Psychologie; Seite 431

[50] vgl.: Fachzeitschrift: Psychologie heute; Ausgabe 7 (Juli) 1999; Seite 11

Wirkung haben soll. Demnach ist derjenige, der seine Wut an einem Punchingball abreagiert, Türen knallt oder auf etwas einschlägt, im Nachhinein nicht entspannt, sondern wird dadurch nur noch aggressiver. Folgender Test sollte hierüber Aufschluss geben können:

Man brachte 700 Studenten in Situationen, in der sie ein anderer Student beleidigte. Nach der Beleidigung erhielten die Studenten eine Liste mit Aktivitäten, aus der sie die ihnen am verlockendsten erscheinende auswählen sollten. Unter anderem auch einen Punchingball. Im dritten Teil des Experimentes wurde ein Wettbewerb am Computer gestartet, zwischen dem beleidigten Studenten und dem beleidigenden Studenten oder einer anderen Person. Ziel der Übung war die Feststellung, ob die Abreaktion am Punchingball den Ärger des beleidigten Studenten reduzierte. Nun, das Gegenteil trat ein. Verärgerte Teilnehmer, die sich zur Abreaktion eine aggressive Handlung aussuchten, waren später am Computerspiel noch aggressiver als vorher - unabhängig davon, ob der Gegner am Computer der ihn beleidigende Student war oder eine außenstehende Person. Demnach sollte der Ratschlag, reagiere dich erst einmal ab, nicht für bare Münze genommen werden. Ärger durch Aggressionen loszuwerden erhöht, wie dies eindrucksvoll beweist, nur den Hang zu Weiteren aggressiv-feinseligen Handlungen.

Wenn - soweit man dieser Untersuchung Validität zugrunde legt - eine katharsische Wirkung auch nicht durch das Ausleben von Aggression seinen Ärger bzw. Frust abbauen kann, besteht seit den letzten Jahren noch eine zweite Möglichkeit der Katharsis, nämlich in Form einer „Talkshow“. Diese Vokabel gebraucht die Schreiberin eines Artikels in der Fachzeitschrift „*Psychologie heute*“ (Ausgabe Januar 1999, Seite 15).

Einen ganz anderen Aspekt bringen *Fuhr, Srekovic und Gremmler-Fuhr,* im Weiteren *Fuhr u.a.* genannt, in den Bereich der Katharsis ein. Sie beziehen sich in ihrem Buch auf die Gestalttherapie auf Perls, der in Bezug auf die Katharsis postulierte, dass die Erregung eine zu kostbare Energie ist, um sie in der Katharsis verschwenden zu wollen. Man sollte seiner Meinung nach nicht explodieren, um sich von der Erregung zu befreien, sondern sich der Automatismen gewahr sein, sie wahrnehmen und sie ohne Korrektur aushalten. Eine aktuelle Erfahrung braucht keine Manipulation, man kann sie erleben, beschreiben und sich damit auseinandersetzen *und dafür die Verantwortung übernehmen.*[51]

An anderer Stelle des Buches von *Fuhr u.a.* definieren sie die Katharsis als heilend. Sie beziehen sich auf den Onkel von Freuds Frau Martha, Jacob Bernays, der „die tra-

[51] vgl.: Fuhr, R./Sreckovic, M./Gremmler-Fuhr, M. (1999); Handbuch der Gestalttherapie; Seite 54

gische Reinigung der Leidenschaften“ propagierte: Ausdruck von Gefühlen führt zur Reinigung. *Fuhr u.a.* hegen an dieser Ansicht jedoch Zweifel. Sie vertreten die Meinung, ausgedrückte Gefühle seien lediglich dann angebracht, wenn diese durch Reflexion wieder angebunden werden. Sie beziehen sich hierbei auf die körpertherapeutischen Verfahren der Psychotherapie.[52]

*Fuhr u.a.* gehen in ihrem Buches spezieller auf die Katharsis ein. Sie halten im Kontext der Katharsis die Gestalttherapie für die Methode mit dem einzigen Zugang zum psychosomatischen Patienten.[53] Allerdings geben sie zu bedenken, dass ein zu heftiges Ausagieren und eine zu einseitige Fokussierung auf einen intensiven emotionalen Ausdruck zu einer erneuten Traumatisierung des Patienten führen könne. Diesen Vorwurf erheben sie in Bezug auf die stark katharsisch arbeitenden Gestalttherapeuten. Sie verweisen somit auf intensive Affekte, die der Patient mobilisiert, dessen Intensität jedoch nicht integrieren kann. Ein derartiger Affektausbruch könnte den Patienten möglicherweise kurzfristig katharsisch entlasten, verwirre vielleicht aber solche Patienten, die nicht in der Lage sind, mit diesen Affekten umzugehen. *Fuhr u.a.* weisen darauf hin, der schmale Grat zwischen einem „Darüber-Reden“ und einer emotionalen Katharsis sei schwer zu finden. Sie sehen ein Pendeln zwischen der körperlichen Wahrnehmung und psychischen. Pendeln kann gelernt und angewendet werden, innere Spannung immer besser auszuhalten.

Abschließend zur Katharsis-Hypothese beziehe ich mich auf *Maslow*. Er schreibt unter der Überschrift: *„Befreiung und Katharsis...“*[54] folgende Ansichten:

Er bezeichnet die Katharsis als eine spezielle expressive Verhaltensform mit zuweilen befreiender Nützlichkeit für den Organismus. Levy bezeichnete den Vorgang als auslösendes Verhalten. Fluchen sei beispielsweise ein expressives Verhalten, da es eine Reflexion des inneren Gefühlszustandes ausdrückt. Solch ein Verhalten entstand jedoch nicht, um ein Grundbedürfnis zu befriedigen, obgleich es in einem gewissen Zusammenhang eine Befriedigung hervorrufen mag. Wahrscheinlicher ist, dass es, wenn man es als Nebenprodukt betrachtet, eine Änderung des Zustandes des Organismus erzeugt. Es kann sein, so *Maslow*, dass ein befreiendes Verhalten so definiert werden kann, dass es dem Organismus eine Art Bequemlichkeit gewährt. Es hält demnach ein Spannungsniveau folgendermaßen niedrig:

---

[52] vgl.: Fuhr, R./Sreckovic, M./Gremmler-Fuhr, M. (1999); Handbuch der Gestalttherapie; Seite 343

[53] vgl.: Fuhr, R./Sreckovic, M./Gremmler-Fuhr, M. (1999); Handbuch der Gestalttherapie; Seite 805 ff.

[54] vgl.: Maslow, Abraham H. (1996); Motivation und Persönlichkeit; Seite 168 f

1. es gewährt einem unvollständigen Akt Vollzug,
2. es gestattet Stauungen von Feindseligkeit, Angst, Aufregung, Freude, Ekstase, Liebe oder anderen Spannungszuständen Ableitung und
3. eine Aktivität durch sich selbst zulässt, die sich der Organismus selbst erlaubt.

Die Katharsis nach Breuer und Freud sieht *Maslow* im großen und ganzen als die komplexe Variante des Befreiungsverhalten an. Es diene zum Ausdruck unvollendeter Akte. Selbst die einfache Beichte und eine Enthüllung eines Geheimnisses mag kathartische Wirkung aufzeigen.

### 2.7 Aggression und Objektbeziehung

Einen ganz wesentlichen Aspekt in Bezug auf die Entwicklung aggressiven Verhaltens sieht *Dornes* in der Objektbeziehung zwischen Kind und Mutter.[55] Trotz der oftmals zitierten Triebtheorie, Aggressionen seien angeboren, sieht *Dornes* - er bezieht sich hierbei auf Parens - die Aggression als ein Produkt eines lieblosen Umgangs bezüglich der Eltern-Kind-Interaktion an. Somit ist feindselige Aggression nicht angeboren, sie entwickelt sich infolge harter und strafender Erziehungspraktiken. Setzt man das Vorhandensein einer angeborenen Bereitschaft zur Feindseligkeit voraus, hängt es jedoch im großen Umfang davon ab, wie oft diese durch externe Einflüsse zur Aktivierung gelangt und aus welchen Gründen die Feindseligkeit aktiviert wird. Von diesem Standpunkt aus betrachtet, kommt ein Mensch weder als „gut“ noch als „böse“ auf die Welt, er entwickelt sich in dem einen oder anderen Rahmen. Entscheidend ist die Erziehung und deren daraus gezogenen Erfahrungen für das Kind. So besitzt das Kind die Fähigkeit auf äußere Reize es mit reaktivem Ärger oder feindseliger Aggression zu antworten, kann jedoch, wenn es zu häufig in Erscheinung tritt, eine Chronifizierung hervorrufen, so dass das Kind die feindselige Aggression internalisiert und immer wieder in inadäquater Weise anwenden wird. Selbst nichtpsychoanalytische Forscher sehen die Entwicklung der kindlichen Aggressivität in drohenden, zurückweisenden und strafenden elterlichen Erziehungsmitteln an. Somit ist ein Zusammenhang zwischen der Erziehung und der daraus resultierenden Aggressionsentwicklung nicht ausschließlich auf kranke, auffällige oder straffällig gewordene Kinder zu beziehen, sie zeichnet sich auch tendenziell bei normalen Kindern ab. Stark an ihre Eltern gebundene Kinder jedoch sind auffallend weniger aggressiv als Kinder, deren Bindung zu den

---

[55] vgl.: Dornes, Martin (1997); Die frühe Kindheit; Seite 270 ff

Eltern von Seiten der Kindern her als unsicher empfunden wird. Eine grundlegende Rolle für eine sichere Bindung ist der Mutterrolle zugeschrieben. Eine grundlegende Rolle für eine unsichere Bindung spielt die Zurückweisung bzw. ein Abblocken von Bindungsbedürfnissen des Primärobjektes.

Bei einem Vergleich zwischen sicher und unsicher gebundenen Kindern in häuslicher Umgebung stellte man fest, dass auch sicher gebundene Kinder Ärger aufzeigen, wenn sie verlassen werden oder ihre Exploration unterbrochen wird. Derartiger Ärger ist jedoch als situationsangemessen und funktional anzusehen, er fungiert zur Wiederherstellung der Nähe zur Bindungsperson; ist die Bindungsperson wieder verfügbar, verfliegt der Ärger umgehend. Bei Kindern mit einer vermeidend gebundenen Beziehung verhält es sich anders. Treten bei ihnen ungewohnte oder riskante Situationen auf, in denen eine Bezugsperson benötigt wird, unterdrücken sie ihren aufkommenden Ärger, das Risiko einer erneuten Zurückweisung durch die Bezugsperson wird somit umgangen.

Ein anderer Versuch bestätigte, aggressive Kinder wiesen eine „attribution bias“ auf, welche die Aufrechterhaltung dysfunktional gewordener Aggression fördert. Derartige Kinder interpretieren in zweideutige Situationen stets eine aggressive Absicht. Man zeigte Kindern Bilder und Filme, in welchen Kinder a) absichtlich verletzt, b) unabsichtlich verletzt oder c) aus nicht eindeutig zu erkennenden Ursachen verletzt werden. Aggressive Kinder erkennen in uneindeutigen Situationen der Verletzung anderer häufiger eine aggressive Handlung *als in die Handlung, in der absichtlich verletzt wurde!* Ebenso interpretieren auch vermeidend-unsichere Kinder die Situation. Sie projizieren somit ihre eigenen Aggressionen in die nicht eindeutige Situation hinein. Begründung findet solches Verhalten darin, dass diese Kinder mehr Zurückweisung und Aggressionen erfahren haben als normale Kinder. Sie interpretieren allerdings nicht nur zweideutig, sie handeln in ihnen zweideutig erscheinenden Situationen häufiger aggressiv, aufgrund einer nicht zu berücksichtigenden Alternativhandlung. Dieses Phänomen wurde jedoch nicht in allen Untersuchungen nachgewiesen. Aggressionen infolge vermeidend-unsicherer Bindung sind verstärkt in Risikogruppen anzutreffen. Aggressionen sind hier auch öfter bei Jungen als bei Mädchen zu beobachten. Mädchen sind eher gehemmt denn aggressiv.

Auch *Fenichel* spricht dem Menschen als aller erstes Objekt die Mutter zu.[56] Er will diese Aussage allerdings nicht wörtlich verstanden wissen, es gäbe keinen Grund für die Annahme, der physische Geburtsvorgang des Säuglings bindet ihn in irgendeiner

---

[56] vgl.: Fenichel, Otto (1974); Psychoanalytische Neurosenlehre; Seite 130 ff

Weise physiologisch an die Mutter. *Als Mutter gelte demnach, wer als erstes für den Säugling sorge.* Von einer Amme genährte Säuglinge haben im späteren Leben mit der Schwierigkeit zu kämpfen, zwei Mütter gehabt zu haben. Klinische Erfahrungen bestätigen dieses Postulat jedoch nicht. Da der Säugling zu Beginn seines Lebens keinerlei Vorstellung bezüglich eines Objektes aufweist, beginnt seine Objektvorstellung erst allmählich; die Vorstellung einer Mutter ist nicht vorhanden. So gesehen sind die ersten Dinge, die dem Säugling Befriedigung verschaffen, einmal vorhanden und ein andermal wieder verschwunden, wie zum Beispiel die Brust der Mutter oder das Fläschchen. Aber ebenso die Person der Mutter selbst. In diesem Stadium ist eine Unterscheidung von der leiblichen Mutter und einer möglichen Amme vom Säugling aus gesehen nicht möglich. Im Laufe der Zeit vermag der Säugling differenzierte Eindrükke aufzunehmen, wie etwa Vertrautes oder Fremdes. Vertrautes wird allem Anschein nach zur Unterstützung des Narzissmus angesehen, das Fremde als gefährlich wahrgenommen. Erst sukzessive wird somit auch die Mutter als Ganzes wahrgenommen und als befriedigendes Objekt vom Säugling anerkannt. Sie hat somit auch als einziges Objekt die Möglichkeit, auf den Säugling Einfluss auszuüben. *Fenichel* hält die Entwicklung der Objektbeziehung bei Jungen gegenüber der Mutter für unkomplizierter. Er bleibt über die späteren Entwicklungsstufen der Mutter gegenüber aufrechterhalten. Obgleich die Mutter das primäre Objekt darstellt, liebt der Säugling ebenso den Vater und andere Objekte. Auch erleidet er Frustrationen von Seiten der Mutter und vermag, diese von Zeit zu Zeit zu hassen; sie bleibt somit das primär begehrte Objekt in der infantilen Sexualphase des Kindes. In dieser Phase ist es noch möglich, dass das Kind die Liebe und den Hass zur Mutter bzw. zum Vater parallel erträgt, kommt aber bei der Ausprägung des Ichs hier in Konfliktsituationen. Im Laufe der Zeit projiziert das Kind seinen Hass auf den Vater. Das Kind vermutet in ihm einen Rivalen, der größer ist und alles darf. Wird dieser Hass nicht in irgendeiner Form verarbeitet, so kann hier der Beginn einer latenten Aggression vermutet werden.

*Winnicott* sieht in der Objektbeziehung eine erstmalige Bedeutung vom Objekt, die jedoch allein eine Erfahrung des Subjekts darstellt, wobei das Objekt aus einem Bündel von Projektionen besteht und demnach noch nicht zu der wahrgenommenen Realität gehört.[57] Selbst die Brust der Mutter sieht der Säugling als ein nicht abgetrenntes Phänomen an; er saugt seiner Ansicht nach an sich selbst; die Brust ist somit ein Teil innerhalb seiner omnipotenten Kontrolle. Selbst noch in der omnipotenten Kontrolle entwickelt der Säugling eine Erweiterung seines Gefühlslebens. Im Weiteren Verlauf

---

[57] vgl.: Winnicott, D.W. (1983); V. d. Kinderheilkunde z. Psychoanalyse; Seite 21 ff

dieser Phase geht der Säugling in die Objektverwendung über. In der Objektverwendung bekommt das Objekt eine eigene unabhängige Existenz zugeschrieben. Der Säugling trinkt somit aus einer „Nicht-Ich-Quelle“, von der er abhängig ist. Die Übergangsphase von der Objektbeziehung zur Objektverwendung sieht *Winnicott* als den schwierigsten des in der menschlichen Entwicklung stattfindenden Prozesses an. Der Säugling erkennt das Subjekt als äußeres Phänomen an und nicht als etwas von ihm Projiziertes. Somit kann der Säugling das Objekt außerhalb seines eigenen omnipotenten Bereichs ansiedeln; hier entspringt nach *Winnicott* die Quelle der menschlichen Fehlentwicklungen. Diesem Entwicklungsschritt unterstellt *Winnicott* eine enorme Bedeutung und Dramatik, da während des Ablaufs das Subjekt das Objekt zerstören muss. Objektbeziehungen werden durch Ängste und der damit verbundenen möglichen (drohenden) Vernichtung an ihrer Entstehung gehindert. Eine Destruktion des Objekts bekommt dann einen zentralen Stellenwert, wenn das Objekt als solches wahrgenommen wird, Autonomie entwickelt und erlebbare Realität darstellt. *Winnicott* postuliert in diesem Zusammenhang, der Mensch reagiere auf die Realität mit Ärger und Destruktion. Der Säugling (das Subjekt) zerstört jedoch das Objekt nicht, er siedelt es außerhalb seines omnipotenten Bereichs an. Das Subjekt kann erst infolge der Zerstörung des omnipotenten Bereiches, der außerhalb liegt, vernichtet werden. In Bezug auf die Realitätsentstehung ist die Destruktivität mit von entscheidender Bedeutung. Erst in dem Zusammenhang, wenn das Subjekt die Zerstörung des Objektes überstanden hat, kann das Subjekt das Objekt verwenden. Ein derartiges psychisches Geschehen sieht *Winnicott* in einem engen Zusammenhang mit der Mutter, die vom Kind als erster Mensch mit der kindlichen Destruktion konfrontiert wird; sie wird angegriffen und soll zerstört werden. Somit besteht die Möglichkeit, dass die Mutter verletzt reagiert und den Hass nicht im Zaum behält, falls das Kind beißt oder sie anderweitig verletzt. Letztendlich hängt es also von der Mutter ab, ob sie in der Lage ist, sich für diese Destruktion(en) nicht zu „rächen“. Da die Mutter unter dem Druck steht, ständig zerstört zu werden, macht es sie für das Kind (das Objekt) erst erlebbar.

Eine weitere Ausdehnung der Objektbeziehung wäre hier durchaus denkbar, jedoch beziehe ich mich in Kapitel 4.3.2 auf die Erziehung und mögliche daraus resultierende Aggressionsursachen. Auch in einem solchen Zusammenhang wird die Objektbeziehung impliziert werden müssen.

## 2.8 Angstaggression

Psychologische und psychoanalytische Aspekte der Aggression sind meiner Meinung nach nur schwerlich zu trennen, da sie mit häufiger Überschneidung einhergehen. Ein Zusammentreffen beider Aspekte ist demnach in keiner Weise zu umgehen.

Damit keine zu große Lücke zwischen der psychoanalytischen und psychologischen Ebene klafft, beende ich dieses Kapitel mit der Angstaggression.

Wie ist *Angst* definiert? Als Angst bezeichnet man ein mit Beengung, Erregung und Verzweiflung verknüpftes Lebensgefühl, dessen besonderes Kennzeichen die Aufhebung der willensmäßigen und verstandesmäßigen Steuerung der Persönlichkeit darstellt. Weiterhin sieht man in der Angst einen aus dem Gefahrenschutzinstinkt erwachsenen Affekt, der teils in akutem Ausbruch (dem Schreck verwandt), teils in schleichend-quälender Form eine elementare Erschütterung bewirkt. Angst kann auch als ein ursprünglicher Trieb bezeichnet werden. Angst und Hass sind umschlagbare Affekte. Ähnlich einer Flucht oder ausbrechende Aggression. Psychoanalytisch gesehen ist Angst nach *Freud* die erste elementare Erfahrung, während des Geburtsvorgangs. Sie ist somit Realangst, neurotische Angst oder moralische Über-Ich-Angst.[58]

Als *Eigenschaftsangst* wird eine erworbene, zeitstabile Verhaltensposition bezeichnet. Bei einem Menschen (oder Tier) führt sie zu Erlebens- und Verhaltensweisen, mit dem Ziel, eine Vielzahl von objektiv wenig gefährlichen Situationen als *Bedrohung* wahrzunehmen. Dies geschieht selbst in Situationen, in denen objektiv eine Bedrohung nicht besteht (Zustandsangst). Laut *Peters* stellt Angst einen Affektzustand dar, bei dem eine Gefahr erwartet wird, auf die sich die Psyche bereits vorbereitet hat. Die beim Menschen am Häufigsten vorkommende Erscheinung; sowohl im normalen als auch im abnormen psychischen Erleben.[59]

Nachdem der Terminus Angst dem Grunde nach definiert ist, versuche ich nunmehr den Textverlauf in den Zusammenhang der Angst und der Aggression zu führen. *Walter* ordnet der Angst eine Eigenmotorik bei, die bei der Blockierung des Fluchtverhaltens aus einer Gefahrensituation heraus reflektorische Aggressionsinstinkte weckt.[60] Vermeidlich ausweglose Situationen steigern das Aggressionspotential, das wiederum eine Häufung gefährlicher Situationen bewirkt. Diese steigern ihrerseits die

---

[58] vgl.: Dorsch, Psychologisches Wörterbuch; 12. Auflage; Seite 35

[59] vgl.: Peters, Uwe Henrik (1999); Wörterbuch Psychiatrie, Psychotherapie, medizinische Psychologie; Seite 36

[60] vgl.: Walter, Hellmuth (1977); Angst bei Schülern; Seite 30 ff.

endogene Angsterzeugung. *Walter* nennt diese Spirale: *Circulus vitiosus.* Weiterhin postuliert *Walter* einen Angst-Aggressions-Antagonismus, dessen Funktion darin besteht, die Grundlage der sozialen Rangordnung zu garantieren, sprich die Bereitschaft, sich unter bzw. überzuordnen; gesteuert wird dieses Verhalten von antagonistischen Aggressionsmechanismen. Derselbe Mechanismus dient auch der Aufrechterhaltung der Art in Bezug auf die notwendige soziale Distanz, woraus die erhöhte Angst- und Aggressionsbereitschaft von Großstadtbewohner abgeleitet wird.

Eine weitere Sichtweise der Angstaggression liegt in der Ich-Bedrohung. Die Ich-Bedrohung und die damit verbundene Angst tritt in Zeiten auf, in denen das Individuum versucht, auftauchende Wünsche (Motive) kurzfristig egozentrisch zu befriedigen. Gelingt das jedoch nicht unmittelbar, sondern es wird durch exogene Widerstände beschränkt, reagiert das Individuum zunächst mit Aggression. Auch hierbei ist wieder der Circulus vitiosus zu beachten, denn die ausgeführten Aggressionen führen im Nachhinein nicht selten zu strafenden Sanktionen, was nunmehr abermals als eine Ich-Bedrohung angesehen werden kann und wieder die Angst von vorn auslöst bzw. auszulösen in der Lage ist. Somit besteht nach *Walters* Meinung eine signifikanter Zusammenhang zwischen den Konstrukten Angst, Aggression und Frustration.

Die früheste Form der Ich-Bedrohung liegt in der Trennungsangst, also der Angst, von der Mutter getrennt zu werden (infantile Anklammerungsproblematik). Sie soll demnach auch daran eine Mitschuld einer eventuell auftretenden Schulphobie tragen.

Im Weiteren bezieht sich *Walter* auf ein von Gray postuliertes einheitliches Kampf-Flucht-System.[61] Hierbei handelt es sich um ein System, welches ausschließlich von einer spezifischen Reizkonstellation abhängt. Es beeinflusst das Individuum in der Hinsicht, inwieweit es auf aversive Reize entweder mit Kampf- oder mit Fluchtverhalten reagiert. Scheint oder ist eine Flucht aufgrund äußerer Gegebenheiten nicht möglich, reagiert das Individuum auf aversive Reize oftmals mit Angriff, also abwehrenden Aggressionen. Eine in die Enge getriebenes Individuum reagiert aggressiv. *Walter* bezieht dieses „mechanische Verhalten" in den schulischen Kontext mit ein. Auch hier wird in verschiedenen Bereichen der Konfliktkonstellationen dieser Mechanismus aktiviert, was in einem engen Zusammenhang von Angst und Aggression angesehen wird.

Eine andere Bedeutung im Zusammenhang von Angst und Aggression liegt in den Erziehungspraktiken. Hierbei ist an erster Stelle die Mutter zu nennen. Wenn Eltern auf ein unerwünschtes Verhalten mit Strafe, auch Liebesentzug, reagieren, erhöhen

---

[61] vgl.: Walter, Hellmuth (1977); Angst bei Schülern Seite 41 ff.

sich die Angstwerte der Kinder. So weisen streng erzogene Kinder im Vorschulalter meist mehr aggressive Reaktionen auf als weniger streng erzogene. In der weiteren Entwicklung der Kinder kehrt sich ein solchen Verhalten um. Daher wird angenommen, dass Kinder in frühen Jahren aufgrund einer eingeschränkten Willenskontrolle in Bezug auf Frustration spontan aggressiv reagierten, wobei die darauf erfolgten negativen Sanktionen zur Unterdrückung aggressiver Handlungen führten.

Aggressive Impulse werden als Angstsignale erlebt, weil sie eine Bestrafung anzeigen, was später zu dispositionellen Ängstlichkeit führen kann. Außerdem lassen zudem überhöhte bzw. verfrühte Leistungsansprüche seitens der Eltern Ängste entstehen, ebenso wie ständige Unterforderung. Bei einer Unterforderung sieht *Walter* als indirekten Auslösemechanismus der Angst das Ausbleiben einer erwarteten Belohnung an.

Ein weiterer Aspekt bezüglich des Zusammenspiels von Angst und Aggression liegt in der mangelnden Selbsteinschätzung einiger Kinder. So neigen hochängstliche Kinder zu einem emotional negativ gefärbten Selbstbild. Sie betrachten ihren Körper und den damit zusammenhängenden psychosomatischen Vorgängen mit erhöhter Besorgnis und erleben ihren Körper auch dementsprechend. Zudem neigen derartige Kinder zu hohen Selbstzweifeln und deuten von außen kommende Anmerkungen bezüglich ihrer Selbst als Fremdvorwürfe. Diesen Aspekt sieht *Walter* in einem möglicherweise engen Zusammenhang von Angst und Aggression an. Letztlich besitzen ängstliche Kinder noch eine größere Abhängigkeit zu Autoritätspersonen als nichtängstliche.

Kinder mit einer emotional negativen Selbsteinschätzung weisen eine nur minderwertig ausgeprägte Ich-Stärke auf. Durch Versuche fand man heraus, Kinder mit einem geringen Selbstwertgefühl werden auch von anderen Kindern dementsprechend eingeschätzt. Aufgrund dieser Tatsache beginnt auch hier wieder der schon vorhin aufgeführte Circulus vitiosus. Die selbstwertverminderten Kinder erleben die Umwelt wieder als Ich-Bedrohung und wirken somit noch unsicherer auf das soziale Umfeld. Bemerkenswert ist in jenem Zusammenhang folgende Tatsache: ängstliche Kinder, die sich an ihre eigene Unzulänglichkeit bewusst glauben, beziehen eintretende Misserfolge stets auf sich selbst und sehen nicht die Möglichkeit darin, dass die Umwelt hierzu hätte Rechnung tragen müssen; außerdem erwarten sie eher Misserfolge denn Erfolge bei ihren Tätigkeiten. Solch ein Zustand wirkt sich zudem noch auf das verminderte Risikoverhalten der Kinder aus, was sich in einem niedrigen Anspruchsniveau niederschlägt.

*Petermann/Petermann* sprechen Kindern eine eindeutige Verhaltensabsicht bezüglich der Aggression zu.[62] Aber auch eine angstmotivierte, mit expressiven Wutausbrüchen einhergehende Aggression führen sie auf; manchmal gepaart mit Verhaltensunsicherheit. Derartige Kinder fühlen sich schnell bedroht und angegriffen. Sie igeln sich ein und reagieren aus dieser Position heraus mit Angriffen, einer Art vorbeugenden Aggression, was durchaus als zielgerichtetes Verhalten angesehen werden kann. Hierdurch versuchen sie ihre Angst zu reduzieren. Bekommt ein solches Kind den Eindruck einer Bedrohung von außen, versucht es mit Hilfe eines Wutausbruches die aufsteigende Angst zu verringern. *Petermann/Petermann* vermuten das Aufkommen aggressiven Verhaltens in der Ungewissheit der Kinder über die Zuneigung ihrer Mitmenschen, erwarten womöglich zu hohe soziale Anerkennung oder fühlen sich häufiger bedroht. Ein derartig aggressives Verhalten, scheinen die Kinder anzunehmen, verschafft ihnen Respekt und sichert ihr Territorium; sie erleben somit eine Verringerung ihrer sozialen Ängste. Auch *Petermann/Petermann* postulieren - wie *Walter* - einen sich immer weiter aufschaukelnden Verstärkungsprozess. Kinder fühlen immer öfter das Gefühl der Bedrohung, der Angst und der Anspannung. Durch diese Bedrohung sind die Kinder bemüht, durch aggressive Handlungen die Angst und die damit verbundene Anspannung zu vermindern. *Erweist sich das aggressive Verhalten als erfolgreich zum Abbau der Angst, so wird das Aufkommen von Aggression noch weiter verstärkt.* Entstehen nunmehr Situationen, in denen ähnliche Ausgangsbedingungen herrschen, wird die aggressive Art der Konfliktlösung auf eben diese Situation übertragen. Das soziale Umfeld der Kinder reagiert mit Sanktionen auf aggressives Verhalten und setzt bestrafende Maßregelung ein. Beantwortet wird solche Maßregelung wiederum mit Aggression. Dadurch wird wieder die mit der Bedrohung verbundene Angst abgebaut. Somit wächst im sozialen Umfeld des Kindes die Vermutung, dass das Kind auch in Zukunft aggressive Handlungen unternehmen wird, um auf negative Sanktionen zu reagieren. Ursachen sehen *Petermann/Petermann* für angstmotivierte Aggression in einer möglichen ambivalenten Erziehungsstruktur der Eltern, einem Mangel an Sicherheitssignalen seitens der Umwelt und einer unzureichenden Rückmeldung gegenüber ihrem gezeigten Verhalten.

---

[62] vgl.: Petermann, Franz/Petermann, Ulrike (1997); Training mit aggressiven Kindern; Seite 8

Die angstmotivierte Aggression unterliegt folgendem Regulationsmodell:

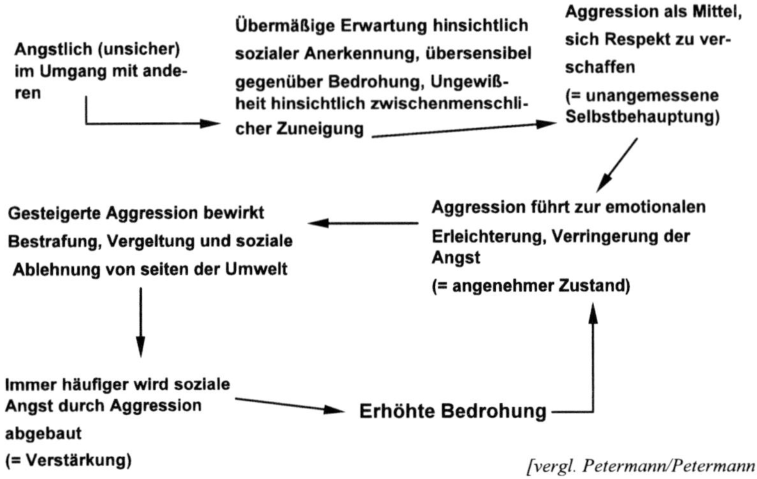


*[vergl. Petermann/Petermann (1997), Seite 8]*

*Ahrens* siedelt in seinem Buch die Angst-Aggression innerhalb der von Freud postulierten Psychoneurosen an.[63] Bei Psychoneurosen treten überwiegend psychische Symptombildungen wie Hysterie und Zwangsneurosen auf. Zwar habe Freuds „erste Angsttheorie", auf die sich das vorher Genannte bezieht, keine große Weiterentwicklung innerhalb der Psychoanalyse erfahren, doch erscheine sie recht plausibel zur Darstellung und Erkennung angstneurotischer Personen. Bei angstneurotischen Personen kommt es aufgrund ihrer aufgestauten Hemmungen zu keiner spannungs- bzw. affektentlastenden motorischen Abfuhr, weshalb sie oftmals in den Zustand traumatischer Überreizung gelangen können. Dieses Phänomen bezeichnet *Ahrens* als *Hemmungsaspekt*, der durch die Abwehr aggressiver Impulse entsteht. Angst und Aggression wirken sich aus phylogenetischer Sicht auf den Organismus physiologisch aus, nämlich als sympathikotone, ergotrope Aktivierung in Gefahrensituationen. Diese Aktivierung soll das Individuum in die Lage versetzen, entweder im Kampf oder im Fluchtverhalten genügend muskuläre Kräfte bereit zu stellen.

Freuds „zweite Angsttheorie" versucht Angst als psychologisches Geschehen zu beschreiben. Hierin wird Angst als Affekt beschreiben und als Warnsignal des Ichs bei

---

[63] vgl.: Ahrens, Stephan ( 1997); Lehrbuch der psychotherapeutischen Medizin; Seite 247 ff.

Gefahrensituationen aktiviert und auch im Ich aufgenommen. Je größer die Ich-Bedrohung, desto heftiger die daraus resultierende Angstreaktion.

*Benesch* bezieht sich in seinem Buch auf Horney, die die Quelle der Verflechtung zwischen der Angst und der Aggression in feindseligen Impulsen verschiedenster Art in Bezug auf neurotische Ängste zu erkennen sucht.[64] Jedes Stochern nach unterdrücktem Material muss Angst entfachen. Sie sieht die Wurzeln der Angst in einem Fundament von Grund-Angst und Grund-Feindseligkeit, die zum Grundkonflikt aufgrund widerstreitender Neigungen führen: zu den Menschen zu gehen, sich von den Menschen zurückzuziehen, gegen die Menschen anzugehen, bzw. Abwandlungen dieser Neigungen.

Wie *Petermann/Petermann* stellt auch *Benesch* die Entstehung von Ängsten schematisch dar:

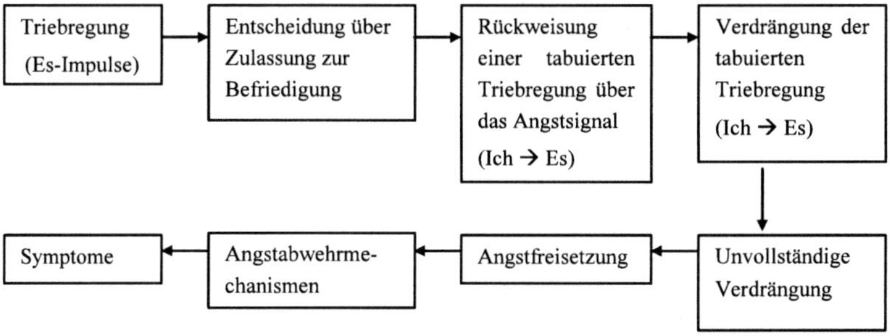


*[vergl.: Benesch (1995)/Seite 95]*

Das Schema bezieht sich auf die neurotische Angst nach Freud, deren Auslösung sich auf die Triebansprüche bezieht und als nicht erlaubt internalisiert werden.

Auch die Fachzeitschrift „Psychologie heute" bezieht zur Thematik der Angst respektive Aggression in einem Artikel Stellung:[65]

Laut dem Hamburger Michael-Balint-Institut für Psychologie und Psychotherapie leiden etwa 40% der sich dort in Behandlung befindlichen Kinder und Jugendliche an manifesten Angst- und Aggressionssymptomen. Außer psychosomatischen Leiden wie

---

[64] vgl.: Benesch, Hellmuth (1995); Enzyklopädisches Wörterbuch Klinische Psychologie und Psychotherapie; Seite 93

[65] vgl.: Fachzeitschrift: Psychologie heute; Ausgabe 7 (Juli) 1997; Seite 12f. (Kein Autor angegeben)

Übelkeit, Erbrechen, Schwindel, Herzrasen, Bauch- oder Kopfweh, steht oftmals aggressives oder introvertiertes Verhalten im Vordergrund. Jungen treten öfter aggressiv in Erscheinung, Mädchen reagieren übertrieben schüchtern oder depressiv auf Angststörungen. So tritt angst-aggressives Verhalten in Form von Schreien und Wutausbrüchen besonders dann in den Vordergrund, wenn ein extrem wiederkehrendes Unglücklichsein infolge einer Erwartung von, während oder unmittelbar nach der Trennung zu einer Bezugsperson in Erscheinung tritt; aber auch Apathie und sozialer Rückzug sind in diesem Kontext zu beobachten.

# 3 Psychologische Aspekte der Aggression

## 3.1 Aggressionstheorien

*Benesch* definiert die Aggression in die drei folgende Richtungen:[66]

*a) Intention*

Zum Beispiel der *Intention* führt *Benesch* einen Mann auf, der eine Frau zu Boden wirft, ihr die Kleidung vom Leib reißt und ihr seine Jacke ins Gesicht drückt. Er handelt in der Beziehung nur scheinbar aggressiv, wenn die Kleider der Frau in Flammen standen.

*b) Schäden*

In die Aggressionsdefinitionen müssen auch die herbeigeführten Schäden mit einbezogen werden. Sind die Schäden fremd- oder autoaggressiv? Sind es körperliche oder psychische Schäden wie Beschimpfungen, Erpressung, seelische Grausamkeit und Unterdrückung (Mobbing)?

*c) Zusammenhang*

Der Zusammenhang sowie deren Entstehung und Ausbrechen sind laut *Benesch* unüberschaubar viele. Sie reichen von kleinen Racheakten bis hin zum terroristischen Fanatismus und sind sowohl alters- als auch geschlechtsspezifisch anzusehen. Das einzige, was übereinstimmend in allen Zusammenhängend erscheint, ist, dass Aggression immer im Sinne einer bewussten Schädigung einhergeht.

Auch die Vielzahl der bis zum heutigen Tage in acht größere Gruppen postulierten Aggressionstheorien sind bei *Benesch* aufgeführt:[67]

- *endogene Theorie:* ihnen liegen verschieden interpretierte intraindividuelle Verursachungen zugrunde.
- *analytische Theorie:* Hierin geht man von der mehr oder minder abhängigen psychoanalytischen Betrachtungsweise der Aggression aus.

---

[66] vgl.: Benesch, Hellmuth (1995); Enzyklopädisches Wörterbuch Klinische Psychologie und Psychotherapie; Seite 42

[67] vgl.: Benesch, Hellmuth (1995); Enzyklopädisches Wörterbuch Klinische Psychologie und Psychotherapie; Seite 43 f.

- *lerntheoretische Ansätze:* Sie gehen möglicherweise auf das „Krebsbüchlein" des Pädagogen Christian Gotthilf Salzmann (1744 – 1811) zurück.[68]
- *differenzielle Aggressionstheorien:* In dieser Theorie versucht man die individuelle Aggression aufzugreifen.
- *sozialtheoretisches Aggressionsmodell:* Sie beziehen sich auf die exogenen Einflüsse der Aggression.
- *kognitive Aggressionstheorie:* Sie beruhen auf der Annahme einer inneren, geistigen Seite der Aggression.
- *Motivationstheorie:* Hierin geht man auf die Aggression aufgrund bestimmter Bedürfnisse ein.
- *Aggressionshandlungstheorie:* In dieser Theorie postuliert man der Aggression eine Rückkopplung von Ursache und Wirkung.

## 3.2 Störung des Sozialverhaltens

In der Psychologie wird die Aggression als Störung des Sozialverhaltens verstanden. Nach *Steinhausen* sind diese nach den emotionalen Störungen die zweithäufigste Dia-

---

[68] In seinem *„Krebsbüchlein"* verkehrt C.G. Salzmann Erziehungsgrundsätze ins Gegenteil. So schreibt er über aggressives Verhalten (Inhalt von mir verkürzt nacherzählt):

„Fiel oder stieß sich der kleine Gustav, so begann er laut zu schreien. Wenn dem so geschah, kamen seine Eltern, um ihn zu besänftigen. Nachdem sie ihn befragten, woran er sich wehtat oder er sich gestoßen hatte, nahmen sie eine Peitsche und schlugen darauf, von dem Gustav behauptete, dieser Gegenstand hätte ihm etwas angetan. Aufgrund einer derartigen Methode wurde Gustav langsam daran gewöhnt, nach diesen Widrigkeiten seinen Frust an dem Gegenstand auszulassen. Die Magd, die sich am meisten mit Gustav beschäftigen musste, war dann auch diejenige, die Gustavs Zorn am Häufigsten abbekam; er schlug nach ihr, biß sie, kratzte sie usw. Gustav wurde älter und gebildet. Da er es nicht anders gelernt hatte, mit seinem Zorn umzugehen, wurden dann auch die alten Eltern geschlagen und mit garstigen Reden gepeinigt. Hat ihn eine andere Person beleidigt und er konnte seine Wut nicht unmittelbar an ihr auslassen, dann zertrat er Stühle oder warf Krüge zur Erde."

**Anmerkung:** Hier treten sowohl die Aspekte der Frustrations-Aggression-Hypothese, des operanten Konditionierens und der Katharsis in Erscheinung. Es scheint ein anschauliches Beispiel dafür zu sein, daß eine katharsische Wirkung antrainiert werden kann. Im übelsten Fall kann es sich sogar auf die Personen auswirken, die ursächlich daran eine Schuld tragen. Daß es eine katharsische Wirkung aufgrund einer aggressiven Frustreduktion nicht geben können soll, ist bereits in Kapitel 4.6 geschildert worden.

gnose in der kinder- und jugendpsychiatrischen Praxis.[69] Bei Störungen des Sozialverhaltens handelt es sich um Verhaltensweisen, mit denen altersgemäße Normen, Regeln und bzw. oder Rechte anderer beeinträchtigt werden. Man bezeichnet die Verhaltensstörung auch als Delinquenz, Dissozialität oder antisoziales Verhalten, wobei der Terminus Delinquenz aus der Kriminologie abgeleitet wurde. Des Weiteren wird Delinquenz stets durch staatliche Instanzen verfolgt. *Steinhausen* führt in diesem Kontext den Terminus *Verwahrlosung* mit auf, den er als nicht vollständig kongruent mit dem Terminus Delinquenz definiert. Verwahrlosung ist eine anhaltende und generalisierte Abweichung von sozialen Normen, die im Sinne einer Persönlichkeitsstörung auftritt. *Steinhausen* sieht aufgrund der faktorenanalytischen Forschung eine Bestätigung, dass Aggressivität und Delinquenz als differenziert anzusehen sind.

Laut *Petermann* steht der Begriff Aggression nicht nur für negative Eigenschaften wie dominant, laut und rücksichtslos, sondern auch positive Eigenschaften wie selbstsicher, tatkräftig, bestimmt und willensstark.[70] Er sieht in der positiven Aggressionsform eine angemessene Selbstbehaup-tung, in der negativen Form eine zielgerichtete, instrumentelle Aggression mit vorsätzlicher Schädigung. Weiterhin wird unter der Aggression ein Verhalten verstanden, welches willentlich einer Person oder einem Gegenstand Schaden zufügt. Auch *Petermann* sieht in der Aggression eine Verhaltensstörung, da sie meist im Kontext mit dem sozialen Umfeld einhergeht. Bevor die Verhaltensstörung jedoch als pathologisch eingestuft werden darf und als behandlungsbedürftig erscheint, müssen aggressive Handlungen deutlich häufiger vorkommen als bei anderen Personen.

Für *Nissen/Trott* stellt die Aggression ein normales menschliches Verhalten dar.[71] Zudem unterscheiden sie die Termini Aggression und Aggressivität und bringen den Begriff *Heteroaggressivität* ein. Heteroaggressivität ist eine gegen eine andere Person oder Gegenstand gerichtete feindselige Handlung. In abgeschwächter Form wird sie als Aktivität bezeichnet, die als Durchsetzungsvermögen bzw. Bemächtigungswille angesehen werden kann. Er bildet in einem „normalen" Umfang einen Bestandteil der Selbstbehauptung.

Als externalisierende Verhaltensweisen bringt man die Aggression noch mit oppositionellem Verhalten bzw. Trotzverhalten und hyperkinetischen Störungen in Zu-

---

[69] vgl.: Steinhausen, Hans-Christoph (1996); Psychische Störungen bei Kindern und Jugendlichen; Seite 219 ff

[70] vgl.: Petermann, Franz [(Hrsg. (1998)]; Lehrbuch der Klinischen Kinderpsychologie; Seite 127 ff

[71] vgl.: Nissen, G./Trott, G.-E. (1995); Psychische Störungen im Kindes- und Jugendalter; Seite 118ff.

sammenhang. Im Gegensatz hierzu stehen die internalisierenden Verhaltensweisen wie Ängstlichkeit oder Depressivität. So beschreiben es zumindest *Petermann/Kusch/Niebank* [im nachfolgenden Text als *Petermann u.a.* betitelt!] in ihrem Buch.[72] Antisoziales bzw. dissoziales Verhalten beinhaltet laut *Petermann u.a.* die externalen Verhaltensweisen, die die gesellschaftlichen Regeln und/oder die Rechte anderer Personen verletzen, wobei sie offene und verdeckte Formen der Verhaltensweisen unterscheiden. Offene Formen der Verhaltensweisen wie oppositionelles- bzw. Trotzverhalten, Aggression usw. stehen den versteckten Formen von Verhaltensweisen wie Diebstahl, Substanzmissbrauch, Lügen usw. gegenüber. *Petermann u.a.* bezeichnen ein Verhalten, wie auch die vorher genannten Forscher, frühestens dann als aggressiv, wenn es darauf ausgerichtet ist, jemandem absichtlich direkt oder indirekt zu schädigen. Eine Unterscheidung zwischen Absicht oder Nichtabsicht ist ihrer Meinung nach nur schwer nachvollziehbar. In den Fällen, in denen es zwar zu einer Schädigung kommt, aber ein Absichtlichkeit ausgeschlossen werden kann, liegt unter Umständen eine Hyperaktivität vor. Auch *Petermann u.a.* bezeichnen die antisozialen Verhaltensweisen als heterogen.

*Petermann u.a.* beziehen sich in der Beschreibung von Ausdrucksformen der Aggression auf Vitiello und Stoff. Diese beiden Forscher unterscheiden verschiedene Ausdrucksformen der Aggression im Kindes- und Jugendalter:[73]

- *feindselig vs. instrumentell:* feindselig, mit dem Ziel, eine Person zu schädigen; instrumentell, mit dem Ziel, etwas bestimmtes zu erreichen
- *offen vs. verdeckt:* offen als feindselig und trotzig, eher impulsiv und unkontrolliert, wie kämpfen oder verbale Auseinandersetzung; verdeckt im Sinne von verstohlen und versteckt, eher instrumentell und kontrolliert, wie beispielsweise Feuerlegen oder Stehlen
- *reaktiv vs. proaktiv:* reaktiv im Sinne als Reaktion auf eine wahrgenommene Bedrohung; proaktiv als zielgerichtet ausgeführt, zur Erreichung eines gesteckten Zieles
- *affektiv vs. „räuberisch":* affektiv, wie unkontrolliert, ungeplant und impulsiv; „räuberisch" in Form von kontrolliert, zielorientiert, geplant und versteckt

---

[72] vgl.: Petermann/Kusch/Niebank (1998); Entwicklungspsychopathologie; Seite 243f.

[73] vgl.: Petermann/Kusch/Niebank (1998); Entwicklungspsychopathologie; Seite 244f.

Aggressive und antisoziale Verhaltensmuster unterscheiden sich unter anderem in ihrer Art und Weise sowie als geschlechts-, alters- und entwicklungsabhängig. Jungen neigen in der Regel eher zu direkter physischer Aggression, Mädchen bevorzugen eher die indirekte verbale Form aggressiver Verhaltensweisen. Da Jungen in einem bestimmten Alter öfter gegen gesetzliche Normen verstoßen, ist Aggression und antisoziales Verhalten in vielen Fällen als ein normales entwicklungsbedingtes Phänomen anzusehen.

Bei *Petermann* reicht das Spektrum des aggressiven Verhaltens von „leicht wütend werden" über häufiges Lügen bis hin zur Tierquälerei; letztendlich kann es mit der Delinquenz enden; der Entwicklungsstand des Jugendlichen muss auch hier Berücksichtigung finden. Aggressives Verhalten wird bei *15-jährigen* Mädchen und Jungen wie folgt unterschieden:[74]

- *direkte physische Aggression:* andere stoßen, schlagen oder treten
- *indirekte Aggression:* über andere tratschen und herziehen oder boshafte Gerüchte verbreiten
- *direkte verbale Aggression:* jemanden beschimpfen oder über ihn lästern
- *Rückzug:* vorgeben, den anderen nicht zu kennen oder schmollen

*Petermann/Petermann* fassen Aggression in den folgenden fünf Dimensionen zusammen:[75]

1. offen-gezeigt vs. verdeckt-hinterhältig
2. körperlich vs. verbal
3. aktiv-ausübend vs. passiv-erfahrend
4. direkt vs. indirekt
5. nach außen gewandt vs. nach innen gewandt

Schon aufgrund dieser verschiedenen Gliederungen ist zu erkennen bzw. zu erahnen, wie viele Varianten des aggressiven Verhaltens es zu differenzieren gilt.

Aggressive Störungen des Sozialverhaltens bei Kindern gehen auch nach *Steinhausen* mit einer Reihe verschiedener symptomatischer Verhaltensauffälligkeiten einher; beispielsweise fehlender Gehorsam des Kindes, ständiges Anschreien von Kindern und Erwachsenen, häufiger Streit und körperliche Auseinandersetzungen mit Gleichaltrigen, Dominieren wollen in der Kindergruppe, andere Kinder hänseln, tyrannisieren

---

[74] vgl.: Petermann, Franz [Hrsg. (1998)]; Lehrbuch der Klinischen Kinderpsychologie; Seite 128

[75] vgl.: Petermann, Franz [Hrsg. (1998)]; Lehrbuch der Klinischen Kinderpsychologie; Seite 128

oder verächtlich machen, belügen und/oder bestehlen der Eltern (Bezugspersonen), stehlen kleinerer Gegenstände und Geldbeträge im Haushalt oder Kaufhäusern, die Schule schwänzen, von zu Hause weglaufen sowie zündeln bis hin zur Brandstiftung.

Bei *Oerta/Montada* ist das Kapitel über die Aggression von dem vorher bereits genannten *Petermann* verfasst worden.[76] Hier schreibt er, dass für die Bewertung einer Aggression die Ziele entscheidend sind, die unter Zuhilfenahme einer aggressiven Handlung erreicht werden sollen. Ist demnach ein Kind nicht in der Lage, sein Sozialverhalten zu kontrollieren und es kommt zu häufigen unbeabsichtigten Störungen, liegt eine Hyperaktivität vor; bei ständigen Versuchen, seinen Willen anderen aufzuzwingen, zeigt sich eine egoistisch-motivierte Aggressionsform. Ein solches Verhalten gilt als zielgerichtet schädigend und dient nicht mehr nur der eigenen Selbstbehauptung des Kindes.

Aggression kann aber bei Kindern gleichwohl zum Abbau von Emotionen dienen; und hierbei besonders von Ängsten. Infolge der dadurch unter Umständen entstehenden expressiven Wutausbrüche versucht das Kind, die als Bedrohung empfundene Angst zu regulieren. Kinder reagieren womöglich deshalb verstärkt aggressiv, weil sie sich der Zuneigung anderen ungewiss sind und eine übermäßig hohe soziale Anerkennung suchen; zuweilen, weil sie auf eine vermutliche Bedrohung übersensibel reagieren und somit vermehrt wahrnehmen.

### 3.3 Klassifikation der Aggression

In der Entwicklungspsychopathologie geht man davon aus, dass ein Kind in seinem Entwicklungsverlauf bestimmte soziale, kognitive und emotionale Kompetenzen erwirbt.[77] Hat ein Kind im Laufe seiner Entwicklung diese Kompetenzen internalisiert, verhält sich jedoch derer unangemessen, spricht man von einer *primären* Verhaltensstörung; sind diese Kompetenzen beeinträchtigt, entsteht eine primäre Entwicklungsstörung, die eine sekundäre Verhaltensstörung nach sich ziehen kann.

Untergliedert werden die Verhaltenssymptome in zwei Syndrome: a) externalisierende und b) internalisierende Störungsbilder. Als internalisierende Störungsbilder gelten Ängste, Depressionen und sozialer Rückzug, was von der Umwelt kaum oder gar nicht wahrgenommen werden kann; externalisierende Störungsbilder werden vom

---

[76] vgl.: Petermann, Franz; Aggression. In: Oerter, Rolf/Montada, Leo [Hrsg. (1998)]; Entwicklungspsychologie; Seite 1017 bis 1023

[77] vgl.: Petermann, Franz [Hrsg. (1998)]; Lehrbuch der Klinischen Kinderpsychologie; Seite 128

sozialen Umfeld wahrgenommen und als störend empfunden, z. B. Hyperaktivität und Formen der Aggression.

*Petermann* bezieht sich bei der Klassifikation der Aggression auf die ICD-10, in der die Aggression als „Störung des Sozialverhaltens“ klassifiziert wurde. Kennzeichnen lassen sich diese Störungen infolge des wiederholten und andauernden Musters dissozialen, aggressiven und aufsässigen Verhaltens. In dieser Klassifizierung werden folgende Typen unterschieden:[78]

| | | |
|---|---|---|
| *F91.0* | *Störungen des Sozialverhaltens, die auf den familiären Kontext beschränkt sind.* | Das aggressive Verhalten ist fast vollständig auf den häuslichen Kontext oder die Interaktion mit den Familienmitgliedern begrenzt. |
| *F91.1* | *Störungen des Sozialverhaltens bei fehlenden sozialen Bindungen.* | Die Beziehung des betroffenen Kindes zu Gleichaltrigen und Erwachsenen ist deutlich beeinträchtigt. |
| *F91.2* | *Störungen des Sozialverhaltens bei vorhandenen Sozialen Bindungen.* | Es besteht eine gute soziale Integration; häufig gehören die betroffenen Kinder einer delinquenten Gruppe an. |
| *F91.3* | *Störungen des Sozialverhaltens mit oppositionellem, aufsässigem Verhalten.* | Diese Form trifft bevorzugt bei jüngeren Kindern (unter neun Jahren) auf und äußert sich in deutlich trotzigem Verhalten; schwerwiegende Verletzungen der Rechte anderer fehlen. |
| *F91.8*<br>*F.91.9* | *Andere, nicht näher bezeichnete Störungen des Sozialverhaltens.* | Hier werden die Kriterien für eine Störung des Sozialverhaltens erfüllt, eine Zuordnung zu einer der Subgruppen kann jedoch nicht erfolgen. |

Eine andere Klassifikation stellt die DSM-III-R dar. Hierin trennt man die aggressiven Verhaltensstörungen in zwei Kategorien voneinander ab.

1. Störung des Sozialverhaltens mit den Untertypen:
   Gruppentypus, aggressiver Einzelgänger-Typus und undifferenzierter Typus
2. Störung mit Oppositionellem Trotzverhalten

Soll eine Diagnose nach der DSM-III-R gestellt werden, muss es sich um ein mindestens sechs Monate anhaltendes Verhaltensmuster handeln. Hierbei bedarf es der Be-

[78] vgl.: Petermann, Franz [Hrsg. (1998)]; Lehrbuch der Klinischen Kinderpsychologie;Seite 128-129

rücksichtigung, bei der die Rechte anderer sowie die gesellschaftlichen Normen nicht akzeptiert werden. Die Verhaltensweisen sind nicht auf einen Bereich beschränkt, sie treten in verschiedenen Situationen wie zu Hause, in der Schule (am Arbeitsplatz) sowie im Umgang mit Gleichaltrigen auf. Soll eine Diagnose in Bezug auf ein gestörtes Sozialverhalten gerechtfertigt sein, müssen mindestens drei der folgend genannten Kriterien zutreffen:[79]

Der Betroffene

1. hat mehr als einmal gestohlen, ohne unmittelbare Begegnung mit dem Opfer (einschließlich Betrug),
2. lief mindestens zweimal über Nacht von zu Hause fort, während er noch bei den Eltern oder anderen Bezugspersonen wohnte (oder nur einmal ohne Rückkehr),
3. lügt häufig (außer um körperliche Misshandlung oder Missbrauch abzuwenden),
4. beging vorsätzlich Brandstiftung,
5. schwänzt häufig die Schule (bei älteren Jugendlichen Abwesenheit am Arbeitsplatz),
6. brach in fremde Wohnungen, Gebäude oder Autos ein,
7. zerstörte vorsätzlich fremdes Eigentum,
8. quälte Tiere,
9. zwang andere Personen zu Sexualkontakten,
10. benutzte in mehr als einer Schlägerei eine Waffe,
11. zettelt häufig Schlägereien an,
12. hat in der Gegenwart des Opfers gestohlen (z.B. Raubüberfall, Taschendiebstahl, Erpressung, bewaffneter Raubüberfall),
13. war körperlich grausam zu anderen.

Die Einstufung in leicht, mittel und schwer erfolgt nach Häufigkeit des jeweiligen Auftretens der Symptome. Weiterhin besteht eine Untereteiling in zwei Subkategorien: delinquentes oder aggressives Verhalten. Diese Störung drückt sich entweder nur durch aggressive Verhaltensweisen (wie Lügen oder Tierquälerei), nur durch delinquentes Verhalten (wie Diebstahl oder Brandstiftung) oder als sowohl aggressives als auch delinquentes Verhalten aus.

[79] vgl.: Petermann, Franz [Hrsg. (1998)]; Lehrbuch der Klinischen Kinderpsychologie; Seite 129f.

*Petermann* verweist in diesem Zusammenhang noch auf die Abgrenzung zwischen der „Störung des Sozialverhaltens“ und der „Störung mit Oppositionellem Trotzverhalten“. Der Unterschied zwischen diesen beiden Phänomenen besteht darin, dass bei der „Störung mit Oppositionellem Trotzerhalten“ die Rechte anderer anerkannt und akzeptiert werden. Die trotzige, ablehnende und/oder feindselige Haltung der Kinder bzw. Jugendlichen beschränken sich vor allem auf vertraute Personen.

Wie in der bereits oben angeführten Merkmalsliste zur „Störung des Sozialverhaltens“, bedarf es ebenso bei der Diagnose einer Störung mit Oppositionellem Trotzverhalten fünf der folgenden neun Merkmale:[80]

Der Betroffene

1. verliert oft die Nerven,
2. streitet sich oft mit Erwachsenen,
3. widersetzt sich häufig den Anweisungen oder Regeln der Erwachsenen, weigert sich beispielsweise Hausarbeiten zu machen,
4. tut vorsätzlich etwas, was andere verärgert, greift z. B. nach den Mützen anderer Kinder,
5. schiebt oft anderen die Schuld für eigene Fehler zu,
6. ist oft reizbar und durch andere verärgert,
7. ist oft wütend und beleidigt,
8. ist oft boshaft und nachtragend,
9. flucht oft oder benutzt obszöne Wörter.

Derartige Verhaltensweisen müssen über einen Zeitraum von mindestens sechs Monaten auftreten und signifikant häufiger als bei Gleichaltrigen in Erscheinung treten.

*Steinhausen* führt in seinem Buch eine weitere Klassifikation zur Thematik des *gestörten Sozialverhaltens* auf.[81] Hierin untergliedert er das Syndrom des gestörten Sozialverhaltens in *zwei Dimensionen.* In der ersten Dimension (Typ A) stehen Symptome des Ungehorsams und des Widerstandes gegenüber Personen im Sinne des offenen Verhaltens (Schreien, Schlagen, Hänseln); in der *zweiten Dimension* (Typ B) sind versteckte Verhaltensweisen aufgeführt, mit Regelverletzung und Beschädigung von Ei-

---

[80] vgl.: Petermann, Franz [Hrsg. (1998)]; Lehrbuch der Klinischen Kinderpsychologie; Seite 140f.

[81] vgl.: Steinhausen, H. C. (1996); Psychische Störungen bei Kindern und Jugendlichen; Seite 220

gentum verbunden (z. B. Schulschwänzen, Stehlen, Lügen, Zerstörungen und Zündeln).

Die Klassifikation nach *Typ A* und *Typ B* ist in der nachfolgenden Tabelle vergleichend gegenübergestellt:[82]

| *Typ A* zeigt | *Typ B* zeigt |
|---|---|
| - anhaltenden Ungehorsam | - anhaltenden Ungehorsam |
| - Widerspruch und Wutausbrüche | - häufiges Lügen, bisweilen ohne offensichtlich persönlichen Gewinn |
| - schlechte Schulleistungen | - Diebstahl kleinerer Gegenstände, welche das Kind bisweilen schon besitzt oder auch regulär bekommen könnte |
| - Probleme im Umgang mit Gleichaltrigen | - körperliche Auseinandersetzung mit anderen Kindern |
| - häufige Konflikte mit Geschwistern, Eltern und Lehrern | - schlechte Schulleistungen |
| - schlechte Bereitschaft zur Pflichterfüllung, z.B. bei den Schulaufgaben oder der Mitarbeit im Haushalt | - häufiges Streunen |
| | - Mangel an Unrechtsbewusstsein oder Schuldgefühlen |
| | - Schwache soziale Bindungen an Gleichaltrige |
| | - Konflikte mit Eltern, Geschwistern und Lehrern |

Bei Typ B kann diese Konstellation zusätzlich durch destruktive Handlungen (z.B. Vandalismus), Weglaufen, körperliche Auseinandersetzungen auch mit Erwachsenen, Stehlen wertvoller Gegenstände und Einbruchsdelikte, Drogenmissbrauch, Anschluss an ältere delinquente Kinder und Jugendliche sowie wiederholtes Schulversagen bedeutsam erschwert werden.

*Petermann/Kusch/Niebank* beziehen sich in ihrer Klassifikation ebenso wie *Petermann* auf die Klassifikation nach der DSM, jedoch in der Fassung DSM-IV.[83] Aufgrund der nur geringfügigen Modifizierungen der Klassifikation merke ich in diesem

[82] vgl.: Steinhausen, H. C. (1996); Psychische Störungen bei Kindern und Jugendlichen; Seite 220

[83] vgl.: Petermann/Kusch/Niebank (1998); Entwicklungspsychopathologie; Seite 246f.

Kontext lediglich an, dass hierbei das Begehen schwerer Regelverstöße auf die Zeit vor dem 13. Lebensjahr datiert ist. *Petermann/Kusch/Niebank* vertreten die Ansicht, eine Störung des Sozialverhaltens findet nicht ausschließlich im sozialen Umfeld des Kindes bzw. Jugendlichen deren Verursachung.

Sie stellen eine weitere Klassifikation in Bezug auf die DSM-IV (bzw. DSM-III-R) auf:

a) *Typus mit Beginn in der Kindheit:*

Mindestens eine charakteristische Verhaltensweise tritt vor dem zehnten Lebensjahr auf; das Verhalten erweist sich als stabil (Jungen öfter betroffen als Mädchen), im Erwachsenenalter wahrscheinliche Ausbildung einer Antisozialen Persönlichkeitsstörung.

b) Typus mit Beginn der Adoleszenz:

Eintritt der Verhaltensweisen nach dem zehnten Lebensjahr; der Verlauf ist günstiger, jedoch häufigere Remissionen bis ins Erwachsenenalter hinein. Es besteht eine geringere aggressive Verhaltensweise und die Beziehungen zu Gleichaltrigen ist minder gestört.

*Benesch* weist der Aggression eine Störung zu, die entweder Fremd- oder Selbstbeschädigung verursacht.[84] Hierbei sind zwei Kriterien zu beachten:

In welchen Situationen ist aggressives Verhalten signifikant zu beobachten?

Durch welche Art der Intention wurde das aggressive Verhalten ausgelöst?

*Nissen/Trott* führen in ihrem Buch eine, wie sie es nennen, *Metamorphose direkter und indirekter Aggressivität in Abhängigkeit vom Lebens- und Entwicklungsalter* auf, welches ich – und damit beende ich dieses Kapitel – nachfolgend aufzeige.[85]

---

[84] vgl.: Benesch, Hellmuth (1995); Enzyklopädisches Wörterbuch Klinische Psychologie und Psychotherapie; 42ff.

[85] vgl.: Nissen, G./Trott, G.-E. (1995); Psychische Störungen im Kindes- und Jugendalter; Seite 119

| Lebensalter | Aggressives Verhalten |
|---|---|
| 18 | Hetero- und Autoaggressivität |
| 17 | Psychosomatische Krankheiten |
| 16 | Delinquenz, Kriminalität |
| 15 | Ritzen, Suizidalität |
| 14 | Alkohol und Drogen |
| 13 | Fettsucht und Magersucht |
| 12 | Sadomasochistische Handlungen |
| 11 | |
| 10 | Nörgeln und Stänkern |
| 9 | Petzen und Lügen |
| 8 | Zündeln und Brandlegung |
| 7 | Destruktive Handlungen |
| 6 | Schlagen, Tierquälerei |
| 5 | Einkoten, Toben und Balgen |
| 4 | Einnässen, Haareausreißen |
| 3 | Hinwerfen, Affektkrämpfe |
| 2 | Jaktationen, Obstipation |
| 1 | Daumenlutschen, Pica |
| 0 | Beißen und Kratzen |
| | Wein- und Schreikrämpfe |

### 3.4 Delinquenz, Dissozialität und Verwahrlosung

Der Terminus Delinquenz stammt, wie eingangs bereits erwähnt, aus dem Bereich der Kriminologie und bezeichnet eine Kategorie des dissozialen Verhaltens, verbunden mit der Verfolgung durch verschiedene Kontrollinstanzen. Hierfür ist nicht immer eine gesetzliche Strafandrohung notwendig. Einerseits liegt delinquentes Verhalten vor, wenn das Jugendamt aufgrund ständigen Schulschwänzens, chronischem Weglaufen von zu Hause oder beim Streunen eingreifen muss; andererseits ist für dissoziales Verhalten im Jugendalter das Jugendgericht zuständig – wie beispielsweise für unerlaubtes Fahren mit dem Kraftfahrzeug, Diebstahl, Drogenmissbrauch, Alkoholmissbrauch, Prostitution usw. Im allgemeinen nehmen die Delikte nicht das gleiche Ausmaß wie bei Erwachsenen an.

*Nissen/Trott* reihen die Dissozialität und Verwahrlosung älterer Kinder, Jugendlicher und Erwachsener in die Ätiologie der Deprivation ein.[86] Sie postulieren, Verwahrlosung liegt höchstwahrscheinlich auf einer chronischen Frustration in der Kindheit begründet. In einer Studie von 1971 hatten 87% der untersuchten verwahrlosten Jungen ein zerrüttetes Elternhaus; meist aufgrund einer vorangegangenen Scheidung. *Nissen/Trott* unterscheiden die Termini *Dissozialität* und *Verwahrlosung* wie folgt: *Dissozialität* beschreibt ein sozialwidriges Verhalten, unbeachtet der Tatsache, ob es sich um selten oder häufige, kriminelle oder nicht-kriminelle Handlungen handelt. *Verwahrlosung* beinhaltet grundsätzlich eine psychopathologische Veränderung der Persönlichkeitsstruktur des verwahrlosten Kindes bzw. Jugendlichen. Eine Verwahrlosung kann im Prinzip ätiologisch und pathogenetisch erklärt werden. Somit kann sich ein Kind dissozial verhalten, ohne verwahrlost zu sein, nicht jedoch verwahrlost, ohne sich dissozial zu verhalten. Kriminelle Kinder und Jugendliche verhalten sich zwar dissozial, sind aber nicht immer verwahrlost. *Nissen/Trott* subsumieren die Termini *Dissozialität* und *Verwahrlosung* unter den Oberbegriff der *Delinquenz*, schließen aber die *Delinquenz* nicht in die *Kriminalität* mit ein. In der alten Psychiatrie bezeichnete der Terminus *Verwahrlosung* einen „Zustand von Aufsichtlosigkeit und Erziehungsbedürftigkeit, der dadurch bedingt ist, dass das Kind nicht das Mindestmaß an Erziehung findet, welches seiner Verwahrlosung entgegensteht".

*Petermann/Kusch/Niebank* schließen eine Vorhersage bezüglich des delinquenten Verhaltens aus. Selbst in dem Fall, in denen das Kind schon sehr früh Verhaltensstörungen aufweist.[87] Ein sehr frühes delinquentes Verhalten lässt aber durchaus die Prognose zu, dass ein Kind bzw. Jugendlicher im späteren Leben eher zu Straftaten und ernsthaften Delikten neigt. Unterschieden wird in Bezug auf die kriminelle Entwicklung eines Kindes bzw. Jugendlichen hin in *„Früh- und Spätstarter"*. Der *Frühstarter* wächst in einem Haushalt mit geringer elterlicher Aufsicht und den daraus resultierenden negativen Erziehungspraktiken auf. Dadurch entwickeln sie eine antisoziale Tendenz und erfahren in diesem Kontext schon früh eine Ablehnung durch Gleichaltrige. Um jedoch überhaupt soziale Beziehungen einzugehen, suchen sie den Kontakt zu an-

---

[86] vgl.: Nissen/Trott (1995); Psychische Störungen im Kindes- und Jugendalter; Seite 79ff.

[87] vgl.: Petermann/Kusch/Niebank (1998); Entwicklungspsychopathologie; Seite 263ff.

deren delinquenten Kindern bzw. Jugendlichen. Der *Spätstarter* weist nur geringes antisoziales Verhalten im Kindesalter auf. Jedoch kommen die Eltern nur vermindert ihrer Aufsichtspflicht nach und leiden zudem unter Konflikten innerhalb der Partnerschaft. Aufgrund dieser familiären Konflikte sucht der Jugendliche soziale Bindungen bei anderen devianten und delinquenten Gleichaltrigen.

Bei den Jugendlichen mit ersten Ansätzen der Delinquenz in der Pubertät, so vermutetet man, unterliegt dieses Verhalten dem Bestrafungs- und Verstärkungsprinzip. So verhalten sich Jugendliche in derartigen Situationen dissozial, in denen sich solches Verhalten für sie persönlich als lohnend erweisen könnte. Trotzdem verhalten sie sich unter Umständen in anderen Situationen durchaus prosozial. Das Antisoziale Verhalten können diese Jugendlichen ebenso wieder „ablegen" wie sie sich dessen angenommen haben. Im Laufe seiner Entwicklung erfährt der Jugendliche zudem, dass sein antisoziales Verhalten in der Regel negativ sanktioniert wird. Demzufolge stellt beispielsweise das Verhaftet werden kein anstrebsames Ziel mehr dar. Auch kann das Beenden der Schule, das Eintreten in den Beruf, der Wegzug aus der alten Umgebung oder eine Eheschließung sind in der Lage, eine delinquente „Karriere" zu beenden.

*Petermann/Kusch/Niebank* halten die Jugenddelinquenz für ein temporäres entwicklungsbedingtes Phänomen. Gerade in den Jahren der Adoleszenz scheint es bei den Jugendlichen zu einem Anstieg kontra-sozialer Verhaltensweisen zu kommen, wie etwa der Delinquenz und/oder einem Drogen- und Alkoholmissbrauch. Ein derartiger Zusammenhang besteht möglicherweise in der westlichen Welt im biologischen Reifeprozess und einer früh auftretenden sozialen Verantwortung. Dieses stützt die Vermutung, dass gerade vorzeitig biologisch gereifte Mädchen im Jugendalter öfter die Norm verletzen. *Petermann/Kusch/Niebank* sehen weiterhin einen Zusammenhang zwischen der heutigen längeren Ausbildungszeit und der dadurch fehlenden Reifezeit, was sie als „Reifungslücke" umschreiben. Somit scheint die Delinquenz einen Zutritt ins Erwachsenenalter zu gewähren, da diese Jugendlichen mehrheitlich das delinquente Verhalten im Erwachsenenalter ablegen. Ein derartiges Verhaltensmuster bezüglich einer vorübergehenden Delinquenz weisen circa 25% der männlichen Jugendlichen auf.

Eine weitere latente Gefahrenquelle der Delinquenz liegt in einem schwierigen Temperament eines Kindes versteckt. Von einem schwierigen Temperament geht man dann aus, wenn das Kind eine unregelmäßige Nahrungsaufnahme und -ausscheidung vornimmt, Probleme mit dem Tages- und Nacht-Rhythmus aufweist, in neuen Situationen ein unangemessenes Rückzugsverhalten an den Tag legt und in exzessives Schreien verfällt. All diese Symptome deuten auf eine hyperkinetische Störung hin.

Aufgrund ihrer Impulsivität lernen die Kinder schlecht und sind nicht in der Lage, die Konsequenzen ihres Handelns vorherzusehen. Gerade im Vorschulalter besteht die Gefahr, ein oppositionelles Trotzverhalten zu entwickeln. Die Folgen eines oppositionellen Trotzverhaltens gehen in der Regel mit einer Ablehnung seitens Gleichaltrigen einher, was zu einer Isolation führen kann; zudem treten auch Defizite mit Gleichaltrigen und Erwachsenen auf. Ein hieraus resultierendes aggressives Verhalten hat häufig Schulprobleme zur Folge, wie Schuleschwänzen, massives Stören, Lügen, Stehlen, niedriger Schulabschluss sowie Alkohol- und Drogenmissbrauch. Häufig erfolgt delinquentes Verhalten mit anderen delinquenten Jugendlichen zusammen. Hierdurch wird das delinquente Verhalten erleichtert und kann somit aufrechterhalten werden.

*Petermann/Kusch/Niebank* beziehen sich im weiteren Verlauf ihres Textes zur Delinquenz auf Loeber, und führen dessen Aufstellung der *Prädiktoren für spätere Delinquenz* auf:[88]

- negative elterliche Erziehungspraktiken (z.B. Vernachlässigung der Aufsichtspflicht)
- familiäre Belastungen
- Eltern, die am Leben ihrer Kinder nicht Anteil nehmen
- aggressive Eltern oder Eltern mit krimineller Vergangenheit
- der Einfluss divianter Gleichaltriger
- die Abwesenheit der Eltern oder eine zerrüttete Familie
- ein schlechter Gesundheitszustand der Eltern

Folgende Aufstellung bezieht sich auf *Farrington*, der Faktoren zur Vorhersage delinquenten Verhaltes aufstellte. Die Faktoren sind bezogen auf das Alter von acht bis zehn Jahren, sie stellen von insgesamt 25 Faktoren die am Häufigsten beobachteten dar:[89]

- ein niedriger, sozioökonomischer Status (z.B. niedriges Familieneinkommen, schlechte Wohnverhältnisse, große Anzahl von Geschwistern)
- Eltern (und Geschwister), die wegen krimineller Delikte überführt wurden
- verminderte Intelligenz und Schulleistungsstörungen
- ein negativer, elterlicher Erziehungsstil (streng und autoritär, wenig Beaufsichtigung) sowie Konflikte der Eltern

---

[88] vgl.: Petermann/Kusch/Niebank (1998); Entwicklungspsychopathologie Seite 270

[89] vgl.: Petermann/Kusch/Niebank (1998); Entwicklungspsychopathologie Seite 270 - 271

- aggressives sowie antisoziales Verhalten
- das Aufweisen einer Bandbreite ausagierender Verhaltensweisen (z.B. Hyperaktivität oder Unruhe)

Besonders familiäre Faktoren scheinen eine Delinquenz positiv zu beeinflussen. So treten diese Effekte unter Umständen zeitverzögert auf. Eine unterlassene oder verminderte Aufsicht der Eltern führt demnach nicht unmittelbar zu einer Delinquenz, sondern es lassen sich eher längerfristige Auswirkungen feststellen. Je mehr Faktoren sich feststellen lassen, desto größer ist die Wahrscheinlichkeit einer späteren Delinquenz.

*Oerter/Montada* beziehen sich auf Dunkelfelderhebungen und kommen zu dem Schluss, dass die meisten Jugendlichen wenigstens gelegentlich eine Straftat begehen, so dass Delinquenz im Jugendalter beinah so etwas wie eine Normalität darstellt.[90] Sie verwiesen zudem auf die Theorie Moffitts, der, wie auch bei *Petermann/Kusch/ Niebank* postuliert, davon ausgeht, dass Jugendkriminalität ähnlich dem Drogenkonsum aus einer bestimmten Situation heraus aus dem gesellschaftlichen Kontext heraus erklärt; delinquentes Verhalten stellt so etwas wie den realen Zugang zum Erwachsenenalter her.

Hurrelmann und Engel, so *Oerter/Montada* weiter, untersuchten Delinquenz im Zusammenhang mit dem Streben nach sozialem Status. Sie unterscheiden den Sozialstatus in zwei Kategorien: 1.) den Status infolge Schulerfolges und 2.) den Status symbolischen Besitzes (Fahrzeuge, Kleidung, Prestigeobjekte usw.). Symbolischer Besitz steigert das Ansehen innerhalb der Peer-Group, schulischer Status geht darüber hinaus. Schulische Misserfolge wie Klassenwiederholung, schlechte Noten usw. werden über delinquentes Verhalten kompensiert. Einen besonderen Einfluss scheinen die schulischen Misserfolge bezüglich der Delinquenz zu haben. Und zwar wenn schulischer Misserfolg aufgrund von Konzentrationsmangel zustande kommt. Bei dieser Form delinquenten Verhaltens spielt ein Verbinden mit anderen delinquenten Jugendlichen eine erhebliche Rolle. Die Statusmotivhypothese wird durch den Befund gestützt, dass Jugendliche, die zwar schulischen Erfolg vorweisen und ihn als wichtiges Ziel ansehen, diesen durch das soziale Umfeld jedoch nicht anerkannt bekommen; sie weisen besonders hohe Deliktraten auf. Besonders niedrige Deliktraten weisen Jugendliche auf, die leistungsorientiert sind und dieses nicht durch das soziale Umfeld bestätigt haben müssen.

---

[90] vgl.: Oerter/Montada (1998); Entwicklungspsychologie; Seite 1027ff.

Auch die Frage, warum nicht alle Jugendlichen delinquent werden, beschäftigt *Oerter/Montada.* Sie versuchen diese in den folgenden zwei Hypothesen darzulegen:

1. Besteht ein Zusammenhang zwischen dem Alter und dem Beginn der Pubertät sowie die sozialen und familiären Zuständen in Bezug zur Delinquenz? *Caspi und Moffitt* stellten in einer Studie fest, dass Mädchen, die erst mit 15 Jahren in die Pubertät kamen, nicht delinquent werden; auch bei schwarzen Jugendlichen in Armenvierteln, die von den Männern in den Arbeits- und Lebenskontext mit einbezogen wurden, konnte eine Delinquenz nicht festgestellt werden. Dieses könnte den Anstieg der Jugenddelinquenz insoweit erklären, weil in früheren Zeiten die Kinder mehr in das Arbeitsleben der Erwachsenen integriert wurden. Sie mussten in der Landwirtschaft, in Handwerksberufen oder im kaufmännischen Bereich zum Lebensunterhalt der Familie beitragen, was ihnen existentielle Verantwortung zuteil werden ließ. In der heutigen Zeit gehen die Kinder länger in die Schule und die Mütter sorgen für ein zweites Einkommen in der Familie.
2. Die zweite Hypothese betrifft das deviante Handeln. In Großstädten ist es heutzutage einfacher gegen soziale Normen zu verstoßen, da das Leben in der Großstadt eine gewisse Anonymität in sich birgt; auch das Familienleben wird durch die Aktivitäten des Einzelnen vermindert. In Familien, in denen ein adäquates Familienklima herrscht und ein familiärer Zusammenhalt gepflegt wird, tritt delinquentes Verhalten erst gar nicht in Erscheinung oder es wird früher bzw. häufiger entdeckt. So gesehen könnte das Wachstum der Städte und den dadurch entstehenden sozialen Umfeldern den Anstieg der Jugenddelinquenz erklären.

Auf den Kontext der Delinquenz und des Gruppenverhaltens gehe ich im Kapitel 5.3.3 (Die Peergroup als Quelle aggressiven Verhaltens) noch gesondert und ausführlich ein.

## 3.5 Verlauf aggressiver Verhaltensweisen

*(Dass ich den Verlauf von aggressiven Verhaltensweisen den „psychologischen Entstehungsursachen" der Aggression vorziehe, beruht auf der Chronologie der Arbeit. Einen negativen Einfluss auf die Verdeutlichung dessen, was ausgesagt werden soll, hat dieser Vorzug nicht!)*

Treten aggressive Verhaltensweisen bereits in der frühen Kindheit auf, besteht die Wahrscheinlichkeit, solches Verhalten bis in die Adoleszenz oder gar bis ins frühe

Erwachsenenalter beizubehalten. In diesem Zusammenhang berichten *Petermann, Kusch und Niebak* von Untersuchungen bei Mädchen im Alter von 15 Jahren, denen eine Betragensstörung diagnostiziert wurde.[91] Noch im Alter von 21 Jahren wiesen sie in den meisten Fällen Symptome einer Antisozialen Verhaltensstörung sowie andere psychische Störungen auf (z.B. Angststörung). Weiterhin wird davon ausgegangen, dass Kinder, die in der frühen Kindheit zu aggressiven Handlungen neigten, in der späten Kindheit unter Einfluss von Alkohol und Drogen aggressiver wurden und sich in diesem Kontext gewaltbereit entwickelten und auch zu kriminellen Delikten neigten.

Externalisierendes Verhalten in der Jugend hat nachhaltige Einflüsse auf die verschiedenen psychosozialen Bereiche im jungen Erwachsenenalter. Mädchen, die in der Kindheit aggressive Tendenzen aufwiesen, fielen in den letzten Schuljahren durch eine geringere Motivation auf, verließen früher das Elternhaus, bekamen früher eigene Kinder und suchen im verstärken Maße wechselnde sexuelle Kontakte; zudem war das Verhältnis zum Partner sowie das interfamiliare Zusammenleben belastet.

Auch *Petermann* sieht die Aggression als ein sehr stabiles Verhaltensmuster an, welchen sich von der Kindheit bis hin zum Erwachsenenalter fortsetzen kann.[92] Infolge positiver Beziehungen zwischen aggressivem Verhalten und einer daraus hervorgehenden möglichen Kriminalität lassen unter Umständen auf ein späteres delinquentes Verhalten hindeuten. Prognosen, die dem aggressiven Verhalten eine langfristige Verbesserung zugestehen, können nicht gewährt werden. Selbst schon von der Aggression „befreite" Kinder werden in der Regel rückfällig oder weisen andere psychischen Störungen auf. Für *Petermann* steht somit die therapeutische Frage im Raum, in welchen Fällen mit einem chronischen Verlauf gerechnet werden muss und ob das aggressive Verhalten sich mit dem Alter geben könnte. Eine ungünstige Prognose auf einen Zurückgang der aggressiven Tendenz trifft auf Kinder zu, die

a) seit ihrer frühen Kindheit durch aggressives Verhalten auffallen,
b) dieses Verhalten sehr häufig,
c) vielfältig und
d) in vielen Lebensbereichen (wie Elternhaus, Schule, Freundschaften) äußern.

Dumas, den *Petermann* in seinem Text anspricht, unterscheidet zwei Entwicklungsverläufe beim erstmaligen Auftreten eines aggressiven Verhaltensbildes. Bei bereits in

---

[91] vgl.: Petermann/Kusch/Niebank (1998); Entwicklungspsychopathologie Seite 261 ff.

[92] vgl.: Petermann [(1998) Hrsg.], Lehrbuch der klinischen Entwicklungspsychologie; Seite 133 ff.

frühen Lebensjahren eine aggressive Tendenz aufweisenden Kindern lassen sich die Verhaltensauffälligkeiten meist bis ins Vorschulalter zurückverfolgen. In ihrer weiteren schulischen Laufbahn kommen die Verhaltensschwierigkeiten in Form von Interaktionsschwierigkeiten mit dem Lehrer oder den Mitschülern wieder hervor. Je älter die Kinder dann werden, desto heftiger steigern sich die Verhaltensweisen ins Schwerwiegende; viele werden unter Umständen straffällig, entwickeln immer mehr und neue Verhaltensprobleme und behalten ein solches Verhalten bis ins Erwachsenenalter aufrecht. Hierfür wird in der Regel eine gestörte Mutter-Kind-Interaktion angesehen.

Bei als „Spätbeginner" bezeichneten Kindern treten erst in der späteren Kindheit oder im Jugendalter Verhaltensprobleme auf. Sie beschränken ihre Verhaltensprobleme auf nicht-aggressive Handlungen wie Diebstahl, Betrug oder Drogenmissbrauch; bei ihnen wird, im Gegensatz zu den Kindern mit einem frühen Beginn der Verhaltensstörung, das aggressive Verhalten als vorübergehend angesehen.

Loeber, den *Petermann* als Pendant zu Dumas aufführt, erkennt im Entwicklungsverlauf drei Varianten:[93]

1. *Aggressiv-flexibler Entwicklungsverlauf:* Hier liegt ein früher Beginn (im Vorschulalter) vor. Die Kinder sind aggressiv und trotzig, verheimlichen vieles vor ihren Eltern, sind unaufmerksam und hyperaktiv. Es besteht ein gestörtes Verhältnis zu anderen Kindern und Erwachsenen und weisen in der Schule schwache Leistungen auf. Diese Entwicklung verläuft chronisch und eine Behandlung hat nur wenig Aussicht auf erfolgreiche Intervention.
2. *Antisozialer Entwicklungsverlauf (ohne aggressives Verhalten):* Auftretend erst in der späten Kindheit oder frühen Jugend. Meist ein nicht-aggressives Verhalten wie Diebstahl, Lügen oder Betrug; die Kinder sind sozial eingebunden und von Gleichaltrigen akzeptiert, wobei ein delinquentes Verhalten meist im Beisein von diesen auftritt. Prognostisch gesehen liegt ein günstigerer Entwicklungsverlauf als bei der aggressiv-flexiblen Entwicklung vor.
3. *Ausschließlich Drogenmissbrauch:* Die meisten der drogenabhängigen Jugendlichen haben in der Jugend keine besonderen aggressiven Verhaltensweisen aufgewiesen; der Drogenmissbrauch begann in der Regel in der späten Kindheit.

---

[93] vgl.: Petermann [(1998) Hrsg.], Lehrbuch der klinischen Entwicklungspsychologie; Seite 134

In ihrem Buch „Training mit aggressiven Kindern“ postulieren *Petermann* und *Petermann* die Entwicklung aggressiven Verhaltens in vier zentrale Annahmen:[94]

1. Wenn ein spezifisch aggressives Verhalten während des Vorschulalters auftritt, ist es in der Gruppe Gleichaltriger wahrscheinlich mit zunehmenden Alter öfter zu beobachten.
2. Kinder, die ein aggressives Verhalten nicht nur in einem bestimmten Umfeld hervorbringen (Elternhaus, Kindergarten, Schule usw.), sondern das Verhalten in mehreren Situation auffällig wird, manifestiert sich die Aggression in der Regel stärker.
3. Internalisiert ein Kind schon sehr früh verschiedene aggressive Verhaltensweisen, besteht eine erhöhte Gefahr, dass das Verhalten im Laufe seiner Entwicklung beibehalten wird.
4. Neigt ein Jugendlicher bereits im Alter von 15 oder 16 Jahren zu einem delinquenten Verhalten, ist die Wahrscheinlichkeit eines Bestehenbleibens krimineller Verhaltensweisen wahrscheinlich.

Somit stellt Aggression ein über Jahre hinweg andauerndes Verhalten dar, welches unter bestimmten Rahmenbedingungen in der Delinquenz enden kann. Kindern mit einer frühen Störung des Sozialverhaltens erwerben ein solches Verhaltensmuster schon während der Vorschulzeit in ihrem familiären Umfeld. Zu Beginn neigt das Kind zu einem aufsässigen und trotzigem Verhalten, was auf eine Störung des oppositionellen Verhaltens hinweist. In der Schulzeit zeigen sich weitere Defizite im Sozialverhalten, die zu Problemen mit Lehrern und Mitschülern führen und sich im Verlauf der Entwicklung zu einem stabilen und aggressiven Verhalten manifestiert. *Petermann/Petermann* verweisen in diesem Kontext auf Patterson und Bank, die ein vierstufiges Entwicklungsmodell von Grundannahmen aufstellten:

*Stufe 1 des Entwicklungsprozesses:*

Eingeleitet wird die erste Stufe durch eine Interaktionsstörung innerhalb der Familie mit der Folge, dass das Kind anfangs nur unkooperativ sowie unfolgsam erscheinen lässt und noch nicht mit schwerwiegendem aggressiven Verhalten reagiert. In dieser Phase kommt es vermehrt zu Fehlleistungen seitens der Eltern. Sie drohen dem Kind mit strafenden Sanktionen, die nachher nicht eingehalten werden (vage Drohungen); ein solches Verhalten der Eltern verstärkt die kindliche Aggression. Ein weiterer Makel der Eltern ist eine ungenügende Zuwendung dem Kind gegenüber, sie wissen

[94] vgl.: Petermann/Petermann (1997); Training mit aggressiven Kindern; Seite 14 – 15

nichts über die außerhäuslichen Aktivitäten des Kindes und seinen Umgang (Freunde usw.). Derartige Situationen können eskalieren und einen völligen Zusammenbruch der interfamiliären Interaktion auslösen. Fehlt den Eltern erzieherische sowie soziale Kompetenz und besitzen sie nur einen geringen sozialen Status, möglicherweise infolge von Arbeitslosigkeit oder einer zerrütteten Ehe, resignieren die Eltern letztendlich völlig und das Kind weist sie zurück, ja lehnt sie geradezu ab. Solch ein Wechselspiel fehlender Eltern- und Kind-Interaktion untermauert das aggressive Verhalten des Kindes noch erheblicher.

Entscheidend ist in dem Kontext der Zeitpunkt einer derartigen Problemsituation. Beginnt die Störung der Interaktion innerhalb der Familie bereits in frühen Jahren, fehlt dem Kind möglicherweise die Fertigkeit, sich in soziale Gruppen zu integrieren. Ein frühzeitiger Beginn der Störung lässt einen ungünstigen Verlauf des Kindes bezüglich einer antisozialen Tendenz prognostizieren; ein später Beginn ist demgegenüber als bedeutend positiver zu betrachten. Bereits grundlegende soziale Verhaltensweisen wurden schon internalisiert, das Aussteigen aus einer aggressiver Gleichaltriger wird erleichtern.

*Stufe 2 des Entwicklungsprozesses:*

Als Stufe zwei wird die Reaktion des sozialen Umfeldes auf das problematische Sozialverhalten des Kindes angesehen. So wird angenommen, dass das Kind seine aggressiven Verhaltensweisen aus dem familiären Umfeld auf das soziale Umfeld der Schule überträgt. Derartige Verhaltensweisen sind die gleichaltrigen Kinder nicht in der Lage zu kompensieren, wobei dieser Umstand zu einer Isolation und Zurückweisung des aggressiven Kindes führt. Des Weiteren stehen Kinder mit Störungen im Sozialverhalten noch Lern- und Leistungsschwierigkeiten gegenüber, was sich beim Kind als doppeltes Versagen manifestiert: keine sozialen Bindungen und ein Scheitern an schulischen Anforderungen.

*Stufe 3 des Entwicklungsprozesses:*

Die dritte Stufe des Entwicklungsprozesses kennzeichnet die Reaktion des Kindes auf die in Stufe zwei genannten Reaktionen der anderen Personen des sozialen Umfeldes des Kindes. Das verhaltensauffällige Kind sucht, infolge der Zurückweisung anderer Gleichaltriger, andere Kinder mit Verhaltensauffälligkeiten, die das eigene antisoziale Verhalten billigen. Die Fähigkeiten, soziale Verhaltensweisen zu erfahren, wird hierdurch noch mehr eingeschränkt. So wird aggressives Verhalten in der Gruppe mit anderen sozialgestörten Kindern als positiv betrachtet, was eine Erhöhung dessen zur Folge hat. Schenken die Eltern dem Kind in dieser Phase noch immer verminderte oder gar keine Aufmerksamkeit, eskaliert die Situation für das Kind dergestalt, dass es die aggressiven Verhaltensweisen verstärkt und beibehält, sich zudem noch in illegale Aktivitäten der anderen sozialgestörten Kinder hineinziehen lässt ohne entdeckt zu werden und Sanktionen zu erfahren.

*Stufe 4 des Entwicklungsprozesses:*

In der vierten und letzten Stufe kommt es letztendlich zu straffälligen und gesellschaftlich sanktionierten Verhaltensweisen; das Verhalten wird generalisiert.

Resümierend kann davon ausgegangen werden, dass Kinder, die in frühen Jahren Verhaltensauffällig waren, meist schwerwiegende Verhaltensprobleme mit chronischem Verlauf entwickeln und dadurch eine besondere Risikogruppe darstellen. Derartige Verhaltensweisen können unter anderem zur Zurückweisung von gleichaltrigen Kindern und Schulversagen führen. Somit laufen verhaltensauffällige Jugendliche Gefahr, schnell in die Arme von devianten und delinquenten Gleichaltrigen getrieben zu werden.

In der nachfolgenden Darstellung wird das dissoziale Verhalten in Bezug auf die chronologische Altersentwicklung des Kindes bzw. Jugendlichen in den verschiedenen Verhaltensweisen aufgezeigt. Es zeigt Loebers Risikomodell des dissozialen Verhaltens von der pränatalen bis zur delinquenten Phase des Kindes bzw. Jugendlichen.

Entwicklungsmodell aggressiven Verhaltens:[95]

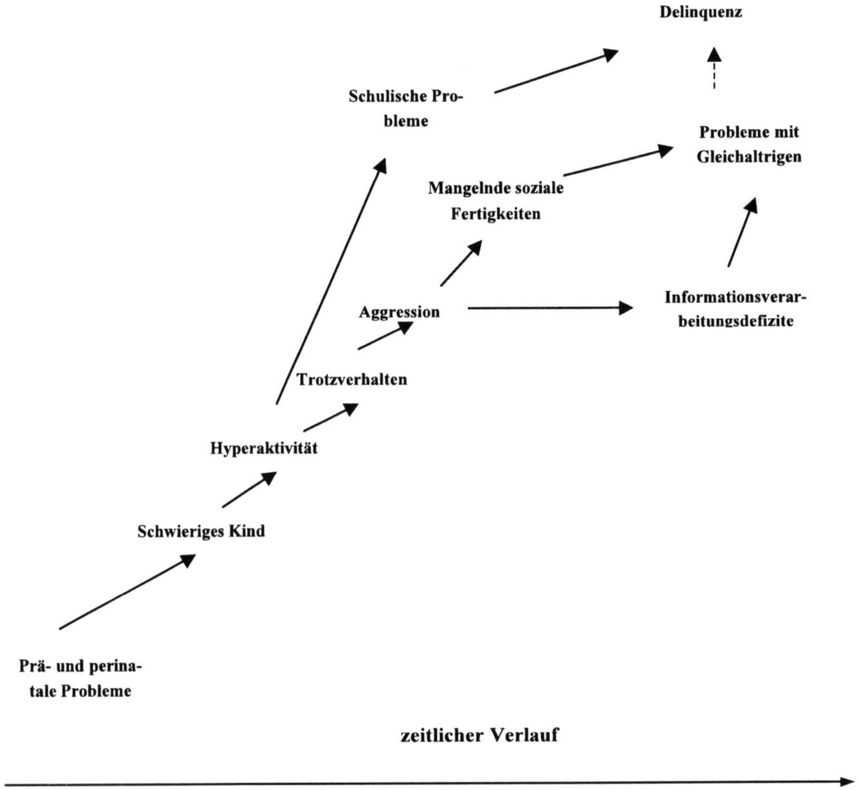


[95] vgl.: Petermann [(1998) Hrsg.], Lehrbuch der klinischen Entwicklungspsychologie; Seite 135

# 4 Ätiologie der Aggression

Die Ätiologie der Aggression ist zum Teil bereits im Kapitel der psychoanalytischen Aspekte eingebunden. Ich denke, dass eine Trennung der Entstehungsfaktoren, die letztendlich die Aggression respektive der Gewalttätigkeiten hervorrufen, nicht zu vollziehen ist. Außer der psychoanalytischen und psychologischen Kausalität der Aggressionsentstehung berücksichtige ich zudem die pränatalen und die genetischen Einflussfaktoren – sowie eine ansatzweise Darstellung der Aggression infolge psychischer Erkrankungen.

## 4.1 Prä- und perinatale Aspekte zur Aggressionsentstehung

In Bezug auf die pränatalen Aspekte der Aggressionsentstehung beziehe ich mich zunächst auf die Fachzeitschrift „psycho“. Zwar geht man hier in einem ausführlichen Bericht über die Aggression nur in einem kleinen Absatz auf die pränatalen Aspekte ein, sie dienen aber durchaus deren Verdeutlichung.[96]

Einen fördernden Einfluss auf die Aggressionsentstehung hat unter anderem eine Mangelernährung der Mutter während der Schwangerschaft. Weiterhin tragen auch Substanzmissbrauch (Drogenmissbrauch) oder andere Intoxikationen fördernd der Aggressionsentstehung bei. Einen besonderen Faktor in diesem Zusammenhang stellt der Alkoholgenuss dar. So kommt es besonders bei Frauen aus sozial schwächeren Schichten vor, dass diese zu einem fetalen Alkoholsyndrom neigen, bei dem es nicht nur zu craniofacialen Abnormitäten und retardiertem Wachstum kommt, sondern auch zu cerebralen Dysfunktionen, psychosozialen Entwicklungsverzögerungen sowie intellektuellen Beeinträchtigungen. Psychische Abnormitäten können sich nach der Zeit zurückbilden, schreibt man den ZNS-Dysfunktionen und neuropsychologischen Symptomen eine höhere Persistenz zu.

*Petermann/Kusch/Niebank* beziehen sich in ihrer Abhandlung auf Moffit, der davon ausgeht, dass genetische Faktoren und Komplikationen beim Geburtsvorgang des Kindes zu neurobiologischen Defiziten im kindlichen Nervensystem führen.[97] Derartige Defizite beeinflussen das Temperament, führen zu Defiziten in kognitiven Fähigkeiten und äußern sich zuweilen in einer verzögerten motorischen Entwicklung. Auch hier wird wieder, wie bereits oben angesprochen, das soziale Umfeld der Eltern einbezo-

---

[96] vgl.: Lösel/Bender; Antisoziales Verhalten von Kindern und Jugendlichen. In: psycho *(Zeitschrift für Psychiatrie, Neurologie und Psychotherapie)*; Ausgabe 5/1997; Seite 324

[97] vgl.: Petermann/Kusch/Niebank (1998); Entwicklungspsychopathologie; Seite 272 ff.

gen. So wirken sich unter Umständen ein niedriger sozioökonomischer Status sowie ein Kinderreichtum gekoppelt mit Arbeitslosigkeit unter Umständen negativ auf die zukünftige Entwicklung des Kindes aus. Der sozial geringe Status erhöht das Risiko, perinatale Komplikationen herbeizuführen. Bei Kindern, die mit den Risiken einer schwachen sozialen Familiensituation konfrontiert dastehen, möglicherweise noch körperlich misshandelt werden und außerdem biologische Risiken aufweisen, sind besonders gefährdet, später in antisozialen Verhaltensweisen Ausdruck zu finden.

In Bezug auf die pränatalen Entwicklungseinflüsse auf den Fötus schreiben *Mönks/Knoers*, dass ebenso Krankheiten einen Schädigen Effekt auf den Embryo bzw. den Fötus haben können. Besonders Krankheiten wie Röteln, AIDS und Zytomegalovirus sind in der Lage, langfristig schädigende Folgen für den Fötus (das Kind) zu verursachen.[98]

Drogen- und Medikamentenmissbrauch können, wie oben schon angedeutet, schädigend wirken. In Untersuchungen wurden Rauch- und Trinkgewohnheiten schwangerer Frauen beobachtet und die daraus resultierenden Folgen für die Kinder erforscht. Resümierend kann man davon ausgehen, dass schon ein *geringes* Maß an Alkohol- und/oder Nikotingenuss zu Schädigungen beim Fötus führt. Bei alkoholabhängigen Frauen sind die Folgeschäden gravierend. Kinder alkoholkranker Mütter sind mitunter kleinwüchsig, verfügen nur über ein kleines Gehirn, leiden unter Herzbeschwerden und zeichnen sich zuweilen durch ein aufgedunsenes Gesicht aus. Ebenso prägnant sind die Folgen von Kokainmissbrauch. Es besteht das erhöhte Risiko einer Frühgeburt, eines niedrigen Geburtsgewichts, verlangsamtes vorgeburtliches Wachstum, neurologischer Abweichungen und Herzbeschwerden.

Letztendlich bewirkt auch die Einnahme von Medikamenten eine Beeinträchtigung des zukünftigen Verhaltens eines Kindes; ob ein Einfluss auf die Form und Gestaltentwicklung besteht, ist unbekannt. Ein Sonderfall war seinerzeit die Einnahme des Beruhigungsmittels *Contergan* in den Jahren 1959 bis 1962.

*Oerta/Montada* verweisen zudem noch auf die Risiken einer Kombination von *biologischen und sozialen Risiken* hin.[99] So sind sie der Ansicht, dass sich unter sehr günstigen sozialen Bedingungen selbst Kinder mit vielen biologischen Risikofaktoren adäquat entwickeln können. Selbiges gilt auch für starke, gesunde Kinder, die in einem schwachen sozialen Milieu aufwachsen und schweren psychosozialen Belastungen ausgesetzt sind.

---

[98] vgl.: Mönks/Knoers (1996); Lehrbuch der Entwicklungspsychologie; Seite 45 ff.

[99] vgl.: Oerter/Montada [Hrsg. (1998); Entwicklungspsychologie; Seite 181

## 4.2 Auf psychischen Störungen fußende Aggression

Zwar hätte ich im nun folgenden Kapitel die *Aggressionsentstehung aufgrund genetischer Defekte bzw. Veranlagung* einbringen müssen, um der Chronologie folge zu leisten, aber ich setze dieses Kapitel aus Erklärungsgründen eine Position nach hinten, damit eine - meiner Ansicht nach äußerst konstruktiv-konträre - Diskussionsgrundlage einzubringen.

Im nachfolgenden Kapitel versuche ich die Aggression infolge psychischer Störung in Umrissen aufzuzeigen. Eine Darstellung der einzelnen Krankheitsbilder werde ich nur insoweit vornehmen, als dass der Zusammenhang zwischen der psychischen Störung und der daraus resultierende Aggressionstendenz erkennbar wird. Ich beschränke mich in der Auswahl der psychischen Störungen auf die der Depression, der Schizophrenen Psychose sowie der Suchtkrankheiten (Drogen- und Alkoholabhängigkeit). Die psychische Störung des suizidalen Verhaltens schließe ich in das Kapitel des „Autoaggressiven Verhaltens“ mit ein. Der Zusammenhang zwischen einer Aggression und der Angststörung wurde bereits in *Kapitel 2.8* besprochen.

### *4.2.1 Aggressionsursache Depression*

*Wie wird Depression definiert?*[100]

Eine Depression stellt ein Spektrum verschiedener Stimmungen und Verhaltensweisen dar. Das depressive Bild eines Menschen drückt sich unter anderem in Traurigkeit, Apathie, pessimistischer Einstellung, Rückzug aus dem Alltagsleben, reduzierte Lust, etwas zu unternehmen, Schlaf- und Appetitlosigkeit, Verlust des sexuellen Begehrens[101], immer wiederkehrenden Todes- oder Suizidgedanken und zuweilen auch mit *aggressiven Tendenzen* aus.

Als Symptom, so *Steinhausen,* tritt Depression infolge von Enttäuschungen, Verlusten oder aber auch ohne erkennbaren Grund in Erscheinung.[102] Lange Zeit ging man davon aus, depressive Symptome bei Kindern seien nicht overt, sondern maskiert auftretend, wie etwa einem gestörten Sozialverhalten, Hyperaktivität, Lernstörungen oder

---

[100] vgl.: Grubitsch/Weber (1998); Psychologische Grundbegriffe; Rowohlt Taschenbuch-Verlag Reinbeck bei Hamburg

[101] Eine konträre Aussage hierzu steht auf Seite 92 des Buches „Hilfen für depressive Kinder“ zu lesen [Kerns, Lawrence (1997)], auf das ich noch gesondert eingehen werde: *„...während bei Jungen (...) scheinen depressive Mädchen eher zu sexuell promiskuitivem Verhalten...“*

[102] vgl.: Steinhausen (1996); Psychische Störungen bei Kindern und Jugendlichen; Seite 153 - 154

somatischen Symptomen. Die Theorien der Depressionsentstehung gehen in verschiedene Richtungen. In der psychoanalytischen Theorie wird postuliert, dass Depression als eine gegen das Selbst gerichtete Aggression aufgrund eines Liebesentzuges bzw. -verlustes angesehen wird, was sich jedoch als nicht wirklich haltbar erkennen lässt.

*Kerns* schreibt Kindern im Alter vom ersten bis zum dritten Lebensjahr eine erste Auseinandersetzung mit der Autonomie und der Kontrolle zu.[103] Wenn eines dieser beiden Phänomene dem Kind Grenzen setzt, tritt bei ihm zuweilen Wut auf. So sind negative Gefühle von Scham ein Auslöser für auftretende Wutausbrüche. Normale Kinder entwickeln in dieser Lebensphase ihre ersten sozialen Fertigkeiten und sind unter anderem in der Lage, Aggressivität, die durch unerfüllte Wünsche entsteht, entsprechend zu kanalisieren. Im Kontext der Depression mit einem möglicherweise daraus resultierendem Verhaltensproblem bzw. einer Verhaltensstörung, die sich durch aggressive Tendenzen bemerkbar macht, bestehen Eltern, Lehrer oder auch Polizei und Gerichte unter Umständen auf einer psychiatrischen Intervention. Bei solch einer intervenierende Maßnahme wird nicht selten zu der Verhaltensstörung eine Depression diagnostiziert.[104]

Kinder mit Verhaltensstörungen verletzen in der Regel die Rechte Dritter und/oder ignorieren die Regeln der Familie oder der Gesellschaft. Damit eine psychiatrische Diagnose aufrechterhalten werden kann, müssen für einen Zeitraum von sechs Monaten für das Fehlverhalten folgende Handlungen zum Tragen kommen: Stehlen, von zu Hause weglaufen, Lügen, Feuer legen, Schule schwänzen, Vandalismus, Grausamkeit gegenüber Tieren oder Menschen, Handgreiflichkeiten oder sexuelle Nötigung.

Bei einem Drittel der als aggressiv eingestuften Kinder stellen sich im Laufe der Zeit Verhaltensstörungen ein. Meist erkennt man möglicherweise eine Depression erst innerhalb einer - aufgrund der Aggressivität bereits verordneten - Therapie. Andererseits werden Kinder von ihren Eltern oder Lehrern erst in dem Moment auf eine Intervention hin verwiesen, wenn sich Verhaltensstörungen bereits manifestiert haben.

In den meisten Fällen bilden sich die Verhaltensstörungen zurück, vor allem bei einem Abklingen der depressiven Verstimmung. Depressive und/oder verhaltensgestörte Kindern lassen ihren Gefühlen in der Regel freien Lauf, was mit ad hoc verlaufenden Wutausbrüchen einhergeht; auch das Suizidrisiko erhöht sich infolgedessen.

---

[103] vgl.: Kerns, Lawrence L. (1997); Hilfen für depressive Kinder; Seite 31

[104] vgl.: Kerns, Lawrence L. (1997); Hilfen für depressive Kinder; Seite 90 ff.

Der Zusammenhang zwischen der Depression und einer Verhaltensstörung ist nicht eindeutig zu differenzieren. Bei depressiven Jungen wurde jedoch festgestellt, dass es ihnen an emphatischen Fähigkeiten mangelt und sie ihre Gegenüber falsch einschätzen. Sie sehen den Gegenüber eher als Feind. Während depressive Jungen öfter zu aggressiven oder destruktiven Handlungen neigen, neigen depressive Mädchen eher zu promiskuitivem Verhalten oder aber auch unter Essstörungen □ *vergl. Autoaggressives Verhalten.*

Bei Kindern bzw. Jugendlichen beiderlei Geschlechts besteht die Gefahr, die depressiven und verhaltensauffälligen Symptome mit Drogen zu unterdrücken. Ein anderes Phänomen depressiver Kinder und Jugendlicher besteht in einer gesteigerten Impulsivität.[105] Sie neigen zu unüberlegten Handlungen ohne sich Gedanken über etwaige Konsequenzen zu machen. Dementsprechend depressive Gefühle respektive Selbsthass können zu Kurzschlusshandlungen führen, deren Ausmaß sich die Kinder bzw. Jugendlichen nicht bewusst werden; sie haben auch nicht gelernt, ihre Gefühle zu erkennen und einzuschätzen. Je jünger das Kind und dessen Unfähigkeit sich seiner Gefühle sicher zu sein, desto größer ist die Gefahr, sich ihrer Wut oder Frustration spontan zu entladen. Statt Worten lassen sie Taten folgen, um damit ihrer Einsamkeit und Verängstigung Ausdruck zu geben. Auf diese Weise versuchen sie ihr soziales Umfeld auf sich aufmerksam zu machen.

*Kerns* formuliert zudem, dass die Impulsivität besonders bei Suizidgedanken eine große Rolle spielt. Als Auslöser benennt er zum Beispiel Veränderungen im Freundeskreis, Enttäuschungen in der Schule oder beim Sport, Konflikte mit Verwandten, wobei sie als Anstoß für einen Suizid angesehen werden.

Ein hohes Maß an Aggressionen stellen kein typisches Depressionsphänomen dar, so *Beck et al.* .[106] Aggressionen, sofern sie in Erscheinung treten, sind Anzeichen dafür, dass die an Depression leidende Person Fortschritte macht. Andererseits manifestiert sich bei einigen Depressiven die Aggression als hartnäckiges und störendes Symptom. Über die Auslösung von Aggression und das daraus resultierende Erleben einer solchen schreiben *Beck et al.*, dass oftmals das aggressive Gefühl einer depressiven Traurigkeit entgegenwirken kann.[107] Unterliegt ein derart aggressiver Ausbruch nicht einer unmittelbaren Kontrolle, fühlt sich die depressive Person unter Umständen schlechter als vorher. Um einem unkontrollierten Aggressionsausbruch Herr zu wer-

---

[105] vgl.: Kerns, Lawrence L. (1997); Hilfen für depressive Kinder; Seite 131 f.

[106] vgl.: Beck, Aaron T. et al. (1999); Kognitive Therapie der Depression; Seite 225

[107] vgl.: Beck, Aaron T. et al. (1999); Kognitive Therapie der Depression; Seite 215

den, sollten sich Personen mit Depressionen eine bestimmte Zeitspanne setzen, in denen sie ihrer Wut eine aggressive Abfuhr erteilen können. *Allerdings in einer anderen Form als aggressiven Handlungen.*

*Rossmann* beschreibt die geltenden diagnostische Kriterien depressiver Kinder im Alter von 4 bis 16 Jahren.[108] Demnach wurde ein Kind dann als depressiv betrachtet, wenn es in der letzten Zeit vier der folgenden Symptome aufweist: deutliche Stimmungsänderung, sozialer Rückzug, schlechtere Schulleistungen, Schlafstörungen, unübliches aggressives Verhalten, Selbstabwertung, Verfolgungsideen, Energiemangel, somatische Beschwerden, Schulphobie sowie Gewichtsverlust.

An anderer Stelle seines Buches bezieht sich *Rossmann* auf die Untersuchung eines depressiven Kindes, welches in Form aggressiver Ausbrüche auffiel.[109] Die Wissenschaftler stellten sich die Frage, ob eine Beschäftigung mit dem Kind als Behandlung hilfreich wäre, oder aber ob ihm bei der Störung am besten geholfen werden kann, wenn er Fensterscheiben einwerfe, um sich dadurch wenigstens für einen kurzen Zeitraum ein Gefühl von Macht und Kontrolle zu verschaffen und seine depressiven Gefühle darüber hinaus für einen Moment vergessen kann.

Was mich zum Nachdenken anregte, ist die eben genannte Behandlungsform der einzuwerfenden Fensterscheibe. Solch ein Verfahren soll wohl demnach so etwas wie ein katharsische Wirkung nach sich ziehen, was, wie im Kapitel der Katharsis bereits diskutiert wurde, keinen „Reinigungseffekt" für die Seele ergeben soll. Doch stellt sich mir in diesem Kontext die Frage, wie bei einem depressiven und introvertiertem Kind durch das Ausführen einer bewusst zugebilligten Aggression, die angeblich für einen gewissen Zeitraum Macht und Kontrolle vermitteln soll, eine Verbesserung seiner Stimmung hervorgerufen wird? Und über was hat der Junge Macht? Über die Scheibe? Über den Stein? *Oder gar über sich selbst?*

### *4.2.2 Schizophrenie als Aggressionsursache*

Nach *Deister/Möller* zeichnet sich die Aggressivität bei psychotischen Personen sowohl in Form verbaler Attacken als auch durch tätliche Angriffe gegen Drittpersonen aus.[110] Etwa 23,1% der in die stationäre Behandlung aufgenommenen Patienten weisen als Störung unter anderem auch Aggressivität auf, die sich von leichten bis hin zu schweren Fällen voneinander abgrenzen. Auch delinquentes Verhalten ist in vielen

---

[108] vgl.: Rossmann, Peter (1991); Depressionsdiagnostik im Kindesalter; Seite 25

[109] vgl.: Rossmann, Peter (1991); Depressionsdiagnostik im Kindesalter; Seite 22

[110] vgl.: Deister/Möller (1998); Schizophrenie und verwandte Psychosen; Seite 71ff.

Fällen der schizophrenen Psychose zu diagnostizieren. Eine besonders in der Öffentlichkeit für aufsehen erregendes delinquentes Verhalten infolge einer schizophrenen Psychose stellen nach *Deister/Möller* die beiden Gewaltakte gegen die Politiker Schäuble und Lafontaine im Jahre 1990 dar.[111] Demgegenüber stehen jedoch zuverlässige Studien darüber, dass delinquentes Verhalten schizophrener Personen nicht signifikant höher liegt als in der Allgemeinbevölkerung; schizophrene Personen sind in der Kriminalstatistik in Bezug auf Eigentumsdelikte, gemeinschaftliche Straftaten sowie Sexualdelikten sogar unterrepräsentiert. In einer Studie über zehn Jahre hinweg wurde festgestellt, lediglich fünf von 10.000 schizophrenen Personen treten gewalttätig in Erscheinung. *Deister/Möller* weisen jedoch darauf, die Gewaltbereitschaft nicht überzusimplifizieren. Nach ihrer Aussage gibt es Personen, bei denen das Gewaltrisiko überdurchschnittlich hoch angesiedelt ist. So treten gewaltuntermalte Phänomene bei schizophrenen Personen auf, die

- an florider systematisierter Wahnsymptomatik zur Abwehr vermeidlicher Bedrohungen leiden,
- einen (wahnhaften) Hass- sowie Rachegedanken gegen die Personen richten, von denen sie sich benachteiligt fühlen, und
- an einem archaisch-apokalyptischem, meist akut einbrechendem Wahnerleben mit Dominieren von Sendungs- und Erlösungsvorstellungen leiden.

Etwa 75% der von schizophrenen Personen begangenen Gewaltdelikte lassen sich motivistisch infolge einer Wahnsymptomatik belegen. Lediglich bei rund 25% ist unter der Berücksichtigung der erkennbaren Krankheitssymptomatik ein Tatmotiv zu erkennen. Ein Drittel der schizophrenen Täter kündigte die Tat zuvor an, bei 40% kam die Tat lediglich aufgrund groben Versagens der sozialen Kontrolle zustande. Opfer derartiger Angriffe stellen zu 72% Angehörige des Täters dar, 16% sind Autoritätspersonen, wie Ärzte oder Vorgesetzte, bei 12% besteht keinerlei Beziehung zwischen Täter und Opfer.

Im Falle der Diagnostizierung einer schizophrenen Psychose gilt die Person im Sinne des Gesetzes als Schuldunfähig. Die schizophrene Psychose gilt nach §20 StGB als *krankhafte seelische Störung,* wenn zum Zeitpunkt der Tat die Fähigkeit, die Unrechtmäßigkeit der Tat zu erkennen, eingeschränkt oder gar aufgehoben war. In §21 StGB ist die verminderte Schuldunfähigkeit geregelt, die nach der Prüfung des §63 StGB erfolgt.

---

[111] vgl.: Deister/Möller (1998); Schizophrenie und verwandte Psychosen; Seite 251ff.

Liegen Beweise vor, dass eine Tat aufgrund einer krankhaft seelischen Störung beruht, so kann nach §126a StPO die Unterbringung in einer psychiatrischen Anstalt angeordnet werden, wenn die öffentliche Sicherheit gefährdet scheint.

Auch die Autoren der „Zeitschrift für Praxis und Klinik *psycho*" befassen sich mit der Thematik: *Aggressivität und Störungen der Impulskontrolle.*[112]

Hierin gehen die Autoren auch auf die Aggressionsursache aufgrund einer psychischen Krankheit ein:

Nach einer neuen Realanalyse bei psychisch Kranken Personen kam man zu der Feststellung, dass es bei bestimmten psychischen Krankheiten zu vermehrter Ausführung von Gewalttaten kommt. Zu derartigen Krankheiten werden paranoide Schizophrenie, Wahnstörungen, Störungen nach Hirnschädigungen und bestimmte Persönlichkeitsstörungen gezählt.

Nach dem Verfasser des Unterthemas - ERFAHRUNGEN MIT PSYCHISCH KRANKEN AGGRESSIONSTÄTERN - THERAPIEINDIKATIONEN -, *G. Knecht*, besteht ein komplexer Zusammenhang zwischen psychischer Störung und aggressiven Verhaltens. So gehen circa 5 bis 15% der Tötungsdelikte auf das Konto von Tätern mit schizophrenen Störungen, 0,5 bis 1% fallen auf Täter mit affektiven Störungen.

Im Bereich schwerer Gewaltdelinquenz stehen Schizophrene Störungen, durch Alkohol induzierte Störungen, geistige Behinderung sowie organische affektive Störungen an oberster Stelle. Im Bereich der Affektiven Psychosen weisen akut manische und mischbildhafte Personen ein hohes Risiko an Impulskontrollverlusten auf. Besteht eine antisoziale Persönlichkeitsstörung, Alkoholmissbrauch bzw. -abhängigkeit, wird die Aggressionsbereitschaft auf ein bedeutendes Niveau angehoben. In der Gruppe der gewalttätigen Geisteskranken wiesen 49% der Männer und 43% der Frauen als zusätzliche Diagnose einen Missbrauch von Alkohol und/oder Drogen auf. Als aggressionsfördernde Affektgrößen diagnostizierte man eine Desintegration der Persönlichkeit, eine emotionale Instabilität und eine Verminderung der Kontroll-, Brems- und Steuerungsmechanismen.

Bei Aggressionstätern mit einer psychischen Erkrankung stellen paranoide Wahnideen in Form von Verfolgungswahn, eine Beeinträchtigung oder Formen des Eifersuchtswahns eine wesentliche Ausprägung dar. Bei depressiven Tätern sind auch der erweiterte Suizid, bestimmten Formen des Schuld- oder Nihilistischen Wahns oder

---

[112] vgl.: Nedipol; Aggressivität und Störungen der Impulskontrolle. In: psycho; Ausgabe 5/97; Seite 281

einer wahnhaften Erlösung erkennbar. Ein unter Wahn handelnder Aggressionstäter fixiert über einen bestimmten Zeitraum ein für sich definiertes Wahnobjekt. Die sich daraus ergebene Tat vollzieht der Täter unter einem Gefühl der persönlichen Bedrohung heraus.

Bei Tätern mit andauernden Halluzinationen infolge des Hörens imperativer Stimmen über einen längeren Zeitraum hinweg, und sie vor dieser Phase bereits aggressiv reagierten, scheint das Aggressionsrisiko zu steigen. Zu einer erhöhten Aggressionsbereitschaft der Aggressionstäter führen unter anderem Affektzustände wie Angst, Wut und Agitation.

Aggressionstäter stammen oftmals aus Familien, in denen dissozial-psychophatische Verhaltensweisen wie Alkoholismus auftraten. Besonders Täter mit einer prämorbiden Persönlichkeit weisen eine persönlichkeitsgebundene Neigung zur Aggression auf.

Bevor ein Aggressionstäter aggressive Handlungen vollzieht, geht meist eine allmähliche Eskalation voraus. So werden Drohungen gegenüber anderen ausgesprochen und auch Übergriffe auf Dritte stellen eindeutige Warnzeichen dar. Im ersten Halbjahr vor einem Tötungsdelikt zeigte über die Hälfte der Aggressionstäter ein fortschreitendes gewalttätiges Verhalten gegenüber Angehörigen und Bekannten. Zum späteren Opfer hatte der Täter ein ambivalentes bis feindseliges Verhältnis, gekennzeichnet durch Streit und verbale Androhungen.

*Die Gewaltbereitschaft der Aggressionstäter ist in der Regel gegen eine emotional nahestehende Person gerichtet, deren Beziehung durch wahnhafte Züge verzerrt scheint. Intimpartner, Familienmitglieder und Verwandte sind besonders von Übergriffen betroffen, wobei bei Personen mit affektiven Psychosen besonders Gewaltdelikte an Kindern begehen.*

### 4.2.3 Sucht als Aggressionsauslöser

In den nachfolgenden Unterkapiteln will ich nicht spezifisch in die Problematik der Sucht als solche eingehen, sondern vielmehr nur das daraus resultierende aggressive Verhalten bzw. die Beschaffungs-Kriminalität der süchtigen Person als solche ansprechen. So werde ich anfangs die Aggression infolge des Drogenkonsums aufgreifen und im Nachfolgekapitel den Alkoholismus anführen. Hier impliziere ich – obgleich dieses Thema auch in das Kapitel der Entwicklung aggressiver Tendenzen durch Erziehung eingefügt werden könnte – die Folgen einer inadäquaten Erziehung angesichts von Alkoholsucht der Eltern bzw. eines Elternteils, aber auch den „anerzogenen Alkoholismus“ des Kindes durch das Vorleben der Eltern.

Der Missbrauch von Drogen und Alkohol ist schon eine aggressive Handlung per se. Das Zufügen schädigender Substanzen in den Körper, worunter alle Formen der Drogen und der Alkoholika, wenn sie in Massen konsumiert werden, führt zu einer „aggressiven Handlung“ gegen die eigene Person. Man kann dieses Phänomen meines Erachtens nach auch in den Komplex der Autoaggression aufnehmen, da eine mehr oder minder große Form der Selbstschädigung vorliegt.

#### 4.2.3.1 Aggressionsursache Drogenmissbrauch

Von einer Definition einzelner Suchtproblematiken nehme ich Abstand, ebenso gehe ich nicht speziell auf jede Form der Drogen im einzelnen ein; ich betrachte die Sucht als komplexes Phänomen und die sich daraus ergebenen aggressiven Verhaltensformen, sofern sie auf einen Drogenmissbrauch zurückgehen.

*Steinhausen* klassifiziert den Drogenmissbrauch nach dem Entwicklungsverlauf der Delinquenz im Jugendalter nach Loeber.[113] In diesem Zusammenhang bezeichnet er einen Jugendlichen, der ausschließlich Drogenmissbrauch betreibt, als „Typ (C)“:

- Beginn in der mittleren bis späten Adoleszenz,
- keine deutlichen vorausgehenden dissozialen Probleme.

Als ein *typisches Delikt der Delinquenz* bezeichnet *Steinhausen* schon *allein das Konsumieren einer Droge.* Ein solches Konsumieren zieht bestimmte Formen von öffentlich-administrativer Sanktionen auf sich, schafft Überwachung und führt Jugendliche der Strafverfolgung zu.

Die Ursachen des Drogenmissbrauchs finden bei *Nissen/Trott* eine anschauliche Erklärung.[114] Sie meinen, die Ursachen des Missbrauchs bei Kindern und Jugendlichen lägen in der Hauptsache im sozialen Umfeld des Süchtigen. Einen besonderen Blick sei hier auf die familiäre Situation, die Schule sowie den Freundeskreis (Peergroup) gerichtet. Auch hängt die Entstehung einer Sucht von der frühkindlichen Entwicklung, der Konstitution und andere exogenen Faktoren ab. *Nissen/Trott* schieben die Schuld der Drogenabhängigkeit unter anderem auch auf die Gesellschaft ab:

*„Die Gesellschaft wird zum Mitverursacher der Drogenabhängigkeit, wenn es ihr nicht gelingt, sie wirkungsvoll zu kontrollieren und zu eliminieren.“*[115]

---

[113] vgl.: Steinhausen (1996); Psychische Störungen bei Kindern und Jugendlichen; Seite 224ff.

[114] vgl.: Nissen/Trott (1995); Psychische Störungen im Kindes- und Jugendalter; Seite 105f.

[115] vgl.: Nissen/Trott (1995); Seite 105

Eine anschauliche Darstellung der Suchtentstehung findet man bei *Nissen/Trott* ebenso auf der Seite 105:

**Persönlichkeit**

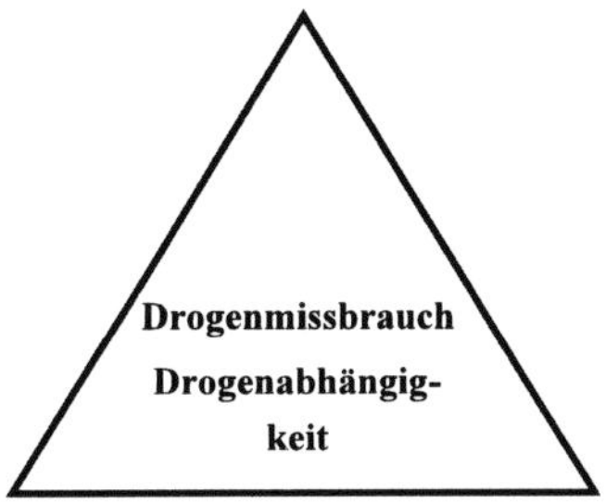


prämorbide Persönlichkeit
Heredität
frühkindliches Milieu
sexuelle Entwicklung
aktuelle Streßsituation

| **Droge** | **Soziales Milieu** |
|---|---|
| Art der Applikation | familiäre Situation |
| Dosis | Beruf |
| Dauer | Wirtschaftslage |
| Griffnähe | Sozialstatus, -mobilität |
| Gewöhnung (Toleranz) | Gesetzgebung |

**Trias (Persönlichkeit – Droge – Milieu) der *Entstehungsursachen* der Drogenabhängigkeit**

*Davison/Neale* postulieren, dass Kriminalität, Drogenmissbrauch und eine antisoziale Persönlichkeitsstörung in Verbindung stehen.[116] Ein Konsum von Drogen kann hierbei in diesem Zusammenhang als Teil von Personen mit einer antisozialen Persönlichkeitsstörung angesehen werden. Eine andere Bezeichnung der antisozialen Persönlichkeitsstörung sind die Termini Psychopathie oder Soziopsychopathie.[117] Psychopathen leiden an Gefühlsarmut – sowohl positiver als auch negativer Emotionsformen. Der Psychopath an sich hat keine Gefühle der Scham, ihre anscheinend positiven Gefühle anderen Personen gegenüber sind reine Kulisse. Er kann als sehr charmant angesehen

[116] vgl.: Davison/Neale (1996); Klinische Psychologie; Seite 355ff.

[117] vgl.: Davison/Neale (1996); Klinische Psychologie; Seite 305ff.

werden, doch manipuliert er seine Gegenüber zu eigenem Vorteil hin. Aufgrund fehlender negativer Emotionen ist er nicht in der Lage, aus seinen eigenen Fehlern zu lernen.

#### 4.2.3.2 Aggressionsursache Alkoholmissbrauch

Ab welchem Quantum der normale Alkoholgenuss in den Alkoholismus übertritt, ist nur schwer zu definieren. Im nachfolgenden Textteil beziehe ich mich auf *Oerter/Montada* respektive *Silbereisen*[118], die in sehr ausführlicher Weise auf den Alkoholmissbrauch – auch im Kindes- und Jugendalter – eingehen.

Von Kindheit an zählt der Alkohol- und Drogengebrauch zum alltäglichen Leben dazu. Bereits dreijährige Kinder wissen, dass (in der Regel) Alkohol auf einer Party, nicht aber zum Frühstück getrunken wird. Alkohol dient der Entspannung und gleichzeitig kann er auch angstreduzierend wirken. Die ersten eigenen Erfahrungen mit Alkohol oder Drogen, so *Silbereisen*, beginnen mit dem zweiten Lebensjahrzehnt. Im Laufe des Erwachsenwerdens gehört der Umgang mit Alkohol oder gar Drogen zu den Entwicklungsaufgaben des Kindes. Einerseits kann der Umgang mit derartigen Substanzen adaptive Funktion ausführen, andererseits kann der Lebenslauf aus der Bahn geraten, wenn der Alkohol oder die Drogen die positiven Dinge im Leben verdrängen. Nimmt der Alkoholkonsum überhand, sind negative Konsequenzen in der Regel nicht mehr auszuschließen. So kommt es unter Umständen zu aggressiven Übergriffen gegenüber anderen Personen oder Gegenständen. Nicht nur, dass zudem die Gesundheit in Mitleidenschaft gezogen wird, nein, auch die sozialen Bindungen nehmen durchaus Schaden infolge übermäßigen Alkoholkonsums.

Weiterhin weisen *Oerter/Montada* auf die Risiken des Alkoholkonsums hin, die als Ursache für die schweren notorischen Unfälle nach einem Diskobesuch stehen. Alkohol, der eine enthemmende Wirkung hat, verleitet zu leichtsinniger aggressiver Fahrweise, die nicht selten mit einem Verletzen bzw. einem Töten von anderen Verkehrsteilnehmern, Freunden sowie der eigenen Person einhergeht.

Laut *Nissen/Trott* neigen besonders angsterkrankte Personen unter Alkoholismus.[119] So kann es im Rahmen eines pathologischen Rausches zu Enthemmungen, Verkennungen und zu Desorientierungen kommen, die nicht selten in Gewalttaten enden, was selbst bei Personen auftreten kann, bei denen ein solches Verhalten als persönlichkeitsfremd eingestuft werden würde.

---

[118] Silbereisen in: Oerter/Montada (1998); Entwicklungspsychologie; Seite 1056ff.

[119] vgl.: Nissen/Trott (1995); Psychische Störungen im Kindes- und Jugendalter; Seite 108f.

*Steinhausen* sieht den Alkoholmissbrauch in der Jugend in der Aufrechterhaltung von Anpassungsbelastungen und der Unfähigkeit, mit dem Trinken aufzuhören.[120] Außerdem wird infolge des Alkoholmissbrauchs das soziale Umfeld belastet, sowie Auseinandersetzungen mit Freunden und Familie herbeigeführt. Als *Rauschtrinker* bezeichnet *Steinhausen* den Prototyp des jugendlichen Alkoholikers. Er trinkt, weil er ein Bedürfnis nach einem rauschhaften Erleben bei primär auftretenden Angst- und Unsicherheitsgefühlen hat, sowie depressiver Verstimmungen und Kontaktstörungen; Alkohol soll ihm bei der Kontaktaufnahme und der Kommunikation hilfreich sein. Soll ein psychiatrischer Befund in Bezug auf einen Alkoholmissbrauch bzw. einen Alkoholismus gestellt werden, kann im Befund unter anderem auch ein Zusammenhang zu dissozialen Verhaltensweisen und Delinquenz angenommen werden.

Einen besonderen Einfluss bei der Entstehung von Alkoholismus ist die Wertigkeit der *Persönlichkeitsfaktoren*, die sich allerdings nicht sicher beurteilen lassen. Hierzu zählen Ich-Schwäche, niedrige Frustrationstoleranz, Impulsivität, Abhängigkeit und verschiedene neurotische Symptome; wobei Depression und Dissozialität häufig lediglich koexistierende Phänomene aufzeigen. Die zur Alkoholabhängigkeit führenden *Motive* lassen sich nach *Steinhausen* nur vermuten. Hierzu rechnet man den Wunsch nach Angleichung an die Gleichaltrigen, den Versuch einer Lösung familiärer Auseinandersetzungen, die Verwerfung von Verhaltensnormen, die Identitätssuche im Rahmen einer krisenhaften Entwicklung in der Adoleszenz, die Lösung einer Hemmung, Angst oder Depression oder aber die Verwerfung von Langeweile und Leere.

*Kohnstamm* unterscheidet die Formen riskanten Verhaltens. So sieht sie den Alkoholgenuss zwar als sozial akzeptiert an, doch gleichzeitig auch als gesundheitsgefährdend, falls im Übermaß genossen. Die Jugendlichen sind sich in der Regel über die Gefahr einer Abhängigkeit bewusst, nehmen ein derartiges Risiko jedoch billigend in Kauf. Alkohol hat eine enthemmende Wirkung und kann demzufolge ein leichtsinniges Verhalten des Jugendlichen auslösen bzw. fördern; Alkohol wirkt als Verstärker bei Prügeleien und Vandalismus.[121]

Einen Umkehrschluss bezüglich eines möglichen Drogen- bzw. Alkoholmissbrauchs im Jugendalter postulieren *Oerter/Montada*: Aufgrund bestimmter Entwicklungsfertigkeiten kommt es sehr früh im Übergang von der Kindheit in die Jugend zu einem Missbrauch schädigender Substanzen. Aufgrund eines schwachen sozialen Umfeldes sind Jugendliche nicht in der Lage, soziale Fertigkeiten zu erlernen, Bewälti-

---

[120] vgl.: Steinhausen (1996); Psychische Störungen bei Kindern und Jugendlichen; Seite 244ff.

[121] vgl.: Kohnstamm, Rita (1999); Praktische Psychologie des Jugendalters; Seite 136f.

gungsmechanismen aufzubauen sowie Entscheidungsstrategien zu entwickeln. Um eine positive Entwicklung und die damit verbundenen Schwierigkeiten in Bezug auf das spätere Leben zu entfalten, sind die eben genannten Fähigkeiten ein unumgängliches Muss. Jugendliche, die früh dem „Rausch der Sinne" verfallen, nehmen sich selbst die Möglichkeit einer adäquaten Entwicklung.

#### 4.2.3.3 Aggression bei Kindern infolge elterlichen Alkoholismus'

Dass der Missbrauch schädlicher Substanzen während der Schwangerschaft zu Fehlentwicklungen beim Ungeborenen führen kann, habe ich in Kapitel 4.1 bereits aufgeführt. Welche Wirkung in Bezug auf die Entwicklung eines nichtfehlentwickelten Kindes hat jedoch der Einfluss von Alkohol und Drogen im weiteren Verlauf seiner Entwicklung?

Bevor ich speziell auf das Thema der Erziehung respektive der daraus resultierenden Aggressivität eingehe, vorab einige Definitionsansätze bezüglich des Alkoholmissbrauchs:

*Oerter/Montada* beschreiben in einem Satz das Ausmaß von Alkoholmissbrauch in der Familie: *„Wer als Mann mit Alkoholproblemen belastet eine Beziehung beginnt, neigt zu Gewalttätigkeit gegenüber der Partnerin und Gleichgültigkeit gegenüber dem Kind, häufig vor dem Hintergrund von Depression.*"[122]

*Weiner* schreibt dem Genuss von Alkoholika eine „besondere Wirkung" zu.[123] So bietet der Alkohol nicht nur eine Möglichkeit zur Flucht vor seinen eigenen persönlichen Problemen, zudem gleichzeitig eine Befriedigung anderer Bedürfnisse wie Dominanz oder Unabhängigkeit. Ergebnisse einer Studie über den Alkoholkonsum sagten aus, dass Alkoholmissbrauch mit einer persönlich niedrigen Erfolgserwartung zusammenhängt. Solche Personen finden im Trinken eine physische Erleichterung und einen Fluchtweg vor den eigenen Problemen.

*Heckhausen* sieht bei Personen mit einer Tendenz zum Alkoholmissbrauch in Form exzessiven Trinkens hohe Anteile an Machtmotiven, was zudem mit dem Besitz von angeberischen Prestigegütern, mit ersatzbefriedigendem Lesen von Sex- und Sportmagazinen sowie riskantem Glücksspiel einhergeht. Bei Personen mit den eben genannten Eigenschaften tritt auch eine impulsive Gewaltanwendung in den Vordergrund.[124]

---

[122] vgl.: Oerter/Montada (1998); Entwicklungspsychologie; Seite 1066

[123] vgl.: Weiner (1994); Motivationspsychologie; Seite 194 - 195

[124] vgl.: Heckhausen (1989); Motivation und Handeln; Seite 367 - 369

Einen ausführlichen Artikel schreibt *Zobel* in der Fachzeitschrift *„Psychologie heute"* in der Ausgabe April 1999. Der Artikel bezieht sich auf die Fragestellung, ob Kinder alkoholabhängiger Eltern sich in ihrer Entwicklung von Kindern „normaler Eltern" unterscheiden.[125]

Kinder aus suchtproblematischen Familien haben in der Regel nicht das, was man als eine normale Kindheit im weitläufigen Sinne bezeichnet kann. Ist einer - schlimmstenfalls beide - der Elternteile alkoholabhängig, müssen alle in der Familie dieses Los mittragen. Kinder in derartiger familiärer Situation leiden oftmals an Angststörungen. Dies liegt offenbar an der Situation innerhalb der Familie, in welcher aufgrund der Sucht eine dauernde gespannte Atmosphäre herrscht. Der Grund hierfür liegt in der Regel darin, dass statt einer Harmonie ständig wiederkehrende Familienkonflikte in den Vordergrund treten. Es bestehen mehr Ehekonflikte und -scheidungen, der Familienzusammenhalt ist beeinträchtigt, die finanziellen Nöte sind höher und es kommt vermehrt zu gewalttätigen und sexuellen Übergriffen; zudem besteht eine häufige Unterlassung der Aufsichtspflicht. Gewalttätige oder sexuelle Übergriffe gegen das Kind bzw. die Kinder gerichtet, passieren oftmals unter Alkoholeinwirkung. Außerdem wachsen Kinder aus Suchtfamilien öfter in Heimen auf als andere Kinder und werden häufiger zur Adoption freigegeben. Kindern, die weder zu einer Pflegefamilie noch in ein Heim abgegeben werden, also ihre gesamte Kindheit mit der Suchtproblematik der Familienangehörigen konfrontiert sind, sind gezwungen, sich selbst zu schützen und somit anzupassen. Es erfährt weder Liebe, Wärme, Schutz, Stabilität, Förderung noch Respekt.

*(Eigentlich sind im Artikel fünf Rollen des Kindes aufgeführt, ich beziehe in meine Abhandlung jedoch nur die für diese Arbeit wesentliche mit ein!)*

Sehr oft legt das Kind einer Suchtfamilie ein unangepasstes Verhalten an den Tag. Aufgrund dieses Verhaltens wird ihm die Schuld für alle Misere zugeschrieben und als eine Art Sündenbock hingestellt: „Wenn das Kind bloß nicht wäre...!".

Diese Sündenbock-Zuschreibung treibt das Kind gewissermaßen dazu, sich auf die „falsche" Seite des Gesetzes zu begeben; es beginnt zu rauchen, trinkt selbst Alkohol, nimmt Drogen, schwänzt die Schule, *wird delinquent und beschäftigt infolgedessen die Jugendämter und Gerichte.*

Im Erwachsenenalter verhalten sich Söhne alkoholabhängiger Eltern nicht unbedingt anders als Erwachsene mit normaler Kindheit. In einer Studie über 30 Jahre hin-

---

[125] vgl.: Zobel, Martin in: Psychologie heute; Ausgabe 4 (April) 1999; Seite 60ff.

weg (von der Geburt bis zum dreißigsten Lebensjahr) stellte man bei einem Test keine besonderen Abweichungen fest. Lediglich gesteigerte und erhöhte Ängste sind zu vermerken. Depressionen, antisoziale Persönlichkeitsstörungen, (psycho)somatische Störungen und Probleme bezüglich zwischenmenschlicher Beziehungen sind insgesamt widersprüchlich und recht unterschiedlich.

Anders sieht es bei den Erwachsenen aus, die in ihrer Kindheit in einer Familie aufwuchsen, in welcher der süchtige Elternteil zudem noch an einer psychischen Störung litt; wie beispielsweise einer Depression, einer antisozialen Persönlichkeitsstruktur oder einer Zwangsneurose. Nachhaltig beeinträchtigte sie außerdem ein sexueller oder gewalttätiger Übergriff auf die eigene Person oder eine grobe Vernachlässigung.

Kinder alkoholkranker Eltern entwickeln bestimmte charakteristische Eigenschaften *(von dreizehn benenne ich nur die drei für die Arbeit relevanten Eigenschaften!)*:

- sie lügen, auch wenn die Wahrheit zu sagen ebenso einfach wäre
- bei Veränderungen, auf die sie keinen Einfluss haben, zeigen sie Überreaktionen
- sie sind impulsiv; neigen dazu, sich in Verhaltensweisen festzurennen, ohne alternative Handlungsmöglichkeiten oder eventuelle Konsequenzen ernsthaft zu bedenken

Unbestritten bleibt jedoch der Ausspruch: Trinker zeugen Trinker. Kinder alkoholabhängiger Eltern(teile) sind von einem deutlich höheren Risiko gezeichnet, selbst einmal abhängig zu werden. Die Kinder, die ohnehin durch das eben genannte Risiko einer eigenen Suchtgefahr höher ausgesetzt sind, zeigen im Kindes- und Jugendalter deutlich öfter Angststörungen. Diese Angststörungen werden dann zum Auslöser der Alkoholsucht. Alkohol wird infolge der Angst als eine Art Beruhigungsmittel angesehen.

Abschließend sei angemerkt: Nicht jedes Kind eines alkoholabhängigen Elternteils ist gefährdet. Allerdings ist als Warnzeichen anzusehen, wenn es unter Alkohol wesentlich besser mit Stress umgehen kann.

### 4.3 Genetische versus erziehungsbedingte Aggressionsfaktoren

Welchen Einfluss haben genetische und erzieherische Faktoren auf die Ausbildung einer aggressiven Persönlichkeit? Diese Fragestellung ist allgemeiner Diskussions- und Streitpunkt in der Wissenschaft. Welchen Einfluss haben, wenn überhaupt, das soziale Umfeld wie Eltern, Lehrer, Freunde usw. auf die Entwicklung eines Menschen? Auf diese Frage gehe ich den nachfolgenden Kapiteln näher ein, wobei ich mich besonders den genetischen Faktoren, den erzieherischen Aspekten sowie den Aspekten des sozialen Umfeldes wie Peers bezüglich der Entwicklung des Kindes widme.

### *4.3.1 Aggression durch genetisch bedingte Faktoren*

Die genetischen Einflüsse auf eine Aggressivität bzw. einer Delinquenz werden kontrovers diskutiert. *Petermann* bemerkte, dass es in einigen Familien zu einem gesteigerten Auftreten externalisierender Störungen kommt.[126] Eltern von Kindern mit einer antisozialen Störungen haben meist eine gleiche Entwicklungsgeschichte hinter sich. Einer amerikanischen Studie zufolge sind etwa 40% der Väter von verhaltensauffälligen Kindern durch eine antisoziale Persönlichkeitsstörung belastet.

Eine allzu große Bedeutung schreibt *Petermann* den genetischen Einflüssen jedoch nicht zu. In einer Studie im Jahre 1992 deutete lediglich der sozioökonomische Status in Verbindung mit einem genetischen Einfluss bezüglich eines erhöhten aggressiven Verhaltens hin. Bei Jugendlichen in der höher privilegierten Schicht spielten genetische Faktoren eine größere Rolle als bei Kindern aus unteren sozialen Schichten, bei denen sich mehrheitlich die soziale Situation negativ auf die Aggressions- und Delinquenzentwicklung auswirkte. Somit können genetische Faktoren eine Aggressivität zwar fördern, deren Entstehung allerdings nicht gänzlich erklären.

In allen von mir gesichteten Fachbüchern spielte der genetische Faktor eine eher untergeordnete Rolle in Bezug auf die Aggressionsentwicklung. Einen ausführlichen Bericht über das Zusammenwirken von genetischen Faktoren, der Erziehung und des sozialen Umfeldes in Bezug auf die Entwicklung eines Menschen, schreibt das Magazin „Der Spiegel“: *Eltern ohne Einfluss/Ist Erziehung sinnlos?*[127]

Im Artikel des Spiegels bezieht sich die Verfasserin unter anderem auf den Verhaltensgenetiker Rowe. Seiner Meinung nach ist der Einfluss der Eltern auf das Kind wesentlich geringer als bisher angenommen wurde. In diesem Zusammenhang postuliert er, dass die soziale Schicht, die Warmherzigkeit sowie die Persönlichkeitsstruktur keinen kausalen Einfluss auf die Intelligenz, die Persönlichkeit und die Psychophatologie des Kindes haben. Der Molekularbiologe Hamers, der 1993 mit der Entdeckung des „Schwulen-Gens“ für Aufsehen sorgte, postuliert, der Mensch komme größtenteils

---

[126] vgl.: Petermann [Hrsg. (1998)]; Lehrbuch der klinischen Kinderspychologie; Seite 137

[127] vgl.: Rigos, Alexandra; Eltern sind Austauschbar; Der Spiegel (1998, Nr. 47); Seite 110 bis Seite 135 (Auf diesen Bericht greife ich in den nachfolgenden Kapiteln immer wieder zurück, da er zuweilen recht konträr den Fachbuch-Aussagen gegenübersteht!)

vorgefertigt auf die Welt. In weiteren Forschungen will Hamers nachweisen, dass die Gene das menschliche Verhalten steuern. So schreibt er Genen besondere Eigenschaften in Bezug auf immer neue Herausforderungen eines Menschen zu; Gene fördern Ängstlichkeit oder auch Trübsinn. Zitat Hamers: *„Bezogen auf einige Aspekte Ihrer Persönlichkeit (...) haben Sie soviel Wahl wie bei Ihrer Schuhgröße, nämlich keine."* Folgezitat des Erziehungswissenschaftlers Hurrelmann:[128] *„Das ist doch ein albernes Hin und Her (...) jetzt schlägt das Pendel eben mal wieder in Richtung Vererbung aus."*[129]

Genau hier setzt nunmehr die althergebrachte Fragestellung wieder an, ob der Mensch als unbeschriebenes Blatt zur Welt kommt oder sein Schicksal durch seine Gene besiegelt ist?! Prägen Erbanlagen oder soziales Umfeld den Charakter?

Rigos bezieht sich im Weiteren auf den Biologen Galton (1822 bis 1911), einen Cousin von Charles Darwin. Galton griff die Formel auf: „nature versus nurture" (Erbanlagen oder Erziehung). Er bezog sich hauptsächlich auf die Erforschung von Zwillingen, um seine Forschung zu unterstützen. So behauptet sich seines Erachtens nach die Anlage ungeheuer stark gegen die Umwelt.

Als Sigmund Freud die Psychoanalyse begründete nahm man von der Theorie Daltons wieder Abstand. Die Psychoanalyse und die Behavioristen stellten die Umwelt, die Erziehung und das Elternhaus wieder in den Vordergrund der Verhaltensforschung. Der amerikanische Psychologe John Watson brachte ein Kleinkind namens Albert dazu, sich vor einer Laborratte zu fürchten. Wenn Albert nach der Ratte griff, machte Watson ein lärmendes Geräusch. Albert erschrak bald schon in dem Moment, als er die Ratte sah, auch wenn es kein lärmendes Geräusch gab; ergo, so Watsen, muss Verhalten gelernt sein.

Hamers hingegen entdeckte in der letzten Zeit wieder neue Gene, die den Menschen zu beeinflussen scheinen. So fand Hamers Gene für Abenteuerlust, Alkoholismus, Fettsucht und Sprachstörungen, sowie Kuschel-, Raucher- und Spitzensportlergene. Im Mai 1998 entdeckte der Psychologe Robert Plomin ein Gen, das im Zusammenhang mit der Intelligenzbildung stehen soll. Es tritt bei überdurchschnittlich intelligenten Kinder doppelt so oft auf wie bei Kindern mit normaler Intelligenz.

Hamers postuliert, es gäbe kein spezielles Gen für irgend etwas, die Gene erhöhten höchstens die Wahrscheinlichkeit einer bestimmten entwicklungsfähigen Eigenschaft.

---

[128] vgl.: Rigos, Alexandra; Eltern sind Austauschbar; Der Spiegel (1998, Nr. 47); Seite 113

[129] vgl.: Rigos, Alexandra; Eltern sind Austauschbar; Der Spiegel (1998, Nr. 47); Seite 113

In einer amerikanischen Studie untersuchte man die Entwicklung von Zwillingen. Zwillinge, die sich in ihren Eigenschaften nicht wesentlich unterschieden, fand man nicht. Thomas Bouchard stellte fest, bei Zwillingen trat selbst bei der Religiosität, der politischen Einstellung und dem Urteil über Andersdenkende eine signifikante Übereinstimmung auf. Selbst adoptierte Zwillingspaare glichen eher ihren Erzeugern denn ihren Adoptiveltern, mit denen sie nicht mehr Persönlichkeitseigenschaften aufwiesen wie mit normalen Passanten auf der Straße. Auch Zwillinge, die in ein und demselben Elternhaus aufwuchsen, ähneln sich nicht mehr als Zwillinge, die nach ihrer Geburt getrennt wurden.

*Soweit erst einmal zum Bericht Rigos' im Magazin „Der Spiegel“. Dass ich auf das eben Geschriebene nochmals zurückkomme, ist notwendig, weil ich hier einen Schnitt mache, um im Kapitel 4.3.4 (Das Zusammenspiel der Einflussfaktoren) die Meinungen zu Genen, Elternhaus und Peers kontrovers zu diskutieren.*

### *4.3.2 Erziehung und Aggressionsentwicklung*

Den erzieherischen Einflüssen auf die Entwicklung aggressiven Verhaltens wird die wohl größte Bedeutung beigemessen. Wie schon zu Beginn der Arbeit ersichtlich, besteht aus der Gefahr einer inadäquaten Mutter-Kind-Interaktion heraus eine hohe Wahrscheinlichkeit an späterer aggressiver Tendenz. Doch nicht nur das Verhältnis zwischen Mutter und Kind prägt das spätere Verhalten des Kindes, nein auch das Verhältnis des Kindes zum Vater und das Verhältnis zu den Geschwistern – soweit vorhanden – spielt eine nicht unwesentliche Rolle in der Entwicklung eines Kindes.

Die kürzeste Erklärung bezüglich eines aggressiven Verhaltens aufgrund einer Mutter-Kind-Interaktion bringt die Fachzeitschrift *Psychologie heute.*[130]

Die Schuldfrage nach dem Auslöser der Aggressivität bei Kindern wurde bislang immer bei den Vätern aggressiver Kinder gesucht. Aggression galt ausschließlich als männliches Verhaltensphänomen. In einer Studie der West-Virginia-Universität unter der Leitung des Psychologen *Martin* kam allerdings ein gegenteiliges Bild zum Vorschein. Nicht vom Vater überträgt sich ein aggressives Verhalten auf das Kind, von der Mutter wird es übernommen. In seiner Studie ließ *Martin* 82 Studenten und 78 Studentinnen auf deren Streitsucht, Durchsetzungsvermögen und Aggression hin testen. Erwartungsgemäß waren dieses eher die Eigenschaften der Väter als die der Mütter. Das hieß aber nicht, dass jene Eigenschaften vom Vater übernommen wurden.

---

[130] vgl.: Aggressive Mütter, aggressive Kinder, in: Psychologie heute; Ausgabe 11 (November); Jahr 1998; Seite 14 (ohne Autor)

Die Probanden waren nur in dem Fall überdurchschnittlich aggressiv, wenn die Mutter ihnen ein derartig aggressives Verhalten vorlebte; der Einfluss der Mutter übertrug sich sowohl auf die Söhne wie auch auf die Töchter. Demzufolge übernehmen Kinder immer die Eigenschaften jener Person, die sie am Häufigsten beobachten können, was in der Regel die Mutter ist, so Martin.

Zwar stellt diese Studie, soweit man sie als valide ansehen kann, einen deutlichen Zusammenhang zwischen der „Primär-Bezugsperson" und dem Kind dar, doch erscheint die Erklärung recht simpel. Aufgrund dessen führe ich nachstehend auf, was in den Lehrbüchern über die Eltern-Kind-Interaktion in Bezug auf die Aggressionsentstehung geschrieben steht.

*Kohnstamm* stellt in ihrem Buch die Frage, ob die tägliche Erziehungspraxis bei einem Kind eine Aggression fördern kann.[131] Sie unterscheidet drei Erklärungsansätze: 1.) Das Elternhaus ist aggressionsfördernd, da das Kind in fortwährender Frustration lebt; 2.) die Eltern sind selbst aggressiv und das Kind imitiert deren Verhalten; und 3.) die Eltern verwenden einen Erziehungsstil, der dem Kind ein adäquates Verhältnis zum sozialen Umfeld nicht ermöglicht – es fehlen ihm die sozialen Fertigkeiten. So lernt es unter Umständen nicht, die Intention der Einschätzung einer anderen Person, das Nachdenken über etwas bzw. ein Nachfragen, wenn es etwas nicht verstanden hat. Ein solches Erlebnisschema füllt sich in Form schneller Unlustgefühle, eine impulsiv-spontane Abreaktion ist dann die Folge.

*„Aggressives Verhalten von Eltern gegenüber dem Kind ist Anlass zum Lernen von Aggression am Modell. Der Erziehungsstil scheint also auch wichtig zu sein."*[132]

Die meisten aggressiven Kinder kommen aus Familien, in denen aggressives Verhalten mit Schlägen bestraft wird. Solch ein inkonsequentes Verhalten hat verhängnisvolle Auswirkungen auf die Entwicklung des Kindes, da eine derartige Inkonsequenz das Kind zu einem unsicheren und feindseligem Menschen heranzieht. Auch nachgiebige und spontan zuschlagende Eltern verführen damit das Kind zum Imitieren ihrer eigenen Mittel, was dem widerspricht, was sie damit eigentlich erreichen wollen. So bezieht sich *Kohnstamm* auf den norwegischen Psychologen Olweus, der ebenso die Meinung vertritt, dass Eltern, die infolge ihrer körperlichen Überlegenheit zu einer körperlichen Strafe tendieren, in der Regel oftmals aggressive Kinder haben. So postuliert Olweus, eine freundliche aber bestimmt konsequente Zurückweisung des Kin-

[131] vgl.: Kohnstamm, Rita (1990); Praktische Kinderpsychologie; Seite 134 – 137

[132] vgl. Kohnstamm, Rita (1990); Seite 136

des ist das beste Mittel, um zu verhindern, dass sich Aggression als typischer Charakterzug des Kindes manifestiert.

Einen wesentlichen Aspekt in der Erziehung des Kindes stellt die Persönlichkeit der Eltern dar. Die Persönlichkeit steht im Einfluss des sozialen Umfeldes, in dem sich ein Mensch bewegt. In einer Studie wurde bestätigt, in Familien mit eingeschränkten Wohnverhältnissen (kleine Wohnung) wird eher körperlich sanktioniert, da die Kinder den Eltern aufgrund der Platzverhältnisse immer wieder im Weg stehen; womöglich infolge einer oftmaligen Gereiztheit. Die Unartigkeiten der Kinder können besser beobachtet werden als in einer großen Wohnung. Zum Finden einer nicht-aggressiven, begründbaren und sinnvollen Strafe gebraucht es eine auf engem Raum nicht zu erfahrende Ruhe. So fand Murray heraus: Von Klassenkameraden als aggressiv bezeichnete Kinder entstammen meist aus Familien mit eingeschränkten Wohnverhältnissen. Doch nicht nur die Größe der Wohnung scheint einen Einfluss auf aggressives Verhalten zu haben, selbst die Lage derselben scheint ausschlaggebend. Demnach tritt bei den Kindern aggressives Verhalten weitaus häufiger auf, die in höheren Etagen wohnen; möglicherweise, weil in Parterrewohnungen für Eltern und Kinder die Gelegenheit gegeben ist, sich kurzfristig dem „Krisengebiet“ zu entziehen.

Um wieder auf den Erziehungsstil zurückzukommen, taucht bei *Kohnstamm* der Begriff der *Erziehungsohnmacht* auf. Unter der Erziehungsohnmacht versteht sie das Unvermögen der Eltern, die Erziehung in soziale Bahnen zu kanalisieren: verhält sich das Kind anständig und vollbringt lohnende Dinge, wird seitens der Eltern nicht systematisch darauf reagiert. Legt das Kind jedoch ein störendes Verhalten an den Tag, handeln die Eltern inadäquat in Form von strafender Sanktionierung. Hieraus lässt sich folgendes Schema ableiten: Aus einer Gemütswallung heraus erfährt das Kind eine Strafe, worauf es immer gleichgültiger reagiert. Im Verlauf einer solchen Erziehungspraktik – einmal ist dem Kind etwas erlaubt, ein anderes Mal nicht – lassen die Eltern den Dingen freien Lauf. Irgendwann geben die Eltern ganz auf.

Einen weiteren Terminus – die *Informationsverarbeitung* – greift *Kohnstamm* in ihrem Text auf. Die Informationsverarbeitung bezieht sich in diesem Kontext auf das Zusammenspiel zwischen dem, was das Kind aus der Umgebung durch seine Sinnesorgane aufnimmt, und dem, wie es diese Informationen verarbeitet. Der Informationsverarbeitungsprozeß scheint bei aggressiven Kindern undifferenzierter zu sein als bei normalen Kindern. Die Wahrscheinlichkeit einer solch undifferenzierten Verarbeitung liegt womöglich in den nicht beigebrachten sozialen Fähigkeiten seitens der Eltern. So lernten die Kinder nur einen oberflächlichen und begrenzten Umgang mit sozialen Komponenten; ihre soziale Kognition ist zu unzureichend, um einschätzen zu können, was um sie herum geschieht. Kinder mit aggressiven Tendenzen sind die kognitiven Fähigkeiten sozusagen aggressiv verfärbt.

In einer amerikanischen Studie bezüglich der Kognition aggressiver und nicht-aggressiver Kinder über die Verarbeitung sozialer Informationen kam folgendes Profil zustande: Aggressive Kinder nehmen primär das Aggressive wahr und handeln einseitig und vorschnell, sie reagieren oberflächlich und impulsiv, was auf ihr beschränktes Repertoire zurückzuführen ist, mit dem sie auskommen müssen. Derartige Kinder befinden sich in einem Teufelskreis; die Gedächtnisinhalte sind lediglich mit diesen stereotypen Verhaltensweisen aufgefüllt.

Auch die Autoren *Lösel/Bender* der Fachzeitschrift „psycho" schreiben der Erziehung einen wesentlichen Einfluss auf die Entwicklung von Aggressivität zu:[133]

Zu den beeinflussenden familiären Faktoren, die zu einem frühen Beginn antisozialen Verhaltens führen können, zählen Ablehnung des Kindes durch die Eltern, Vernachlässigung und Desinteresse an dessen Entwicklung, aggressives oder übermäßig strenges oder inkonsequentes Erziehungsverhalten, mangelhafte Supervision[134] des Kindes, permanente Konflikte sowie Antisozialität und Alkoholmissbrauch der Eltern. Die Erziehungsmerkmale gehen wiederum mit den strukturellen Merkmalen wie Armut oder Auflösung der Familie einher. Doch nicht das einzelne Merkmal alleine ist ausschlaggebend, vielmehr das Zusammentreffen verschiedener Merkmale führen schließlich zu aggressiven Verhaltensweisen. Als frühe Risikofaktoren bezeichnen auch *Lösel/Bender* Impulsivität, Hyperaktivität sowie Aufmerksamkeitsstörungen, eine niedrige Intelligenz und Defizite der kognitiven Funktionen.

Die Eltern entwickeln eine emotionslose, ablehnende, ungeduldige und aggressive Haltung dem Kind gegenüber. Das Kind hingegen reagiert mit Unruhe, Wutausbrüchen und Aggressionen. Nunmehr bewirkt eine solche ungünstige Konstellation ein feindseliges Familienklima. Uneinfühlsame und vernachlässigende Eltern tragen zudem noch zu einem unsicheren Bindungsverhalten des Kindes auf sein soziales Umfeld bei. Aufgrund dessen sind die Kinder nicht in der Lage, verbal ihre Probleme zu lösen. Es kommt daher in der Regel zu aggressiven Handlungen, um Konflikten zu begegnen. Neben der Unfähigkeit, Konflikte aggressionslos zu lösen, kommen problematische Beziehungen zu Gleichaltrigen. Sie werden von den nicht verhaltensauffälligen Kindern abgelehnt und suchen soziale Kontakte zu delinquenten Jugendlichen.

---

[133] vgl.: Lösel, F./Bender, D.; Antisoziales Verhalten von Kindern und Jugendlichen; in: Fachzeitschrift „psycho"; Ausgabe Nr.5/1997; Seite 35 – 40

[134] Supervision: hier als Überwachung anzusehen

Ihr auf Action und unmittelbare Bedürfnisbefriedigung gerichteter Lebensstil artet oftmals in Schlägereien aus, führt zu Vandalismus, Alkoholkonsum sowie einem riskanten Verhalten im Straßenverkehr. Hinzu kommt noch der Konsum gewalttätiger Filme, was ihr antisoziales Verhalten noch zu verstärken vermag.[135]

*Model kumulativer Effekte*[136]

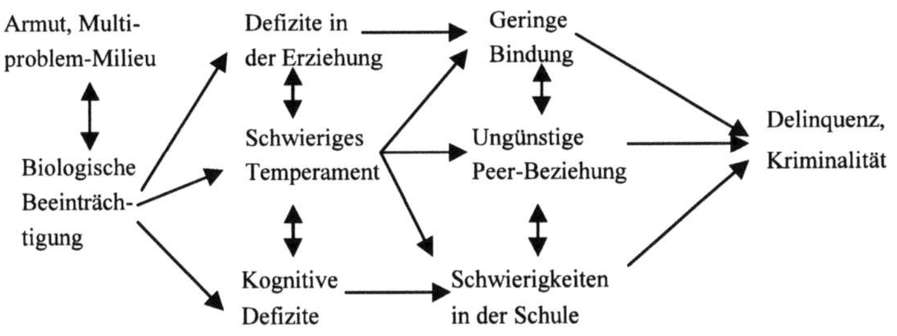


Auch *Ross/Petermann*[137] sehen in einem inadäquaten Erziehungsverhalten eine Ursache der Aggressionsentwicklung. Sie führen eine Liste auf, die die Faktoren beinhalten und für die Aggressionsentwicklung als relevant anzusehen sind:

- Die Eltern stellen entweder zu viele oder zu wenige Regeln auf,
- achten nicht konsequent auf die Einhaltung von Vereinbarungen,
- bilden selbst Modelle für aggressives Verhalten,
- verstärken das aggressive Verhalten ihres Kindes, indem sie dem Kind ihre Aufmerksamkeit zuwenden (positive Verstärkung), es von unangenehmen Aufgaben befreien (negative Verstärkung) oder
- stillschweigend dieses Verhalten dulden.

*Ross/Petermann* verweisen auf neue Studien der Aggressionsursache Familie. Ebenso ansetzend bei einem konflikthaften Interaktionsverhalten zwischen Eltern und Kindern. Das familiäre Klima ist aggressionsfreundlich. So verhalten sich die Eltern aggressiver Kinder negativer, kontrollierter und ungeduldiger den Kindern gegenüber

---

[135] vgl.: Kapitel 9. Medien: Katharsis oder Anregungspotential?

[136] vgl.: Lösel, F./Bender, D.; Antisoziales Verhalten von Kindern und Jugendlichen; in: Fachzeitschrift „psycho"; Ausgabe Nr.5/1997; Seite 39

[137] vgl.: Franz Petermann/Petra Warschburger; Aggression; in: Petermann, Franz [Hrsg. (1998)]; Lehrbuch der klinischen Kinderpsychologie; Seite 138ff.

als Eltern verhaltensunauffälliger Kinder. Auseinandersetzungen mit ihren Kindern rufen bei den Eltern stets negative Gedanken hervor, einhergehend mit Schuldzuweisungen oder Kritik. Dieses Verhalten wirkt sich fördernd auf das aggressive Verhalten der Kinder aus. Kinder, deren Mütter ein ausgeprägtes negatives Kontrollverhalten aufweisen (indem sie das Kind für ein bestimmtes Verhalten tadeln, es erhält eine negative Rückmeldung oder wird aufgefordert, sich weniger impulsiv zu benehmen), zeigen wesentlich häufiger Verhaltensauffälligkeiten als Kinder mit einer normalen Erziehung. *Petermann/Warschburger* beziehen in ihre Abhandlung noch den Aspekt der Erziehungseinstellung mit ein. Negativ wirkt sich möglicherweise die Entwicklung des Kindes aus, wenn die Mutter keine Verantwortung für ihr eigenes Verhalten übernimmt. Folgende Verhaltensweise begünstigen ein aggressives Verhalten des Kindes:

- Die Eltern wissen wenig darüber, was ihr Kind den Tag über unternimmt,
- kontrollieren das Verhalten ihres Kindes nicht ausreichend und
- sind nicht sonderlich an dessen Aktivitäten interessiert.

Neben diesen Faktoren spielt auch die Familiensituation eine erhebliche Rolle. Auch *Petermann/Warschburger* sehen einen Zusammenhang zwischen ehelichen Schwierigkeiten, geringem Einkommen, schlechtem Gesundheitszustand, kriminelles oder delinquenten Verhalten und einem aggressiven Verhalten des Kindes.

Normalerweise treffen verschiedene Familieneinflüsse aufeinander. In einer Studie untersuchten *Frick et al.*, inwieweit unangemessene elterliche Erziehungspraktiken und psychische Anpassungsprobleme der Eltern unabhängig voneinander zu kindlichen Verhaltensstörungen führen können. Lag beim Vater ein antisoziales Verhalten vor, wies auch der Sohn ein erhöhtes Risiko auf, ein antisoziales Verhalten zu entwikkeln; unabhängig davon, wie sich die Mutter in ihrer Erzieherrolle verhielt. Generell beaufsichtigen Mütter aggressiver Kinder deren Verhalten weniger und reagierten inkonsequenter auf das, was die Kinder taten, als die Mütter verhaltensunauffälliger Kinder. Weshalb die Mutter eines verhaltensauffälligen Kindes derart reagiert, ist nicht nachweisbar, vermutet wird jedoch, es handele sich hierbei um stressbedingte mangelnde Aufmerksamkeit.

Weitere Ergebnisse von *Frick et al.* weisen darauf hin, auch das Erziehungsverhalten sowie familiäre Faktoren spielen eine wesentliche Rolle. Die Eltern aggressiver Kinder weisen oftmals selbst ein antisoziales Verhaltensmuster auf. Kinder hingegen übernehmen dieses Verhaltensmuster und kopieren es. Doch auch psychische Belastungen der Eltern können sich negativ auf die Entwicklung des Kindes auswirken. So beeinflusst beispielsweise das psychischem Wohlbefinden der Mutter die frühkindliche Entwicklung. Ein gestörtes Sozialverhalten und Aggressionen entwickeln häufig Kinder, deren Mütter depressiv sind und von ihren eigenen Fähigkeiten wenig überzeugt. Auch geringe Zufriedenheit und Schwierigkeiten in der Partnerschaft erwiesen sich als negativ für die Entwicklung des Kindes; vor allem Jungen leiden unter derartigen Situationen. Zwar besteht kein kausaler Zusammenhang zwischen den Partnerschaftsproblemen und dem gestörten Verhalten eines Kindes, jedoch überträgt sich der daraus resultierende depressive Gemütszustand der Mutter sich auf das Kind. Unzufriedene und depressiv gestimmte Eltern bringen ihrem Kind weniger Wärme und Interesse entgegen. Ein Niederschlagen auf das kindliche Verhaltensmuster ist mitunter die Folge.

Wie unschwer zu erkennen ist, sagen alle Autoren mehr oder minder das gleiche über die Entstehung aggressiver Verhaltensweisen und dem Erziehungsstil aus. Demnach stellt die Erziehung mitunter einen, wenn nicht *den* wesentlichsten Faktor für eine aggressive Persönlichkeitsstruktur dar – *sollte man meinen.*

Dass dieses allem Anschein nach nicht so ist, will eine amerikanische Psychologin als nachgewiesen ansehen. An dieser Stelle beziehe ich mich wieder auf den im Vorfeld schon einmal angesprochenen Spiegel-Artikel: *„Eltern sind austauschbar"* von Alexandra Rigos.[138]

Allein der Titel des Artikels – *Eltern sind austauschbar* – spiegelt grob dessen Inhalt wider. So wird gleich zu Beginn des Textes das Beispiel eines Jungen angeführt, der trotz immenser Verbote der Eltern eine delinquente Karriere startete. Die Eltern resignierten und wurden als erziehungsunfähig und -unwillig dargestellt, angeblich versagten sie. Ein Gutachter wollte sogar erkennen, der Junge sei zum Kriminellen geprügelt worden. Alle Beteiligten waren sich einig, der kriminelle Werdegang wäre ohne eine familiäre Sozialisation undenkbar. Beispiel elterlichen Versagens? Neueste Untersuchungen der Psychologen und Genforscher sagen aus: Nein. Je mehr Daten im Laufe der Jahre gesammelt wurden, desto mehr schrumpfte der vermeintliche Einfluss der Eltern auf die Kinder. Bis heute finden die Forscher nur schwer Gehör, da die weitläufige Meinung vertreten wird, dass kaputte Familien kaputte Kinder produzieren. Wer zu Hause Prügel erhielt, wird seinerseits zum Schläger. Egal durch welchen Umstand sich der Nachwuchs das Leben versaut, die Schuld und die Last liegt bei den Eltern; eben eine falsche Erziehung. Die Eltern ließen es an Liebe und Zuwendung mangeln oder geben ein Zuviel von beiden. Das Kind erstickt emotional. Letztendlich

---

[138] vgl.: Rigos, Alexandra; Eltern sind austauschbar; in: Der Spiegel; Ausgabe 47 im Jahre 1998; Seite 110 bis 135

tragen sie eine Mitschuld an einer niedrigen Intelligenz des Kindes. Jede Untat des Kindes wirft die Gesellschaft auf die versagenden Eltern zurück.

So ist es auch nicht verwunderlich, dass die Eltern eine schwere Bürde tragen, ihrem Kind eine adäquate Erziehung zu vermitteln. Sie leben mit der Vorstellung, nur sie können ihr Kind zu einem lebenstüchtigen Individuum heranziehen und ihm eine glückliche Zukunft verschaffen.

Als einen „liebgewordenen Mythos" bezeichnet die amerikanische Psychologin *Harris* den Erziehungseinfluss der Eltern auf ihre Kinder. *Harris* wertete Fachliteratur aus und zog ihre Erziehung zweier Töchter in den Kontext mit ein. Sie kam zu dem – durchaus umstrittenen – Schluss, dass Eltern ihre Macht auf ihr Kind im Guten wie im Bösen überschätzen. Eltern haben auf die persönliche Entwicklung in Bezug auf das Sozialverhalten und die Intelligenz des Kindes einen lediglich geringen Einfluss.

Für die Entwicklung vom Säugling zum Erwachsenen spielt es keine Rolle, ob ein Vater im Haus ist oder die Mutter allein erzieht, die Mutter berufstätig ist oder sich der Erziehung des Nachwuchses widmet, das Kind in einer klassischen Familie oder bei einem schwulen bzw. lesbischen Paar aufwächst. Egal, wie viel Mühe sich die Eltern auch geben mögen, sie vermögen es nicht, den Charakter des Kindes zu formen – aber auch nicht zu verderben. Der Part der Eltern beschränkt sich auf den Zeugungsakt, danach sind sie „austauschbar wie Fabrikarbeiter". Dass sie mit ihrer These nicht allein dasteht, unterstreichen die Genforscher.

Der Entwicklungspsychologe *Silbereisen* von der Universität Jena hält Veranlagung und Umgebung für zwei Seiten einer Medaille. Das, was ein Kind mitbringt, braucht eine Umgebung, wo es sich entfalten kann. Halten sich Eltern ihr schwieriges Kind von Hals, verstärken sie dessen Nöte. Das wiederum verstärkt die Suche nach Aufmerksamkeit.

Auch einem Internalisieren elterlicher Verhaltensmerkmale spricht die *Harris* entgegen. Ein typisch männliches oder weibliches Verhalten lernen die Kinder nicht in der Familie, sie lernen es von Gleichaltrigen; sie identifizieren sich nicht mit den Eltern, legen gesteigerten Wert auf Unterschiede. Kinder müssen sich in ihrer eigenen Welt behaupten. Wären sie „Eins-zu-eins-Kopien" ihrer Erzeuger, fehlte ihnen die Flexibilität, sich im sozialen Umfeld zu behaupten. Was Eltern ihren Kindern beibringen, beeinflusst die Kinder lediglich da, wo sie es beigebracht bekommen, nämlich zu Hause. Verlassen sie das traute Heim, streifen sie das dort Erlernte ab wie ein überflüssiges Kleidungsstück.

Die amerikanischen Psychologinnen *Gunnoe* und *Mariner* fanden heraus, dass Kinder, die von den Eltern gelegentlich eine Ohrfeige bekommen, keineswegs aggressiver sind und sich öfter prügeln. So sei die Annahme unbegründet, ein paar Klapse stehen im kausalen Zusammenhang mit einer sich eventuell entwickelnden Aggressivität.

Können sich die Eltern also zurücklehnen und der Entwicklung ihres Kindes tatenlos zusehen, weil sie nach Harris′ Meinung keinen Einfluss haben, wie Untersuchungen ergaben?

Zur Vorsicht mahnt der Entwicklungspsychologe *Silbereisen*, denn die Studien beziehen sich ausschließlich auf Familien aus der Mittelschicht. Außerhalb dieser kann es von größter Bedeutung sein, inwieweit die Eltern ihre Kinder behandeln. Väter, die ihre Kinder prügeln, grob vernachlässigen oder sexuell missbrauchen[139], bzw. sie mit aller Macht zu Höchstleistungen auf sportlichem oder intellektuellem Gebiet zwingen, können deren Leben ebenso ruinieren. Des Weiteren üben Armut, Scheidung, geringes Bildungsniveau, zweifelhafter Umgang der Eltern oder vernachlässigte Erziehung der Eltern einen Ausschlag auf ein delinquentes Verhalten des Kindes aus.

Kritiker sehen im Buch von Harris eine ausgezeichnete Alibifunktion solcher Eltern, die ihre Kinder nunmehr erst recht vernachlässigen oder misshandeln. Der amerikanische Psychologe Frank Farley: *„Stellen Sie sich einmal vor, was passiert, wenn die Eltern so einen Quatsch glauben!"*

Den Durchschnittseltern bleibt nach Meinung Harris′ nur eine begrenzte Anzahl von Möglichkeiten, ihren Kindern einen guten Start ins Leben zu ermöglichen: Die richtigen Klamotten kaufen, in ein anständiges Viertel zu ziehen und in drastischen Fällen einen Schönheitschirurgen zu konsultieren, um dem Kind eine Außenseiterfunktion zu ersparen.

Soviel zum Artikel des Spiegels; ich komme allerdings in Kapitel 4.3.3 (Die Peer-Group als Quelle aggressiver Verhaltensweisen) nochmals auf diesen zu sprechen.

An diesem Punkt beziehe ich mich etwas vorzeitig ein wenig auf die rechtsradikalen Gruppen. Zwar behandle ich diese Thematik gesondert in Kapitel 4.3.5, dennoch führe ich an dieser Stelle einen Artikel von *Glomp* aus der Fachzeitschrift „Psychologie heute" auf. Gerade die von Harris angesprochene Wohngegend und der unbedeutende Einfluss der Eltern fiel mir in diesem Kontext auf.

*„(...) so sind schlechte familiäre Verhältnisse ein Nährboden für fremdenfeindliche Einstellungen. Entscheidend ist nicht die Familienform, sondern das Erzie-*

---

[139] vgl. hierzu Kapitel 6.3.2.1 Sexueller Missbrauch als Aggressionsursache

*hungsverhalten der Eltern (...) Es wirkt sich ungünstig aus, wenn die Eltern ihre Kinder hart bestrafen, sich aber ansonsten wenig um sie kümmern und sich zum Beispiel nicht dafür interessieren, wie und mit wem der Sohn oder die Tochter die Freizeit verbringt. (...) Das Fazit der Wissenschaftler: „Die falschen Eltern zu haben, die falsche Schule zu besuchen, im falschen Stadtteil zu wohnen und das falsche Geschlecht zu haben macht Fremdenfeindlichkeit nicht nur wahrscheinlicher, sondern lässt diese im mittleren Jugendalter wachsen.“*[140]

#### 4.3.2.1 Aggressionsursache: Misshandlung

Unter einer Misshandlung von Kindern versteht man eine gewaltsame psychische oder physische Beeinträchtigung von Erziehungsberechtigten.[141] Derartige Beeinträchtigungen unterscheiden sich in:

- Körperlichen Missbrauch
- Sexuellen Missbrauch
  *(siehe Kap. 4.3.2.2 Aggressionsursache sexueller Missbrauch)*
- Unterlassung in Form emotionaler und physischer Vernachlässigung

Des Weiteren wird unterschieden in *engeren* und *weiteren* Missbrauch. *Engerer* Missbrauch beschreibt die Fälle, in denen körperliche Gewalt mit Verletzungen einhergehen, aber auch Handlungen, bei denen körperliche Verletzungen äußerlich nicht sichtbar werden, wie bei psychischer Gewalt und den meisten Fällen des sexuellen Missbrauchs. *Enge* Missbrauchsbegriffe finden besonders in Strafrechtlichen Fällen Anwendung.

*Weiterer* Missbrauch liegt dann vor, wenn Handlungen oder Unterlassungen nicht unmittelbar zu körperlicher oder psychischer Beeinträchtigung von Kindern führen. Der Begriff des *weiteren* Missbrauchs umfasst beispielsweise häufiges Schimpfen, Schlagen, Bestrafung mit Liebesentzug, was unter dem *weiteren* Missbrauchsbegriff subsumiert wird.

*Vernachlässigung*

Eine Vernachlässigung durch Eltern und Betreuungspersonen drückt sich durch unzureichende Ernährung, Pflege, Versorgung, gesundheitliche Förderung sowie Beauf-

---

[140] vgl.: Glomp, Ingrid; Falsche Eltern, falsche Schule, falsches Geschlecht; in: Psychologie heute; Ausgabe 6 (Juni) 1999; Seite 16

[141] vgl.: Engfer, Anette; Kindesmisshandlung und sexueller Missbrauch. In: Rost, Detlef H. [Hrsg. (1998)]; Handwörterbuch Pädagogische Psychologie. Seite 233 bis 238

sichtigung aus. Besonders im Kontext extremer Armut und sozialer Randständigkeit tritt die Vernachlässigung in Erscheinung. Aber auch Alkohol- oder Drogenprobleme, psychische Erkrankungen oder geistige Behinderung der Eltern sind Faktoren der Vernachlässigung von Kindern. Vernachlässigte Kinder sind häufiger als andere davon betroffen, dass sie aufgrund ihres ungepflegten Aussehens von Gleichaltrigen gemieden werden. Eine weitere Form der Vernachlässigung stellt die Psychische Vernachlässigung dar. Hierunter versteht man Handlungen und Unterlassungen der Eltern bzw. Bezugspersonen, welche die Kinder ängstigen, überfordern, ein Wertlosigkeitsgefühl vermitteln und/oder Kinder in ihrer psychischen und physischen Entwicklung beeinträchtigen. Formen solcher Vernachlässigung sind nach *Engfer* unter anderem das Bevorzugen von Geschwistern, Einschüchtern, Beschimpfungen, Isolierung und/oder langanhaltender Liebesentzug; weiterhin stellt stetes Mitansehen körperlicher Auseinandersetzungen der Eltern noch eine andere, weitere Art Vernachlässigung dar.

*Körperliche Misshandlung*

Als körperliche Misshandlung werden Handlungen bezeichnet, die eine Verletzung herbeiführen bzw. herbeiführen können; etwa Schläge, Schütteln, Stoßen, Treten, Verbrennen usw. Sozialwissenschaftliche Studien sagen aus, dass 50 bis 75% der deutschen Eltern ihre Kinder körperlich bestrafen, bei 10 bis 15% sogar schwerwiegend. Hieraus entwickelten sich drei Erklärungsmodelle der Kindesmisshandlung:

*Psychopathologisches Erklärungsmodell*

Hierbei werden für das körperliche Misshandeln persönliche Probleme der Eltern, die aus Vorerfahrungen mit harten Strafen und Ablehnung aus der eigenen Kindheit resultieren, verantwortlich gemacht. Kinder, die eine körperliche Misshandlung erfahren, weisen oftmals in vielen Entwicklungsbereichen erhebliche Defizite auf.

*Soziologisches Erklärungsmodell*

Aus soziologischer Sicht ist die gesamtgesellschaftliche Billigung von Gewalt in der Erziehung ausschlaggebend; besonders unter Lebensbedingungen wie Armut, Arbeitslosigkeit oder Mangel an sozialer Unterstützung. Strafen gutheißende oder solche verharmlosende Eltern neigen in der Regel häufiger dazu, ihre Kinder körperlich zu strafen.

*Sozialsituationales Erklärungsmodell*

Körperliche Misshandlung werden als Endpunkt eskalierender Konflikte angesehen. So prügeln in der Regel die Eltern ihre Kinder, die aus Ärger oder Ohnmacht keine anderen pädagogischen Maßnahmen mehr sehen. Besonders kindliche Verhaltensprobleme wie Aggressionen und Ungehorsam sind Auslöser derartiger Bestrafungen.

*Auswirkungen von Misshandlungen*

Gerade bei den Auswirkungen zeigen sich die Konsequenzen körperlicher Misshandlungen. Misshandelte Kinder leiden an Sprachstörungen, weisen Rückstände bei kognitiven Fähigkeit auf, besitzen nur eine geringe Kompetenz, sind weniger ausdauernd und belastend und haben Probleme in der Schule und mit Gleichaltrigen, von denen sie wegen ihres aggressiven Verhaltens oft abgelehnt werden. Im Laufe ihrer Entwicklung erhöht sich sukzessive ihre Aggressionsbereitschaft. Sie neigen zu Alkohol- und Drogenmissbrauch und weisen emotionale Probleme (Depressionen) auf, neigen schlimmstenfalls sogar zu suizidalen Handlungen. Engfer schreibt diese Auswirkungen nicht unmittelbar den körperlichen Misshandlungen zu, sie sieht es eher als eine Reaktion auf ein desolates Familienleben.

Einem Täter die Misshandlung eines Kindes nachzuweisen, fällt nach Nissen/Trott schwer.[142] Misshandelte Kinder decken aus Furcht vor Bestrafung den Täter. Viele behaupten, sie hätten sich durch einen oder mehrere Unfälle, Eigenverletzungen oder Stürze ihre Wunden selbst zugefügt.

Nicht – wie oftmals angenommen wird – entwicklungsgestörte, lern- oder leistungsgestörte oder körperbehinderte Kinder sind oftmals Ziele von Misshandlungen. Nein, es ist eine Häufung bei den unehelich geborenen oder gar unerwünscht geborenen Kindern zu verzeichnen. Stief- und Scheidungskinder stellen eine weitere Gruppe der Misshandelten dar. Besonders dann, wenn die Kinder eine charakterliche oder äußere Ähnlichkeit mit dem nunmehr verlassenen ungeliebten bzw. gehassten Partner aufweisen, werden Übergriffe auf sie wahrscheinlicher.

Das Täterprofil lässt sich im Bereich der Misshandlungen nicht abschließend aufzeigen. Es sind nicht, wie man annehmen könnte, brutale oder sadistische Menschen. Das Persönlichkeitsspektrum der Täter reicht von liebesfähigen, aber impulsivkontinenten Personen, über Mütter oder Väter mit zuweilen ungesteuerten explosiven Ausbrüchen. Aber auch psychisch kranke, drogenabhängige und demente Personen können zu Kindesmisshandlungen neigen. Misshandlungen treten signifikant bei sozial schwachen Familien auf. Arbeitslosigkeit, materielle Not, enge räumliche Verhältnisse sowie nicht mehr intakte Ehen tragen hierzu noch erschwerend bei.

---

[142] vgl.: Nissen G./Trott, G.-E. (1995); Psychische Störungen im Kindes- und Jugendalter; Seite 84 bis 93

Zwischen den Eltern und den Kindern herrscht nicht ein konsequent angespanntes Verhältnis. Es kommt immer wieder zu Versöhnungen, zu Entschuldigungen und Wiedergutmachungsversprechen der Eltern. In frühen Kinderjahren zwar noch nicht, später jedoch kommt zuweilen der Wunsch bei den Kindern auf, sich an den Eltern für die zugefügten Misshandlungen zu rächen. Schlimmer ist jedoch der Tatbestand, dass manche Kinder sich in der Rolle des Sündenbocks als richtig ansehen, weil sie von der Schuld und Schlechtigkeit überzeugt sind, die ihnen durch das elterliche Misshandeln immer wieder vorgeworfen werden. Kinder, die mit einer derartigen Überzeugung aufwachsen und selbst einmal Eltern werden, sind geneigt, diese Erziehungsmethoden in gleicher Weise anzuwenden.

Als emotionale Kindesmisshandlung bezeichnen Nissen/Trott einerseits die Vernachlässigung wie auch die aktive Kränkung des Kindes (auch als Mangelerziehung bezeichnet). Emotionale Kindesmisshandlung beginnt mit anfangs entwicklungsnotwendigen Versagungen sowie Ungerechtigkeiten – sie artet in immer stärkeren bis hin zu extremen Formen aus. Ähnlich der Deprivation, mit langen Entzugszeiten benötigter Zuwendung, geht es mit den verbalen Misshandlungstaktiken einher. Psychische Störungen derart misshandelter Kinder sind die Folge; beispielsweise Angst- und Depressionsstörungen. Fehlende körperliche Nähe und emotionale Wärme werden dem Kind entzogen und das Gefühl von Wertlosigkeit und des Abgelehntwerdens werden ihm vermittelt. Da in solcher Form misshandelte Kinder nicht in der Lage sind, ein Selbstvertrauen aufzubauen, sind sie bei allen Aktivitäten zum Scheitern verdammt.

*Steinhausen*[143] klassifiziert vier Altersstufen der Diagnostik kindlicher Misshandlungen:

Bei *Säuglingen* sind häufig verzögerte soziale und motorische Entwicklungen zu beobachten. Sie erscheinen affektiv flach, ziehen sich zurück und leiden unter Essstörungen. Säuglinge beobachten ihre Umwelt mit zurückhaltender Aufmerksamkeit und zeigen keine oder nur wenige Anzeichen von Trennungsangst, sollten sie vorübergehend allein gelassen werden.

Ein *Kleinkind* fällt neben einer Entwicklungsstörung durch die Spielunfähigkeit auf. Zuweilen treten ziellose und unvorhersagbare Verhaltensweisen in Erscheinung, die sich in aggressiven Übergriffen gegen Gleichaltrige oder Betreuungspersonen ausdrücken.

---

[143] vgl.: Steinhausen, Hans-Christoph (1996); Psychische Störungen bei Kindern und Jugendlichen; Seite 262 bis 267

*Schulkinder* hingegen weisen unter Umständen eine Vielzahl psychopathologischer Phänomene auf. Neben kognitiven Entwicklungsstörungen leiden viele Kinder an Hyperaktivität, Impulsivität und Frustrationsintoleranz. Hinzu kommen Angstzustände, Gefühle der Hoffnungslosigkeit, Entwertung und Reaktionen ängstlicher Zurückhaltung auf neue Bezugspersonen. Auch aggressives und destruktives Sozialverhalten im Umgang mit Gleichaltrigen und Geschwistern kommen vor.

Im *Jugendalter* können schließlich die bereits im Schulalter internalisierten Verhaltensstörungen zu einer ausgeprägten Delinquenz ausarten.

*Kieselbach* führt die Misshandlung als einen gravierenden Aspekt der Arbeitslosigkeit auf.[144] So treffen die Folgen der Arbeitslosigkeit nicht nur den Arbeitslosen an sich, auch dessen soziales Umfeld wird hiermit konfrontiert. Zwar postuliert *Kieselbach,* dass das soziale Umfeld eine unterstützende Wirkung auf den Arbeitslosen haben kann, doch besteht auch die Gefahr, eine mögliche Unterhaltspflicht in Form der Zukunftssicherung seinerseits ist nicht mehr gegeben; dieses weckt unter Umständen Frust auf die Angehörigen. So wurden bereits in den 30er Jahren in den USA Untersuchungen durchgeführt, welche die Auswirkungen väterlicher Arbeitslosigkeit ermitteln sollten. Kinder arbeitsloser Väter waren emotional labil, zeigten nervöse Symptome und funktionelle Störungen, entwickelten antisoziales Verhalten und ließen in den schulischen Leistungen deutlich nach; Auswirkungen bei Mädchen sind stärker ausgeprägt. Weiterhin ergaben Studien der letzten Jahre in den USA einen Zusammenhang zwischen ökonomischem Stress und einer daraus resultierenden Kindesmisshandlung. Resultierend lässt sich der Schluss ziehen, dass in den Ländern mit hoher Arbeitslosigkeit eine hohe Rate an Kindesmisshandlung zu verzeichnen sein müsste.

*Das Münchhausen-Stellvertreter-Syndrom*

Das Münchhausen-Stellvertreter-Syndrom gibt eine besonders hinterhältige und arglistige Form der Kindesmisshandlung vor.[145] Bei dieser Form der Misshandlung manipuliert ausschließlich, wie bis heute bekannt ist, die Mutter eine Anamnese des Kindes, in dem sie Laborbefunde verfälscht und körperliche Symptome beim Kind manipulativ hervorruft. So sind die am meisten beim Kind produzierten Symptome Anfälle, Hautausschläge und die Manipulation von Laborbefunden durch Beimengen elterlichen Blutes in Auswurf bei Hustenanfällen des Kindes bzw. in dessen Urin, beimen-

[144] vgl.: Kieselbach, Thomas; Arbeitslosigkeit. In: Asanger, R./Wenninger, G. (1994); Handwörterbuch Psychologie; Seite 42 bis 51

[145] vgl.: Steinhausen, Hans-Christoph (1996); Psychische Störungen bei Kindern und Jugendlichen; Seite 266 bis 267

gen von Salz oder Flüssigkeiten in Blutproben. Andererseits geben Mütter ihrem Kind Überdosen der ihnen selbst verordneten Medikamenten oder übergroße Mengen an Abführmitteln. Etwa die Hälfte der Mütter leiden selbst am Münchhausen-Syndrom. Zuweilen suchen sie den engen Kontakt zu Ärzten und zum Personal im Krankenhaus, um einen fürsorglichen Eindruck zu hinterlassen.

Eine solche Form der Misshandlung geht immer mit Verlustängsten der Mutter einher. Mütter, die zu einer dermaßen subtilen Misshandlungsform fähig sind, tragen möglicherweise nicht verarbeitete Konflikte aus der Kindheit in sich; sie verwickeln die Kinder in eine Art der massivsten Abhängigkeit. *Nissen/Trott* verweisen in diesem Zusammenhang noch auf vielzählige und kostenintensive Untersuchungen und Krankenhausaufenthalten; manchmal führt es zudem noch zu unnötigen Operationen.[146]

#### 4.3.2.2 Aggressionsursache: Sexueller Missbrauch

Im Sinne des §176 StGB macht sich eine Person dann des sexuellen Missbrauchs schuldig, wenn sie sexuelle Handlungen an Kindern unter 14 Jahren vornimmt oder an sich vom Kind vornehmen lässt.

*Definition des sexuellen Missbrauchs*

Bei einem sexuellen Missbrauch liegen zwei überlappende Handlungen vor: Ein dem Kind gegenüber erzwungenes sexuelles Verhalten und eine sexuelle Handlung zwischen einem Kind und einer erheblich älteren Person, mit einem Altersvorsprung von wenigstens fünf Jahren.[147] Zudem ist sexueller Missbrauch immer eine Ausnutzung eines abhängigen, noch in der Entwicklung befindlichen Individuums, welches noch nicht in der Lage ist, eine Zustimmung seiner Handlung abzugeben.

*Klassifikation des sexuellen Missbrauchs*

Vier Formen des sexuellen Missbrauchs lassen sich klassifizieren:

- Die Zurschaustellung von sexuellen Akten, von Pornographie und Exhibitionismus,
- das Berühren der Genitalien des Kindes bzw. die Aufforderung zur Berührung oder Masturbation der Genitalien des Erwachsenen,

---

[146] vgl.: Nissen, G./Trott, G.-E. (1995); Psychische Störungen im Kindes- und Jugendalter; Seite 88

[147] vgl.: Steinhausen, Hans-Christoph (1996); Psychische Störungen bei Kindern und Jugendlichen; Seite 268 bis 271

- sexueller Verkehr in Form von vaginalem, oralem oder analem Verkehr ohne Bedrohung und häufig über längere Zeiträume sowie
- die Vergewaltigung als akut erzwungener Verkehr.

*Täter- und Opferpopulation*

Die überwiegende Mehrzahl an sexuellen Missbrauchsdelikten wird von Männern begangen.[148] In verschiedenen Studien liegt der Männer-Anteil bei etwa 80 bis 95%. Beim Opfer-Anteil sexueller Misshandlungen liegt der Anteil der Mädchen beim zwei bis vierfachen von dem der sexuell Misshandelten Jungen. Besonders hoch liegt der Mädchen-Anteil in Familienkonstellationen, in denen das Mädchen mit einem Stiefvater aufwächst. In einem hohen Maßen gefährdet in Bezug auf einen sexuellen Missbrauch sind Mädchen im Alter zwischen zehn und zwölf Jahren.

Die Hälfte der missbrauchten Mädchen wird von einem Mitglied der eigenen Familie missbraucht. Ein weiteres Drittel von Männern aus dem Bekanntenkreis, wobei hingegen bei männlichen Opfern lediglich ein Fünftel der Täter aus dem Familienkreis stammt, bei der Hälfte dennoch ein Bekanntschaftsverhältnis vorliegt.

*Braun* sieht den sexuellen Missbrauch an Mädchen und Jungen als beinah alltäglich an.[149] Etwa jedes 3. bis 4. Mädchen und jeder 7. bis 9. Junge ist von sexuellem Missbrauch betroffen; möglicherweise schon als Säugling oder Kleinkind. Auch *Braun* sieht als Tätergruppe überwiegend Männer aus dem sozialen Umfeld des Kindes an, schreibt den Tätern allerdings zu, keiner besonderen sozialen Schicht anzugehören. Sie genießen unter Umständen einen sonst tadellosen Ruf, religiöse oder politische Aktivitäten und stellen einen ansonsten guten Vater und Ehemann vor; möglicherweise engagieren sie sich sogar sozial. So wird mancher sexueller Missbrauch nicht aufgeklärt, da dem Täter eine solche Tat nicht zugetraut wird.

Bei sexuellem Missbrauch liegt in den seltensten Fällen ein einmaliges Ereignis in Form eines Ausrutschers oder einer spontanen Handlung vor. Der Täter plant und organisiert bewusst Gelegenheiten, sich einem Kind sexuell zu nähern. In vielen Fällen ist sexueller Missbrauch eine sich über Jahre erstreckende Wiederholungstat. Hierbei ist besonders auffällig: Je enger die Beziehung zwischen Täter und Opfer ist, desto

---

[148] vgl.: Krahé, Barbara; Sexuelle Gewalt. In: Bierhoff, H.W./Wagner, U. [Hrsg.(1998)]; Aggression und Gewalt; Seite 108 bis 128

[149] vgl.: Braun, Giesela; Auch ein Grund durchzudrehen...! Sexueller Missbrauch an Mädchen und Jungen. In: Beins, H.-J./Lensing-Conrady, R./Pütz, G./Schönrade, S. [Hrsg. (1997)]; Wenn Kinder durchdrehen...; Seite 66 bis 71

länger und intensiver dauert der sexuelle Missbrauch; einer Geheimhaltung ist sich der Täter in diesen Fällen sicher.

In der Regel ist der Täter nicht an dem sexuellen Kontakt an sich interessiert. Ihn reizt die momentane Macht über das Opfer während der Misshandlung, sozusagen: sexuelle Gewalt als Waffe, um Macht auszuüben.

*Engfer*[150] führt in ihrer Abhandlung auf, Jungen werden häufiger als Mädchen außerfamilial missbraucht. Sie sind zum Zeitpunkt des sexuellen Missbrauchs etwas jünger und werden eher von gleichaltrigen oder etwas älteren Jugendlichen Missbraucht.

Häufig werden Kinder aus Familien Opfer sexueller Misshandlung, die in der eigenen Familie wenig Schutz oder Fürsorge erfahren. Auch *Engfer* sieht die Täter in 80 bis 95% im sozialen Umfeld des Kindes. Ein Inzest-Verhältnis von Vater zu Tochter liegt in etwa zwei bis drei Prozent der Fälle vor; bei Stief- und Pflegefamilien siebenmal so häufig.

*Ursachen sexueller Gewalt aus Tätersicht*

Zwar sind die Ursachen sexueller Übergriffe auf Kinder vielfältig, doch möchte ich mich bei der Darstellung auf die wesentlichsten beschränken. So bezieht sich *Krahé*[151] auf das Erklärungsmodell von Hall/Hirschmann, dass vier Faktoren zugrunde legt, von denen ich für diese Arbeit nur den relevantesten Faktor anführe: *Persönlichkeitseigenschaften und biographische Erfahrungen:*

Den Persönlichkeitseigenschaften und biographischen Erfahrungen wird in Bezug auf sexuelle Gewaltanwendung der größte Einflussfaktor zugeschrieben. Sexuell aggressive Männer wurden als Kinder entweder selbst sexuell missbraucht oder die Qualität der Eltern-Kind-Beziehung war erheblich eingeschränkt. So sind in Studien persönliche Missbrauchserfahrungen der Täter als hoher Einflussfaktor auf ihr aggressives Verhalten mitverantwortlich. Etwa ein Drittel der Täter waren in ihrer Kindheit ebenfalls Opfer eines sexuellen Missbrauchs (victim-to-perpetraktor cycle). Weiterhin wiesen eine hohe Anzahl der Täter Störungen in der Beziehung zu den Eltern, insbesondere zum Vater auf. Gestörte Familienverhältnisse stehen auch im kausalen Zusammenhang mit sozialer Isolation, mangelnder sozialer Kompetenz und der Neigung zu delinquentem Verhalten. Auch *Steinhausen* schreibt den Männern, die in ihrer

---

150 vgl.: Engfer, Anette; Kindesmisshandlung und sexueller Missbrauch. In: Rost, Detlef H. [Hrsg. (1998)]; Handwörterbuch Pädagogische Psychologie. Seite 233 bis 238

151 vgl.: Krahé, Barbara; Sexuelle Gewalt. In: Bierhoff, H.W./Wagner, U. [Hrsg.(1998)]; Aggression und Gewalt; Seite 115 bis 117

Kindheit selbst sexuell Missbraucht worden sind, zu, sich später häufig als Täter in sexuellen Missbrauchshandlungen wiederzufinden. Die häufigste Form sexueller Misshandlungen ist der Vater-Tochter-Inzest. Hierbei spielen die Mütter nicht nur eine passive Rolle. Sie treten durch ihr Wissen vom sexuellen Missbrauch aktiv ihre Rolle als Ehefrau und Sexualpartnerin an die Tochter ab. Zwar sieht man in dem Vater-Tochter-Inzest eine häufige Form des sexuellen Missbrauchs, doch nimmt man an, dass der Geschwister-Inzest die wahrscheinlich häufigste Form bildet.[152]

*Auswirkungen bzw. Folgen der sexuellen Gewalt auf das Opfer*

Die Auswirkungen sexuellen Missbrauchs sind mannigfaltig. In der Regel erfahren die Opfer ein Vergewaltigungstrauma.[153] Das Erscheinungsbild eines solchen Traumas geht mit psychischer und physischer Beeinträchtigung einher. Wie aus Studien hervorgeht, nimmt die Traumatisierung aufgrund des sexuellen Missbrauchs mit dem Alter des Opfers zu. Weiterhin spielen die Dauer und Häufigkeit, das Ausmaß der angewendeten Gewalt, die Enge der Beziehung zum Täter und das Fehlen der mütterlichen Unterstützung eine entscheidende Rolle.

*Steinhausen*[154] fasst die Hinweise (und somit die Auswirkungen) auf ein sexuelles Misshandeln in folgender Aufstellung zusammen:

*Hinweiszeichen im Verhalten*

- altersunangemessene sexuelle Aktivitäten einschließlich exhibitionistischen Verhaltens, ausgeprägter sexueller Neugierde, zwanghafter Masturbation und Jugendlichen-Prostitution
- Trennungsängste
- regressives Verhalten
- depressive Stimmung
- Schlafstörungen
- Beziehungsstörungen
- Nachlassen der Schulleistungen

---

[152] vgl.: Steinhausen, Hans-Christoph (1996); Psychische Störungen bei Kindern und Jugendlichen; Seite 268

[153] vgl.: Krahé, Barbara; Sexuelle Gewalt. In: Bierhoff, H.W./Wagner, U. [Hrsg.(1998)]; Aggression und Gewalt; Seite 118 bis 120

[154] vgl.: Steinhausen, Hans-Christoph (1996); Psychische Störungen bei Kindern und Jugendlichen; Seite 269

- unangemessenes Verhalten gegenüber Männern
- übermäßig angepasstes Verhalten
- dissoziales und aggressives Verhalten; Weglaufen; Delinquenz
- pseudoreifes Verhalten
- fehlender Kontakt zu Gleichaltrigen
- Veränderungen hinsichtlich der Schulanwesenheit

Ausdrücke derartiger Verhaltensauffälligkeiten sind vom sozialen Umfeld nicht immer eindeutig zu interpretieren. In der Regel entsteht eine Falschdeutung, was oftmals als eine Störung, Mangel oder Defekt am Kind angesehen wird.[155] So bezeichnet sie das Missverständnis als ein dem Opfer zusetzendes Verhalten. Mädchen und Jungen werden böse und verhalten sich aggressiv und zerstörerisch. Sie beginnen zu lügen, zu stehlen und versuchen Männer sexuell zu provozieren. Auch einnässen und einkoten, selbstverletzen, übermäßiges essen oder hungern, sich nicht waschen oder sich wundscheuern sind Anzeichen eines Missbrauchs. Das solch einem Verhalten entgegengebrachte bedarf eines Perspektivenwechsels seitens des sozialen Umfeldes. Was vordergründig wie ein Zerstörungsverhalten angesehen wird, dient letztendlich lediglich der Bewältigung des sexuellen Missbrauchs; es ist eine Art Überlebenshilfe, eine normale Reaktion auf unnormale Zustände. Braun umschreibt dieses Kapitel mit den Worten: *Vom Wert des Durchdrehens.*

*Sexueller Missbrauch durch Prostitution*

Ein gravierender Faktor des sexuellen Missbrauchs verkörpert die Prostitution Minderjähriger. In diesem Fall spielt die Altersgrenze von 16 Jahren eine erhebliche Rolle. Einerseits machen sich die Eltern strafbar, wenn sie der Prostitution eines minderjährigen Kindes zustimmen (§180 StGB Förderung sexueller Handlungen Minderjähriger Abs. 1.), andererseits auch der Freier, der sich an dem minderjährigen Kind vergeht.

### *4.3.3 Die Peergroup als Quelle aggressiven Verhaltens*

*„Zeig mir mit wem Du verkehrst – und ich sage Dir, wer Du bist!"*

Wie viel Wahrheit in diesem Sprichwort verankert ist, wird sich im Laufe des folgenden Kapitels zeigen. Betrachtet man die letzten wissenschaftlichen Studien, gewinnt

---

[155] vgl.: Braun, Giesela; Auch ein Grund durchzudrehen...! Sexueller Missbrauch an Mädchen und Jungen. In: Beins, H.-J./Lensing-Conrady, R./Pütz, G./Schönrade, S. [Hrsg. (1997)]; Wenn Kinder durchdrehen...; Seite 68 bis 70

man den Eindruck, der Einfluss der Peergroup auf die Entwicklung des Kindes kann als größer angesehen werden als allgemein angenommen wurde. Manche Forscher sehen den Einfluss der Peergroup auf das Kind als größer an, als den Einfluss der Eltern respektive der Familie.

*Was zeichnet eine Gruppe im sozialpsychologischen Sinn aus?*

Alle Individuen sind von Geburt in irgendeine Form der Gruppe involviert.[156] So macht der Mensch die erste Gruppenerfahrung in der Familie oder sonstigen sozialen Gruppierungen.

Bei Gruppen, die durch ein Zusammentreffen verschiedener, nicht infolge einer verwandtschaftlichen Beziehung entstehen, ist die Einstellung und das verfolgte Ziel der Gruppenmitglieder ausschlaggebend. Jedes Mitglied hat demzufolge die Möglichkeit, sich in seiner individuellen Art auszudrücken und sich somit unter Zuhilfenahme anderer bestätigen zu lassen bzw. als Gruppenmitglied andere in ihren Ansichten positiv wie negativ zu kritisieren. Ein weiterer Aspekt, sich einer Gruppe anzuschließen, ist die Intention, die eigene Meinung zu festigen und an der sozialen Realität zu messen. *Mann* bezieht sich auf *Festinger*, den ich kurz zitieren will:[157] *„Festinger spricht vom Trieb nach Selbsteinschätzung, dem Bedürfnis zu wissen, ob die eigenen Ansichten richtig sind und genau zu erfahren, was man kann und was man nicht kann. Um diesem Bedürfnis zu entsprechen, ist die Mitgliedschaft einer Gruppe unabdingbar, da es keine andere Möglichkeit gibt, diese In Formationen direkt von der Umwelt zu erfahren."*

Der Mensch ist demnach bestrebt, sich an den anderen Gruppenmitgliedern zu testen. Hierzu kommt zuweilen noch die Befriedigung eines Führungs- oder Machtstrebens. Des Weiteren erfahren die Gruppenmitglieder das Gefühl einer Dazugehörigkeit. Nach *Sherif und Sherif* setzen sich die verschiedenen Gruppen aus Individuen zusammen, um sich gegenseitig den Halt zu geben, den sie zu ihrer eigenen Entwicklung benötigen. So ist das Gruppengefüge in der Lage, das Selbstwertgefühl des einzelnen zu steigern, ruft möglicherweise sogar Stolz und Genugtuung hervor.

Ein Angriff gegen die Gruppe ist für das einzelne Gruppenmitglied wie ein Angriff gegen die eigene Person. Dementsprechend wird sie die Gruppe mit aller Macht verteidigen. Eine aggressive Handlung gegen ein Gruppenmitglied erzeugt bei den anderen Gruppenmitgliedern einen Konformitätsdruck, das heißt, dass es das Gruppenmit-

---

[156] vgl.: Mann, Leon (1997); Sozialpsychologie; Seite 50ff.

[157] vgl.: Mann, Leon (1997); Sozialpsychologie; Seite 51

glied mit aller Macht und Kraft verteidigen wird. Dieses Phänomen tritt besonders bei zu Gewalttätigkeit neigenden Gruppen in Erscheinung. *(vgl. Kapitel 4.3.5 Rechtsradikalismus)*

Nochmals gehe ich auf den Spiegel-Artikel von Alexandra Rigos ein:[158]

Die Psychologin *Harris* behauptet – wie vormals bereits angeführt –, dass Eltern austauschbar sind wie Fabrikarbeiter; vielmehr wird das Kind durch die Peergroup geprägt:

*„Soviel Mühe sich die Erzeuger auch geben, (...) sie können den Charakter nicht Formen. (...) Denn was nicht in den Genen angelegt sei, präge die Peergroup, also der Freundeskreis, die Schulklasse, die Kids vom Spielplatz."*[159]

Schon in der Krabbelgruppe imitieren die Kleinkinder das Verhalten der Gleichaltrigen. Später in der Schule nimmt deren Einfluss noch mehr zu und erreicht in der Pubertät seinen Höhepunkt. *Harris* beschreibt die Peergroup als die „wahre Arena der Sozialisation"; ausschließlich hier lerne das Kind den Umgang mit anderen Menschen. Die Peergroup drückt dem Heranwachsenden seinen Stempel auf, nicht das Elternhaus.[160] So bleibt – nach *Harris* – der Außenseiter höchstwahrscheinlich immer Außenseiter, während der Klassenclown sein Leben lang im Mittelpunkt stehen bleiben werde. Einen besonders großen Einfluss der Peergroup sieht *Harris* im Spracherwerb. Sie bezieht sich in dieser Ansicht auf die Sprachentwicklung von Immigranten. Kinder, deren Eltern aus dem Ausland zugezogen sind, übernehmen niemals den Akzent ihrer Eltern, sondern stets den ihrer Spielgefährten. Auch dass Kinder von Gehörlosen sprechen, findet *Harris* als Zeichen für den immensen Einfluss der Peergroup auf die kindliche Entwicklung. Kinder lernen ein typisch männliches oder weibliches Verhalten nicht vom Vater oder der Mutter, sie lernen es – nach *Harris* jedenfalls – von der Gleichaltrigengruppe. Jungen und Mädchen legen bereits in frühen Jahren Wert auf einen Geschlechterunterschied und verinnerlichen in ihren Gruppen, wie sich eine richtige Frau bzw. ein richtiger Mann zu benehmen hat. *Harris* folgert, Kinder orientieren sich nicht an den Eltern, weil sie schon deren Gene in sich tragen und sich lieber in ihren Gruppen selbst sozialisieren. Junge Menschen müssen sich in ihrer eigenen

---

[158] vgl.: Rigos, Alexandra; Eltern sind austauschbar; in: Der Spiegel; Ausgabe 47 im Jahre 1998; Seite 110 bis 135

[159] vgl.: Rigos, Alexandra; Eltern sind austauschbar; in: Der Spiegel; Ausgabe 47 im Jahre 1998; Seite 112

[160] Auf Harris Ansichten gehe ich in Kapitel *6.3.4 (Peergroup, Eltern, Gene - ein Diskussions-thema?)* nochmals ein.

Welt behaupten, kopieren lediglich das Verhalten der Eltern. Zudem fehlt es ihnen an Flexibilität, sich auf veränderte Lebensbedingungen und Normen einstellen zu können. Zudem helfen Erfahrungen aus dem Elternhaus auf dem Schulhof nur wenig weiter. Die Biologin und Aggressionsforscherin *Schäfer* bestätigt, ein Kind könne den Umgang mit Aggressionen nur in der Gruppe üben. Was Eltern ihren Kindern beibringen, beeinflusst sie lediglich zu Hause, nicht aber in Situationen und Beziehungen, die außerhalb des Haushaltes bzw. der Familie stattfinden: *„Es ist die Peergroup, die bestimmt, ob ein Teenager kriminell wird oder nicht.“*[161]

Zwar spricht der Psychologe *Klaus Hurrelmann* der Peergroup einen großen Wert zu, da sich die Kinder immer früher von zu Hause abkapseln, doch liegt die Erziehung der Kinder noch immer größtenteils bei den Eltern.

Die im Spiegel zitierte Biologin *Schäfer* bezeichnet die Peergroup als eine Art Durchlauferhitzer der Heranwachsenden.[162]

*„Kinder durchleben in diesen hochkomplexen Gebilden alle Intensitätsgrade von Beziehungen. Es ist die Gruppe, die ihnen mit der Zeit immer größere Felder eröffnet.“*[163]

Im Gegensatz zu den psychoanalytisch orientierten Forschern, die den Einfluss der Eltern als ausschlaggebend ansehen und die Gleichaltrigen als zweitrangig beschrieben, konzentrierten sich immer mehr Pädagogen und Psychologen auf den Einfluss der Peergroup. Bald fanden sie heraus, dass die Peergroup eine „treibende Kraft in der Sozialisierung des Kindes sei“, so zumindest der amerikanische Psychologe Rubens. In der Gruppe erfahren Kinder ein breites Spektrum von Fähigkeiten, Einstellungen und Kenntnissen. Diese Erfahrungen beeinflussen die Kinder ihr ganzes Leben lang. Kinder verbinden vor allem die Gemeinsamkeiten. Anders als in der Familie herrscht in der Peergroup wohltuende Symmetrie; Geschwister-Konstella-tionen sind asymmetrisch - einer ist immer der Stärkere.

*Schäfer* bezeichnet die Gleichaltrigen als ein Experimentierfeld, welches Persönlichkeit schafft und Sicherheit bieten kann. So seien auch allerkleinste Kinder nicht neugierig auf die Erwachsenen, sondern auf die Gleichaltrigen. Babys beobachteten

---

[161] vgl.: Rigos, Alexandra; Eltern sind austauschbar; in: Der Spiegel; Ausgabe 47 im Jahre 1998; Seite 132

[162] vgl.: Nimtz-Köster, Renate; Klatschen, Trösten, Intrigieren. In: Rigos, Alexandra; Eltern sind austauschbar; in: Der Spiegel; Ausgabe 47 im Jahre 1998; Seite 122

[163] vgl.: Nimtz-Köster, Renate; Klatschen, Trösten, Intrigieren. In: Rigos, Alexandra; Eltern sind austauschbar; in: Der Spiegel; Ausgabe 47 im Jahre 1998; Seite 122

sich am Ende des ersten Lebensjahres immer aufmerksamer. Hebt eines der Babys den Finger oder lächelt, ahmt es das andere nach. Derartige Aktivitäten erhalten im Laufe der Entwicklung einen immer größeren Stellenwert. Geht es in den ersten Jahren noch um das Miteinander-Spielen, weitet es sich später in andere Aktivitäten aus, es wird vielschichtiger und intensiver.

Schäfer: *„Das was man im sicheren häuslichen Netzwerk an sozialer Kompetenz gelernt hat, kann man nun in der Gruppe ausgiebig üben. Klatschen, Trösten, Spaßen, Intrigieren, sich offenbaren – die Fülle der Möglichkeiten ist schier unendlich. “*[164]

Auch die Autoren der Fachzeitschrift „psycho“ will ich an dieser Stelle noch einmal aufgreifen. Sie sind ebenfalls vom Einfluss der Peergroup überzeugt:[165]

Besonders im Bereich der Jugenddelinquenz ist die Bedeutung der Peergroups empirisch nachgewiesen. Persistent antisoziale Jugendliche finden in dieser Entwicklungsphase größere Akzeptant als noch in der Kindheit, wobei jedoch keine festen Bindungen entstehen. Das delinquente Verhalten in dieser Phase der Entwicklung kann auch einen positiven Effekt mit sich ziehen, nämlich dann, wenn es einerseits nur vorübergehend in Erscheinung tritt und andererseits beim Ablösen von einem autoritärem Elternhaus hilfreich ist. Aber auch um das Selbstwertgefühl zu erhöhen oder jugendtypische Ziele erreichen zu können. Selbst schwere Delinquenz bleibt meist auf die Adoleszenz beschränkt. Nach einiger Zeit verliert das antisoziale Verhalten seinen Wert, prosoziale Bekräftigungsmöglichkeiten wirken auf den Jugendlichen ein. Eine feste Partnerschaft, Schulabschluss, Beruf, regelmäßiges Einkommen usw. gehören dann zum geregelten Leben.

*Lösel/Bender* sehen diese Form der Delinquenz (in Peergroups) als Verhaltensprobleme an, die als Ausdruck von Statuspassagen zur Erwachsenenrolle dienen. Jugendliche ohne delinquente Verhaltenstendenzen weisen eine verzögerte Pubertät auf. Bereits von Erwachsenen anerkannte Rollen, ein familiäres und schulisches Umfeld, das wenig Lernmöglichkeiten für delinquentes Verhalten bietet, erschwert den Zugang zur Peergroup, bzw. oder mehrere dieser Faktoren zusammen.

Den Einfluss von Peergroups in der Kleinkind- und Kindergartenzeit im Vergleich zu dem der Familie und besonders der Mutter, will auch *Bilden* als nicht zu unter-

---

[164] vgl.: Nimtz-Köster, Renate; Klatschen, Trösten, Intrigieren. In: Rigos, Alexandra; Eltern sind austauschbar; in: Der Spiegel; Ausgabe 47 im Jahre 1998; Seite 122

[165] Lösel/ Bender; Antisoziales Verhalten von Kindern und Jugendlichen. In: **psycho** *(Zeitschrift für Psychiatrie, Neurologie und Psychotherapie)*; Ausgabe 5 Jahr 1997; Seite 39/[Spitta-Verlag Ballingen]

schätzen ansehen.[166] Ihrer Ansicht nach sozialisieren sich Kinder in diesem Alter zunehmend im Sinne eines geschlechtsspezifischen Verhaltens. So verhalten sich Mädchen in dieser Entwicklungsphase eher prosozial-belehrend und Jungen eher negativ-aggressiv. Mit fünf Jahren sind die Verhaltensstile recht ausgeprägt und die Bevorzugung gleichgeschlechtlicher Spielkameraden steigt an. Nach *Bildens* Ansicht hat die Peergroup bei Mädchen in den letzten Jahren stark an Bedeutung zugenommen. Die Gruppe der Mädchen basiert auf einer Funktion der Gleichheit, was zu Problemen im Bereich der Dominanz und in Konfliktlösungen führen kann. Bei sich innerhalb der Gruppe entwickelnden Freundschaften ist die Gesprächsebene besonders bedeutungsvoll. In Jungengruppen sieht die Bezugsebene etwas anders aus. Sie gehen weniger enge Freundschaften denn kameradschaftliche Bindungen ein. Außerdem herrscht in den Peergroups der Jungen eine Altersheterogenität und ist hierarchisch organisiert. Innerhalb der Jungen-Gruppe ist das Dominanzstreben sehr hoch und es kommt auch zu kämpferischen Auseinandersetzungen.

Ein weiterer Unterschied zwischen der Mädchen-Peergroup und der Jungen-Peergroup ist die verschiedenartige verbale Kompetenz. Jungen versuchen, eher ihre dominante Position durchzusetzen, indem sie sich dem Redegebot der anderen zu widersetzen versuchen und durch eigenes Erzählen die Zuhörer an sich zu fesseln; Mädchen lernen, enge und gleichberechtigte Beziehungen aufzubauen, andere angemessen zu interpretieren bzw. angemessen zu kritisieren.

Anders sehen dieses Phänomen *Oerter/Montada.*[167] Sie postulieren, dass auch in der Mädchen-Peergroup eine Dominanzhierarchie herrscht. Die Führungspersönlichkeiten, ob in Mädchen- oder Jungenpeergroups, sind in der Regel körperlich weiter entwikkelt, größer, schwerer sowie etwas älter. Von der Gruppe meist als körperlich attraktiv, intelligent und als sportlich-athletisch angesehen.

Schon im Alter von drei Jahren setzen sich Jungen über die Ge- und Verbote der Mutter hinweg.[168] Sie finden bei Gleichaltrigen Unterstützung und lernen in dieser Phase ein Selbständigwerden. Mädchen unterliegen einer stärkeren Bewachung durch die Eltern und erfahren auch mehr Beschränkungen.

---

[166] vgl.: Bilden, Helga; Geschlechtsspezifische Sozialisation. In: Hurrelmann, K./Ulrich, D. [Hrsg. (1998); Handbuch der Sozialisationsforschung; Seite 279 bis 301

[167] vgl.: Oerter, R./Montada, L. [Hrsg. (1998)]; Entwicklungspsycholgie; Seite 373 bis 374

[168] vgl.: Bilden, Helga; Geschlechtsspezifische Sozialisation. In: Hurrelmann, K./Ulrich, D. [Hrsg. (1998); Handbuch der Sozialisationsforschung; Seite 279 bis 301

Die Jungen-Peergroup grenzt sich nach außen hin in der Regel von den Mädchen ab. Sie unternehmen ausschließlich „männliche" Aktivitäten. Für Außenseiter setzt es Spott, zuweilen Prügel. Später auch für Jungen, bei denen eine Homosexualität vorliegen könnte. Der Kontakt zu Mädchen ist in dieser Phase der Kindheit eher gewalttätig geprägt; vom Necken über Verspotten bis hin zum Verprügeln reicht die Palette der Aktivitäten.

Zu einer anderen Art aggressiver Aktivitäten kommt es dann, wenn ein Junge in eine Peergroup aufgenommen werden möchte, von dieser Gruppe als Ganze jedoch abgelehnt wird.[169] Auch hierbei werden zwei Gruppen unterschieden: Einerseits die Abgelehnten und andererseits die Nichtbeachteten. Ein Unterschied ist in dem Punkt zu finden, dass die Abgelehnten sich eher zurückziehen, aber im Umgang mit anderen zu Aggressionen neigen, andere ärgern und piesacken, wenig prosoziales Verhalten zeigen, Regeln verletzen und im Sinne der Peergroup als unreif gelten. Nichtbeachtete haben zwar auch keine Freunde, sie hingegen werden von der Peergroup entweder neutral oder positiv behandelt. Die Reaktionen der abgelehnten Jungen gegenüber den Mädchen ist nahezu gleich. Beide reagieren auf Ablehnung oder Necken mit aggressivem Verhalten.

Aus welchem Grund werden Kinder von anderen abgelehnt? Das abgelehnte Kind zeigt zunächst ein bestimmtes auffälliges Verhaltensmuster. Es neigt zu Aggressivität, wirkt feindselig oder weist soziale Defizite auf. Diese Neigungen fußen entweder auf einem schwierigen Temperament des Kindes oder auf einer gestörten Interaktion mit den Eltern.

Eine Selektion der abgelehnten oder nicht beachteten Kinder erfolgt innerhalb der Peergroup in zwei unterschiedlichen Prozessen. Erstens erwirbt das abgelehnte Kind einen Ablehnungsstatus. Die Gruppe entscheidet aufgrund einer Empirie in Form von beobachtetem Verhalten; zweitens durch die Aufrechterhaltung eines negativen Status, wobei hier die Gruppendynamik ins Spiel kommt. In dieser Phase bleibt der negative Status des abgelehnten Kindes auch dann noch erhalten, wenn es sein Verhalten zum positiven hin verändert hat.

*Kultur und Regelwerk der Peergroup*

Für den Zusammenhalt einer Peergroup lassen sich die folgenden Punkte verantwortlich machen:[170]

---

[169] vgl.: Oerter/Montada, L. [Hrsg. (1998)]; Entwicklungspsycholgie; Seite 303 bis 304

[170] vgl.: Oerter, R./Montada, L. [Hrsg. (1998)]; Entwicklungspsycholgie; Seite 373

- Es besteht ein Korpus von Regeln,
- der von jedem einzelnen erworben werden muss,
- daraufhin mit den beteiligten Gruppenmitgliedern abgestimmt werden muss, wobei
- ein Interpretationsspielraum besteht.

*Aggression in und zwischen Peergroups*

*„Menschen, die an Gewalt von Gruppen beteiligt sind, verhalten sich oft auf eine Weise, von der sie als Individuen nicht träumen würden.“*[171]

Besser lässt sich das aggressive Verhalten manchen Gruppen nicht darstellen. *Mummendey* bezeichnet diesen Aggressionsakt als „kollektive Gewalt“.

Gruppen unterstellt man in der Regel ein besonderes Ausmaß an Aggressivität. Die Erforschung der Gruppenaggression greift auch heute noch auf den französischen Publizist *LeBon (1896/1964)* zurück.[172] In der Gruppe kommt es somit zu einer Freisetzung von sonst unterdrückten Triebkräften. Fremdkontrolle und eine Selbstkontrolle scheinen aufgehoben. *Zimbardo* bezeichnet eine Gruppenmitgliedschaft als eine *Deindividuation.*

So richtet sich in der Regel die Aggression nicht gegen die Mitglieder der eigenen Gruppe, sondern gegen die Mitglieder fremder Gruppen. *Bierhoff/Wagner* postulieren, dass Aggression zwischen Gruppen mehr als nur die Aggregierung individueller psychischer Prozesse beinhaltet. Ähnlich der □ Frustrations-Aggressions-Hypothese geht auch der Grundgedanke von einer Gruppen-Aggression aus; hieraus haben sich zwei Theorien ableiten lassen:

1. Die Theorie des realistischen Gruppenkonflikts und
2. die Theorie der relativen Deprivation.

*Kurzgefasstes Beispiel zur ersten Theorie:*

Bei einem Versuch mit 11jährigen Jungen in einem Zeltlager konnte gezeigt werden, dass Gruppenmitglieder einer Gruppe den Mitgliedern einer anderen Gruppe dann feindselig gegenüberstehen, wenn die eigenen Gruppeninteressen durch die behindert werden. Eine solche Feindseligkeit lässt sich jedoch durch das Überordnen eines Kon-

---

[171] vgl.: Mummendey, Amélie; Aggressives Verhalten. In: Stroebe, W. /Hewstone, M./Stephenson, G.M. [Hrsg. (1996)]; Sozialpsychologie; Seite 449 (Bildüberschrift)

[172] vgl.: Bierhoff, H.W./Wagner, U.; Aggression: Definition, Theorie und Themen. In: Bierhoff, H.W./Wagner, U [Hrsg. (1998)]; Aggression und Gewalt; Seite 18 bis 20

fliktes aufheben, falls ein angestrebtes Ziel nur dann zu erreichen ist, sofern die Mitglieder beider Gruppen an der Zielerreichung gleichermaßen beteiligt sind.

*Kurzgefasstes Beispiel zur zweiten Theorie:*

In dieser Theorie unterscheiden *Bierhoff/Wagner* zwischen personaler oder individueller Deprivation einerseits und gruppaler oder fraternaler Deprivation andererseits. So entstehen Intergruppenaggressionen in Form kollektiver Handlungen gegen die Mitglieder einer anderen Gruppe bei der Vermutung bzw. beim Beweis, dass die eigene Gruppe zu Gunsten der anderen Gruppe benachteiligt ist. Intergruppenaggression gegen die Mitglieder der anderen Gruppe kann auch auf eine dritte, unbeteiligte Gruppe übertragen werden, wenn die eigentlich feindselig angesehene Gruppe zu mächtig erscheint.

Eine andere Art der Konfrontation der Gruppen untereinander geht mit der Aufwertung der eigenen Gruppe einher. Um der eigenen Gruppe eine positive soziale Identität zuzuschreiben, wird die andere Gruppe als negativ nach außen dargestellt.[173]

*Maas* greift in ihrem Text das eben erwähnte Phänomen in Bezug auf die oben bereits erwähnte Frustrations-Aggressions-Hypothese auf.[174] Diese, auch als Sündenbocktheorie bezeichnete, Abfuhr eigener bzw. intergruppaler Aggressionen, sucht sich als Zielgruppe eine Minorität aus, wenn die eigentliche Frustrationsquelle als unangreifbar bzw. unerreichbar erscheint; vor allem aber bei Minoritäten, die sich nicht effektiv gegen den Übergriff zur Wehr setzen können. Die eigenen Frustrationen werden sozusagen auf die Minorität übertragen.

Ein häufig auftretendes Phänomen der Gruppen sind die herrschenden Vorurteile anderen Personen, Gruppen bzw. Personengruppen gegenüber. *Six* bezieht sich, wie auch *Maas*, in diesem Kontext auf die Sündenbocktheorie.[175] Vorurteile schützen vor allem die eigene Person bzw. die eigene Gruppe. Vor allem im Zusammenhang eines Abwertens anderer steigt das eigene Selbstwertgefühl an. In großem Umfang hängt die Vorurteilsbildung damit zusammen, dass eigene Unzulänglichkeiten und Frustrationen

---

[173] vgl.: Bierhoff, H.W./Wagner, U.; Aggression: Definition, Theorie und Themen. In: Bierhoff, H.W./Wagner, U [Hrsg. (1998)]; Aggression und Gewalt; Seite 18 bis 20

[174] vgl.: Maas, Anne; Minoritäten. In: Frey, D./Greif, S. (1997); Sozialpsychologie; Seite 245 bis 247

[175] Six, Ulrike; Vorurteile. In: Frey, D./Greif, S. (1997); Sozialpsychologie; Seite 365 bis 371

auf andere Personen zu fixieren. Angst und Selbstkritik auf andere zu übertragen ist eine Motivbefriedigung und Aggressionsabfuhr in gebilligter Form.[176]

Eng verbunden mit der Vorverurteilung ist die Diskriminierung. *„Unter Diskriminierungen werden meist widersprechende Verhaltensweisen verstanden, mit denen bestimmte Personen (oder Gruppen, Rassen, Nationen) oft aufgrund ihrer Zugehörigkeit zu einer bestimmten sozialen Kategorie von anderen Personen oder Institutionen benachteiligt werden (im weitesten Sinne) Das Spektrum derartiger Verhaltensweisen reicht von Kontaktmeidung und Beleidigungen – über Entrechtung und AusSchluss – bis hin zu Extremformen offener Aggression.“*[177]

Noch einmal will ich auf die Gruppeneinflüsse speziell bei Kindern eingehen. *Mönks/Knoers* erkennen in Bezug auf Gruppeneinflüsse bei Kindern das Entstehen aggressiven Verhaltens.[178] Sie führen hierzu eine Studie von *Patterson u.a.* aus den Jahre 1967 auf. *Patterson* untersuchte, inwieweit sich Vorschulkinder in aggressiven Verhaltensweisen beeinflussen bzw. sich Aggression beibringen. Dabei stellte sich heraus, Verhaltensweisen unterstützen das aggressive und dominierende Verhalten eines Kindes. Nimmt ein Kind einem anderen ein Spielzeug weg und das Kind, dem das Spielzeug weggenommen wurde, setzt sich gegen die Wegnahme nicht zur Wehr, ist es für das wegnehmende Kind eine Belohnung. Dieses Nicht-zur-Wehr-setzen des anderen Kindes motiviert das wegnehmende Kind immer wieder, einem anderen etwas wegzunehmen; es entwickelt infolgedessen ein aggressives Verhalten, weil es in seinem Verhalten bestärkt wird und positive Erfahrungen macht; das Kind erkennt es als Bekräftigung an.

Ein reziprokes Verhalten entsteht in dem Moment, da sich das Kind, dem etwas weggenommen wird, zur Wehr setzt. Ist es damit erfolgreich und wert sich der Wegnahme und ein anderes Kind siehst sich nicht in der Lage, es ihm abzunehmen, erfährt das Kind eine positive Verstärkung und erkennt seine erfolgreiche Gegenwehr als Belohnung an. Ein mehrmaliges Sichwehren fördert somit das aggressive Verhalten des

---

[176] Daß diese Aussage nicht generalisierbar erscheint, merkt man spätestens dann, wenn die Aggressionen nicht nur als Vorurteil internalisiert sind, sondern als Aggressivität nach außen getragen und an den Vorurteilsauslösern instrumentell abreagiert werden *(vgl. Kapitel 6.3.5 Die Gruppe der Rechtsradikalen).*

[177] Six, Ulrike; Vorurteile. In: Frey, D./Greif, S. (1997); Sozialpsychologie; Seite 369

[178] vgl.: Mönks, Franz J./Knoers, Alphons M.P. (1996); Lehrbuch der Entwicklungspsychologie; Seite 136ff.

Kindes. Es hat mit diesem Verhalten Erfolg und wird es dementsprechend immer wieder praktizieren.

*Petillon,* der sich in der Hauptsache mit der Sozialisation der Kinder in der ersten und zweiten Klasse beschäftigte, fand in Bezug auf Gewalt bei Jungen untereinander heraus, dass jeder einzelne von ihnen versucht, eine möglichst hohe Rangstellung in der Gruppe zu erreichen.[179] Jungen, die sich in einem höheren Rang nicht behaupten können, empfinden den Stärkeren gegenüber so etwas wie eine Ohnmacht. Der Kampf um derartige Rangordnungen artet zuweilen in Aggressionen aus. Diese überschreiten oftmals die Grenze zur Gewalt. Eine Hemmung, den Gegner ernsthaft zu verletzen, fehlt in vielen Fällen jedoch. Solcher Umstand hebt die Gewaltbereitschaft der Jungen auf ein hohes Niveau; der einzelne Junge passt sich dem Gewaltniveau der Gruppe an. Derartige Prügeleien finden nicht nur außerhalb der Schule statt, sondern zudem während der Schulzeit. In der Schule zumeist an Orten, an denen die Lehrer nur schwer Einblick haben. Dass sechsjährige Kinder ein dermaßen hohes Gewaltpotential aufweisen, wurde bis heute in der gewärtigen Forschung nicht angenommen; vielmehr vermutete man, solche Raufereien sind spielerischer Natur. Hiergegen stellt sich jedoch die Tatsache, dass Auseinandersetzungen solchen Ausmaßes einen zentralen Problembereich des Soziallebens bei Jungen ausmachen.

Im Gegensatz zur gewalttätigen Aggression bei Jungen scheint es bei den Mädchen vor allem darum zu gehen, einen Kreis von Mitschülerinnen zu finden, in dem sich das Mädchen der Anerkennung und Zuneigung der anderen Mädchen sicher sein kann. *Petillon* postuliert, für ein Mädchen ist es von Wichtigkeit, seitens der anderen Mädchen in gemeinsame Aktivitäten einbezogen zu werden. Das Miteinbeziehen stellt ein freudiges Sozialereignis beim Mädchen dar.[180] Die Schattenseite solcher Sozialereignisse verbirgt sich im Ausschlussverhalten derer Mädchen, die nicht von einer Mädchengruppe akzeptiert werden. Sie werden nicht wie bei den Jungen Ziel aggressiv-feindseliger Handlungen. Vielmehr werden sie verbal diskriminiert. Weniger akzeptierte Mädchen berichten in einem solchen Zusammenhang von Trauer und Wut, von Gefühlen der Isolation sowie der Angst vor öffentlicher Diskriminierung. Auch Eifersucht und erfahrene Zurückweisung schlagen sich bei den betroffenen Mädchen nieder. Verbale Aggressionen beziehen sich hauptsächlich auf eine beim Mädchen bereits vorhandene Schwäche, an der das Kind ohnehin schon eine schwere Bürde trägt. Das

---

179 vgl.: Petillon, Hanns (1993); Das Sozialleben des Schulanfängers; Seite 175

180 vgl.: Petillon, Hanns (1993); Das Sozialleben des Schulanfängers; Seite 175 bis 176

hierdurch psychisch schon stark angeschlagene Kind erlebt durch die verbale Diskriminierung eine Verschärfung seiner Notlage.

*Ammon* bezieht sich in seiner Darstellung der Gruppeninteraktion und der Gruppendynamik auf die psychoanalytischen Aspekte Freuds. Freud schreibt einer Gruppe eine Gruppenpersönlichkeit zu, aus der sich nachfolgend ein Gruppen-Ich bildet und eine Gruppenmoral – sozusagen ein Gruppen-Über-Ich. Diesbezüglich spielt die Suggestion eine erhebliche Rolle.[181]

### *4.3.4 In welchem Kontext stehen die Gene, die Eltern respektive deren Erziehungspraktiken und die Peergroup in der Kindesentwicklung?*

Noch einmal beziehe ich mich auf den Spiegel-Artikel von *Rigos.*[182] Nachdem hierin die Psychologin Harris den Einfluss der Eltern auf den Akt der Zeugung beschränkte und ein weiteres erzieherisches Einwirken auf die Kinder ausschloss, um die erzieherischen Aspekte der Peergroup zuzuschreiben, gehen hierin die Meinungen, wie bereits im vorhergehenden Text zu entnehmen war, weit auseinander. Besonders große Kritik handelte sich Harris schon aus dem Grunde ein, weil sie niemals als aktive Forscherin in Erscheinung trat, sondern lediglich ihr „Wissen" aus Lehrbüchern bezog – und durch die „Erziehung" ihrer zwei eigenen Kinder.

Im Gegensatz hierzu stehen eine Reihe von Genetikern, Psychologen, Verhaltensforschern und Verhaltensgenetikern, die inzwischen eine Art Faustformel aufstellten: *„Vergleicht man die Persönlichkeit zweier Menschen, so gehen die Hälfte der Wesensunterschiede auf Vererbung, die andere Hälfte auf Umwelteinflüsse zurück. Bei manchen Eigenschaften, etwa der Intelligenz, liegt der Anteil des Erbes ein wenig höher, bei anderen, etwa Schüchternheit, etwas niedriger."*[183]

---

[181] vgl.: Ammon, Günter (1997); Gruppendynamik der Aggression; Seite 17 bis 18

[182] vgl.: Rigos, Alexandra; Eltern sind austauschbar. In: Der Spiegel; Ausgabe 47; Jahr 1998; Seite 110 bis 135

[183] vgl.: Rigos, Alexandra; Eltern sind austauschbar. In: Der Spiegel; Ausgabe 47; Jahr 1998; Seite 114

In Bezug auf das Zusammenspiel verschiedener Faktoren stellen Oerter/Montada ein Schaubild interaktioneller Zusammenhänge auf:[184]

***Ursachen aggressiven Verhaltens:***

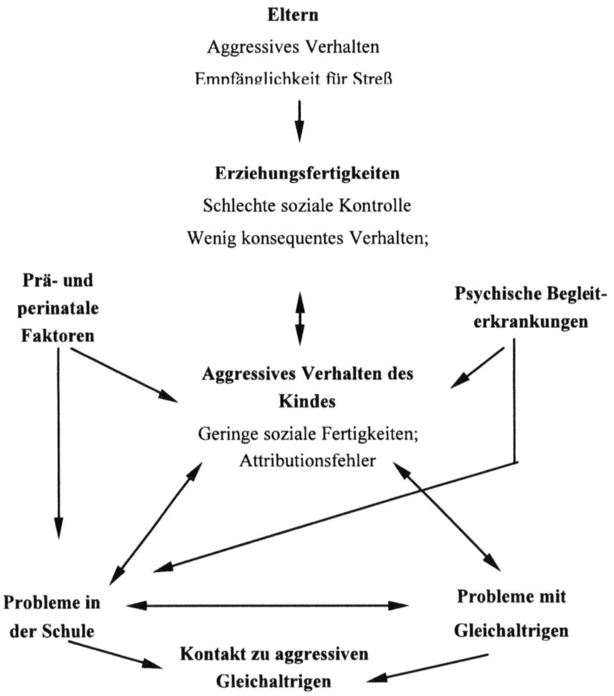


### *4.3.5 Rechtsradikalismus: Erziehungsversagen oder Gesellschaftsproblem?*

In diesem Kapitel beziehe ich mich ausschließlich auf Artikel in Fachzeitschriften, die im Kontext von Rechtsextremismus und Ausländerfeindlichkeit stehen.

---

[184] vgl.: Oerter/Montada (1998); Entwicklungspsychologie; Seite 1020

*Wie entstehen rechtsradikale Tendenzen?*

*Ottomeyer* definiert Nationalsozialismus in Form dreier Faktoren.[185] Erstens kommt es zur Verharmlosung bzw. zur Rechtfertigung des Nationalsozialismus; zweitens wird ein ethnozentrisches Weltbild propagiert, in dem die eigene Gruppe als besser als die anderen dargestellt wird; drittens herrscht eine gesteigerte Gewaltbereitschaft der Gruppenmitglieder. So liegt Rechtsextremismus schon dann vor, wenn nur eine oder zwei der Faktoren sichtbar werden oder bei einem Menschen eine deutlich spürbare Gegenposition vorliegt. *Ottomeyer* definiert die rechtsradikale Tendenz zudem dahingehend, dass sowohl die Ausländerfeindlichkeit als auch das Hineinversetzen eines Jugendlichen in einen verfolgten Ausländer vorliegen. Je nachdem, wie sich eine der Tendenzen im Laufe der Zeit ausprägt, ob für oder gegen die Jugendgruppe, bildet sich die eine oder andere Tendenz zu einer festen Einstellung aus.

Die das eben beschriebene internalisierte Ambivalenzverhalten aufweisenden Rechtsextremisten leiden nach *Ottomeyers* Auffassung an einer depressiven Problematik. Ihnen mangelt es an Selbstwert und sie versuchen diesen Umstand unter Zuhilfenahme einer autoritären Aggression zu überspielen. *Ottomeyer* umschreibt diesen Zustand als „Schiefheilung“. Der Terminus „Schiefheilung“ stammt aus Freudschen Psychoanalyse und drückt einen Selbstwertkonflikt aus, der sich vorübergehend gebessert hat bzw. sich als geheilt darstellt.

*Die Persönlichkeitsstruktur der Rechtsradikalen*

Von der Annahme, die Persönlichkeitsstruktur eines Rechtsradikalen fußt auf einem patriarchalischen Familienniveau, verknüpft mit einer idealisierten Vaterfigur, sieht *Ottomeyer* als überholt an; eine Vater- oder Elternidealisierung findet normalerweise heutzutage nicht mehr statt. In neueren Studien fand man diesbezüglich heraus, die meisten rechtsextremen Jugendlichen liegen mit ihren Vätern in einer Art Clinch und haben meist mit dem Vater noch eine Rechnung offen. Daraus ergibt sich ein besonderer Umstand: Das Suchen nach einer außenstehenden autoritären Bezugsperson. Derartige Bezugspersonen verkörpern in hohem Maße ehemals aktive Nazis oder auch militante Rechte. *Ottomeyer* bezieht sich im weiteren Verlauf des Interviews auf den Psychoanalytiker *Loewenstein,* der sich in einer Abhandlung mit der Psychoanalyse des Antisemitismus befasste. Er erläutert am Beispiel der Judenverfolgung, dass diese für sehr viel verschiedene Bedeutungen stehen können; sozusagen ein „Rohrschachtest

---

[185] vgl.: Sollmann, Ulrich; Die eigenen Ängste werden andere eingejagt (Interview mit Klaus Ottomeyer). In: Psychologie heute; Ausgabe 1 (Januar) 1999

auf zwei Beinen". In den Juden als solchen projiziert der Rechtsradikale seine Bedrohung der Realität sowie das eigne ungeliebte Über-Ich. Dementsprechend nährt sich auf der Triebebene des Jugendlichen das Bild eines Ausländers von nicht integrierten projizierten Regungen, die in eine orale Gier ausdrücken – einen Versorgungsneid, ähnlich dem Neid auf kleinere Geschwister. Solch einen Neid überträgt der rechtsradikale Jugendliche auf die ausländischen Mitbürger, und zwar deshalb, weil der gesellschaftliche Konsumzwang an ihnen gemessen wird. Manche Jugendliche tragen solch einen Neid aufgrund ihrer zweifelhaften Meinung in sich, Ausländer bekommen vom Staat alles vorgesetzt, okkupieren das „Deutsche Reich" und nehmen den Deutschen die Arbeitsplätze weg. *Ottomeyer* schreibt den Rechtsradikalen eine Sichtweise zu, die anale Regungen in Form von Schmutz, trotzigem Machtanspruch und Korruption impliziert.

Ein weiterer Aspekt ist die sexuelle Entwicklung des Rechtsradikalen und sein Verhältnis zum Geschlechterunterschied. So leiden rechtsextreme Jugendliche bzw. Jugendliche mit rechtsextremen Tendenzen dazu, sich als ganze Männer in Szene zu setzen. In der Regel verfolgt der rechtsextreme Jugendliche am Ausländer seinen eigen Körper, der in der Pubertät als unvollständig und minderwertig empfunden wurde bzw. wird. Der Körperkult, wie in den Medien oftmals dargestellt und der Rechtsextreme selbst nicht vorzuweisen hat, verstärkt den Hass abermals. Der dominierende Faktor des Rechtsextremismus ist, so *Ottomeyer*, ein *kontraphobisches Angstmanagement.* Hierbei werden die eigenen Ängste überspielt, in dem sie anderen (Ausländern/Minoritäten) eingejagt werden.

Körperliche Auseinandersetzungen mit Ausländern wirkt bei den rechtsradikalen Jugendlichen ähnlich einer das männliche Selbstwertgefühl erhöhende Droge. Paradoxerweise dient der gewalttätige Übergriff auch insofern, dass der Jugendliche nicht über seine Taten nachdenken muss. Zuweilen sind sie nahe dran zu verstehen: *Nicht die Ausländer sind Schuld an meinem persönlichen Unvermögen.* Leider bleiben diese Überlegungen – falls sie auftauchen – ungenutzt oder werden abgewehrt, und der Jugendliche wandelt sie um in Beschimpfungen gegen Ausländer.

*Das Unrechtsbewusstsein*

Rechtsextremisten haben nach *Ottomeyer* so etwas wie ein gnadenloses Über-Ich; sie stellen so etwas wie einen „Moses-Typ" dar; Moses brachte einen Großteil der Gesetzesbrecher selbst um. Ein rechtsextremer Jugendlicher des Moses-Typus spürt beim Aufkommen von Zornesausbrüchen so etwas wie die Wut eines inneren Strafgerichts. Folglich hält er die daraus resultierende Angst nicht mehr aus, er überträgt sie. In diesem Fall verkörpert der Ausländer einen Verbrecher und der Jugendliche wird zum Richter und Henker gleichzeitig. Sollte es beim Jugendlichen zu einer Art Schuldgefühl kommen, wird dieses einfach verdrängt und mit der Idee ersetzt, der Ausländer habe ihn provoziert – dadurch wird der Täter Opfer und das Opfer wird zum Täter. Im rechten Milieu gilt der Ausländer nicht als Mensch, er ist eine Art Ungeziefer.

Aufgrund der immer mehr zunehmenden Bevölkerungszahlen, der, wie *Sartre* es ausdrückte, „Überzähligkeitsangst“, bildet der Rechtsradikalismus und der Nationalsozialismus eine Möglichkeit, mit dieser Angst fertig zu werden. Nicht nur „normale“ Personen sind von der Überzähligkeitsangst betroffen, zunehmend fühlen sich auch Intellektuelle dieser Angst ausgesetzt.

Als eine Mischung aus Angst und Aggression beschreibt *Becker* das Verhalten rechtsradikaler Jugendlicher.[186] In erster Linie geht es um Gewaltausübung, in den seltensten Fällen haben Übergriffe Jugendlicher auf Ausländer einen rechtsradikalen Hintergrund. Zur moralischen Aufrüstung fährt einer der Jugendlichen zum Großvater, der ihm mit Nachdruck klar macht, dass wenn Hitler den Krieg gewonnen hätte, alles besser wäre – das Verhalten der Jugendlichen wird unterstrichen und als richtig angesehen.

*Täterstrukturen - Tätertypen*

Die Mehrzahl rechtsextremer Jugendlicher sind junge Männer unter 20 Jahren; viele noch Schüler oder Lehrlinge. Zwar besitzen sie lediglich ein unteres bis schwach mittleres Bildungsniveau, sind aber keineswegs in erster Linie Schulabbrecher. Anteilsmäßig liegt der Prozentsatz der arbeitslosen Jugendlichen höher als der Prozentsatz der arbeitslosen Jugendlichen in der Gesellschaft gesamt. In großer Zahl werden jedoch Jugendliche rechtsradikal aktiv, die vorher schon durch Straf- und Gewalttaten aufgefallen waren. Den größten Teil der rechtsradikalen Jugendlichen stellen allerdings die eher unauffälligen, normalen Jugendlichen. Weiterhin liegt die Erkenntnis vor, Übergriffe auf Ausländer von Gruppen liegen zahlenmäßig höher, Einzeltäter bilden die Ausnahme.

*Haas-Rietschel* unterscheidet in ihrer Abhandlung den Hooligan und den Rechtsextremen.[187] Obwohl beide Gruppen so etwas wie die „Deutschnationalen“ repräsentie-

---

[186] vgl.: Becker, Thomas; Sie sind weniger rechtsradikal als gewalttätig. In Zeitschrift: Jugend & Gesellschaft; Ausgabe 1 (Januar); Jahr 1994; Seite 2ff.

[187] vgl.: Haas-Rietschel, Helga; Rebellion und Männlichkeit. In Zeitschrift: Erziehung und Wissenschaft; Ausgabe 10; Jahr 1998; Seite 12ff.

ren (wollen), unterscheiden sie sich im Ausdruck der Gewaltformen. Der Hooligan sucht sich seinen Kick im Vollzug seiner Gewalttaten im Hintergrund, er möchte nicht entdeckt werden. Der rechtsextreme Jugendliche richtet seine Gewalttaten gezielt auf nicht seinem Weltbild entsprechende Objekte. Auch das Terrain der beiden Gruppen unterscheidet sich. Hooligans finden ihren Kick im Ausleben ihrer Aggressionen bei Fußballspielen, um die Schlagkraft des Landes zu symbolisieren. Rechtsextreme nutzen die nationalsozialistischen Festtage, um ihre Aggressionen nach außen zu tragen, zum Aufmarschieren und zum Randalieren. So unterschiedlich wie die Anlässe der Aggressionsabfuhr sind, so verschieden sind auch die Leitbilder der Gruppierungen: Dem Hooligan dient der Einzelkämpfer als Vorbild, dem Rechtsradikalen eher der Landser und der Wikinger in seiner Urform. Hierzu stellt *Haas-Rietschel* die Jugendcliquen auf, die keinem besonderen Vorbild unterliegen. Diese Randgruppen, auch „underclass" genannt, betonen durch ihr Gruppenverhalten ihre Männlichkeit, auch dessen sexuelle Betonung, eine soziale Dazugehörigkeit herzustellen, die sie als Einzelperson nicht darzustellen in der Lage wären.

Zu den weiteren Aspekten der Gruppierungen gehören die Männlichkeitsnormen: hier das Heimische, dort das Fremde – hier der Heterosexuelle, dort der Homosexuelle.

*Der Rechtsextremismus schafft sozusagen Rahmenbedingungen, Gewalttaten zu legitimieren.*

### *4.3.6 Bandenkriminalität in der Jugend*

55% der Jugenddelikte entfallen auf Eigentumsdelikte. Das ist das Ergebnis einer Untersuchung des Ministeriums für Arbeit, Gesundheit und Soziales. Weiterhin ist ein überdurchschnittliches Ansteigen von Delikten wie Raub, Erpressung, Hausfriedensbruch, Vergewaltigung, sexueller Nötigung und Gefährdung anderer im Straßenverkehr zu verzeichnen; ein Großteil hiervon wird von Banden verübt. Besonders bei Kindern steigt die Zahl der Vergehen in Form der Bandenkriminalität. Etwa 70% der begangenen Delikte von Acht- bis Zehnjährigen(!) verüben sie in der Gruppe. Nimmt das Alter zu, sinkt die Quote. In der Hauptsache neigen solche Kinder zur Bandenkriminalität, die im weitläufigen Sinne als geschädigt angesehen werden können. Ihnen fehlt Geborgenheit und Selbstbestätigung durch die Eltern. Infolge der oben genannten Studie kamen die Autoren zu der Gewissheit: Gerade Kinder mit mangelhafter Sozialisation schließen sich in Banden zusammen und unter gravierenden persönlichen Nachteilen leiden, ein tiefes Gefühl von der eigenen Wertlosigkeit internalisieren, ihr

Dasein als sinn- und hoffnungslos ansehen und kaum Zukunftsaussichten haben. Sie fühlen sich von der Gesellschaft abgelehnt und zurückgestoßen.

In der Bande besteht nunmehr die Möglichkeit des Auslebens aufgestauter Aggressionen. Durch diesen Umstand verschafft sich das Kind ein neues, wenn auch negativ besetztes, Selbstwertgefühl. Innerhalb der Bande erfährt es Anerkennung und eine tragende Beziehung, was ihm das Ausleben der Aggressionen in Form von Gewalttaten rechtfertigt. Eine vorliegende Kriminalität wird vom Kind als subjektiv empfunden und spielt in diesem Kontext keine Rolle mehr. Eine solche Gleichgültigkeit hat wiederum zur Folge, dass es dem Kind gleichgültig erscheint, an welcher Person bzw. an welchem Objekt er seine Aggressionen auslässt. Gefühllosigkeit und keinerlei Anzeichen von Reue runden das Bild kindlicher Straftäter ab.

Als bedenklich angesehen werden kann die Tatsache, dass Kinder ihre Handlungen nicht als kriminell ansehen, ihnen erscheint es eher als Ausdruck von Spiel, Abenteuer oder als interessante Bewährungsprobe. In einigen Fällen sehen es die Kinder aber auch ganz einfach als das Beschaffen von Gegenständen, mit denen es sich im Kreis der Bekannten, im sozialen Umfeld oder auch in der Schule Anerkennung und Zuwendung verschaffen können. Aus diesem Grunde verkaufen sie die Gegenstände nicht, sie behalten sie entweder selbst oder verschenken diese an andere. Die Gegenstände zu veräußern, um Geld zu bekommen, kommt so gut wie gar nicht vor.

*Schulmann* sieht auch die Darstellung von Gewalt im Fernsehen als Auslöser kindlicher Bandenkriminalität an. Dieses soll an anderer Stelle in dieser Arbeit noch erörtert werden.

## 4.4 Ausdrucksformen aggressiver Handlungen

Nicht in allen Bereichen der Jugendkriminalität besteht ein Zusammenhang zwischen Aggression, Gewaltanwendung und Gruppenzwang. Auch das Auftreten einzelner Täter ist unter Umständen nicht auszuschließen. Welche Motivation einzelnen Tätergruppen zugrunde liegt, ist Inhalt des folgenden Abschnittes.

### *4.4.1 Sexuelle Übergriffe von Kindern gegen Kinder*

Die Zahl der Kinder, die sich an anderen Kindern sexuell vergehen, sind in letzter Zeit stetig angewachsen. *Heilinger* nimmt die Thematik der sexuellen Belästigung in der Fachzeitschrift „Psychologie heute" an:[188]

Viele Mädchen fühlen sich von Jungen sexuell belästigt. Das ergab eine Studie in Form einer Befragung an 360 Schülerinnen und Schülern einer Münchner Realschule. Mehr als die Hälfte der befragten Mädchen im Alter von 12 bis 17 Jahren erlebten bereits eine Art sexueller Belästigung, und zwar in Form von Hinterherpfeifen, blöden Sprüchen, anzüglichen Bemerkungen über ihren Körper, Beleidigungen sowie sexistischen Witzen; dreizehn Mädchen wurden bereits zu sexuellen Handlungen genötigt, sechs Mädchen sogar Opfer einer Vergewaltigung. Etwa zwei Drittel sind von Jungen als Nutte, Hure, Schlampe oder in Form ähnlicher Verbalinjurien beschimpft worden, wonach sich bei den Mädchen das Gefühl von Wut und Hass oder Ekel, Angst oder Hilflosigkeit einstellte. Die Mädchen erkennen im Verhalten der Jungen genau das, was die Jungen auszudrücken versuchen: Macht, Stärke und ein Sich-Toll-Vorkommen.

Im Gegensatz zu den befragten Mädchen setzten sich die befragten Jungen nicht selbstkritisch mit ihrem an den Tag gelegten Verhalten auseinander. 30% der Jungen gaben an, noch niemals ein Mädchen sexuell belästigt zu haben, jedoch sexistische Witze oder Beleidigungen gegenüber Mädchen von sich gaben, sie lächerlich oder anzügliche Bemerkungen machten.

Natürlich ist auch das Warum ein wichtiger Aspekt der Belästigung. 53% der Jungen fühlen sich stark dabei, 51% macht es einfach aus Spaß; 23% aufgrund eigener Minderwertigkeitskomplexe und 4%, weil sie die Mädchen verachten. Des Weiteren glauben 80% der Jungen, dass Mädchen manchmal von Jungen angemacht werden wollen und sie deshalb selber Schuld an derartigen Attacken sind. Beispielsweise wenn sich ein Mädchen entsprechend anzieht.

Auch *Kohnstamm* ist der Ansicht, erst seit kurzer Zeit beschäftigt sich die Wissenschaft mit den immer intensiver auftretenden jugendlichen Sexualstraftätern.[189] In den Niederlanden verüben jedes Jahr etwa 400 Minderjährige sexuelle Übergriffe wie

---

[188] vgl.: Heilinger, Anita; Warum Jungs die Mädchen belästigen. In Fachzeitschrift: Psychologie heute; Ausgabe 3 (März); Jahr 1999; Seite 14

[189] vgl.: Kohnstamm, Rita (1996); Praktische Psychologie des Jugendalters; Seite 175

Voyeurismus, Exhibitionismus oder tätlichen Sexualstraftaten. Demnach sollen 80% *(achtzig Prozent!)* der *Vergewaltigungstaten* auf das Konto von *Minderjährigen* gehen.

### *4.4.2 Gewalt in der Schule*

Gewalt in der Schule wird ein immer brisanteres Thema. Unterschieden werden muss in diesem Bereich jedoch die Form möglicher Aggressions- bzw. Gewaltanwendungen: Schüler gegen Schüler; Schüler gegen Lehrer; Lehrer gegen Schüler; Schüler gegen Objekte (Vandalismus). *Busch/Todt* sprechen anstatt von Gewalt eher von Aggression und aggressivem Verhalten in der Schule.[190] Nach Aussagen von Lehrkräften tritt indirekte oder verbale Aggression am Häufigsten in Erscheinung; indirekte Aggression im Sinne von nicht beachten oder Gerüchte über andere Schüler verbreiten, was etwa 25 bis 40% der gesamten schulischen Aggressionen ausmacht. 10 bis 15% entfallen auf körperliche Aggressionen und vandalistisches Verhalten. Brutale Schlägereien, Raub, Erpressung werden seitens der Lehrer weniger häufig beobachtet.

Gründe derartiger Verhaltensweisen sind nicht im schulischen Kontext zu suchen. Wie auch bei den anderen Formen aggressiver Verhaltensweisen, liegen die Ursachen im Bereich des Elternhauses und in der Erziehung (schulexterne Verursachung). Von der Schule ist das Verhalten der Schüler nicht beeinflussbar (schulinterne Verursachungsannahme). In einer groß angelegten bundesländerübergreifenden Studie kommen Forscher zu der Einschätzung, dass nur an einigen wenigen Schulen ein erhöhtes Gewaltpotential erkennbar erscheint; starke Unterschiede sind in verschiedenen Schulformen jedoch anzunehmen.

Auf Nachfrage gab die große Mehrheit der Schüler an, schon einmal Opfer einer verbal aggressiven Attacke gewesen zu sein. Unterschiedlich sind die Vorkommen verbaler Aggression. So berichten rund 15% der Schüler schon einmal oder mehrmals Ziel verbaler Aggressionen gewesen zu sein. Bei Schülerinnen hingegen beläuft sich die Zahl auf etwa 5%. Körperliche Aggressionen erfuhren laut Studie zwischen 5 und 10% der Schüler und 0 bis 3% der Schülerinnen. Immerhin 10% aller Schüler wurden bereits Opfer schwerer körperlicher Aggressionen.

---

[190] vgl.: Busch, Ludger/Todt, Eberhard; Gewalt in der Schule. In: Rost, Detlef H. (1998); Handwörterbuch Pädagogische Psychologie; Seite 168 bis 172

*Ergebnisse der Aggressionsforschung in Schulen:*

Aggressives Verhalten von Schüler gegenüber Lehrern kommt in der Regel kaum vor, abgesehen von Unterrichtsstörungen; 30% der Schüler der 7. bis 13. Klasse fühlten sich allerdings verbalen Aggressionen vom Lehrer ausgesetzt.

- Bis zum Ende der Sek. I bleibt das aggressive Verhalten konstant und nimmt dann ab, allerdings häufen sich in der Sek. II die Unterrichtsstörungen durch Schüler(innen) deutlich.
- Stadtschulen und große Schulen sind deutlich öfter von aggressiven Verhaltensweisen betroffen als kleine bzw. Landschulen.
- Ein kausaler Zusammenhang zwischen Schulversagen und Aggression bzw. deviantem Verhalten lässt sich nicht erkennen.
- Kinder von Alleinerziehenden oder Stieffamilien verhalten sich nicht aggressiver als Kinder aus einer „normalen" Familie.
- Kinder, die eine erhöhte Reizbarkeit aufweisen und mangelnde Selbstkontrolle internalisiert haben sowie eine Tendenz zu risikoreichen Verhaltensweisen aufweisen, verwickeln sich häufiger in aggressive Auseinandersetzungen.

*Holtappels/Tillmann* präsentieren in der Fachzeitschrift „Pädagogik" empirische Forschungsergebnisse bezüglich des Gewaltaufkommens an Schulen und deren Verursachung:[191]

Auch die Forschungsergebnisse von *Holtappels/Tillmann* bestätigen ein lediglich geringes Gewaltaufkommen an Schulen. Ein konträrer Aspekt zur Aussage der oben aufgeführten Autoren *Busch/Trott* liegt jedoch darin, dass schulexterne als auch schulinterne Ursachen für gewalttätiges Handeln mitverantwortlich sind. Zwar messen auch *Holtappels/Tillmann* den schulexternen Faktoren wie das Erziehungsklima in der Familie, die Integration in aggressive Gruppen sowie einen gesteigerten Konsum von Gewalt-, Porno- oder Horrorfilmen einen höheren Anteil an Verursachung bei, doch sehen sie auch die schulinternen Faktoren als nicht zu ignorieren an; etwa die Ausprägung des innerschulischen Milieus, welches das Aggressions- bzw. Gewaltverhalten der Schüler prägen kann. *Holtappels/Tillmann* postulieren in ihrem Untersuchungsergebnis, dass das Sozialklima in Form von Ausgrenzung einzelner Schüler, fehlender Anerkennung des Schülers bei Mitschüler(innen) und eine selbst empfundene Außen-

---

[191] vgl.: Holtappels, H.G./Tillmann, K.-J.; „Hausgemachte" Gewaltrisiken – und was in der Schule dagegen getan werden kann. In Fachzeitschrift: Pädagogik; Ausgabe 1 (Januar); Jahr 1999; Seite 8 bis 12

seiterposition einen erheblichen Einfluss auf das Aggressionspotential der Schüler zugrunde legen. Einen Weiteren erheblichen Aspekt des Sozialklimas stellt die Lernumwelt der Schüler(innen) dar, mit einem erheblichen Einfluss auf die Gewaltentwicklung in der Schule – *Holtappel/Tillmann* sprechen hierbei von „innerschulischen Risikofaktoren“. In ihren Forschungsergebnissen lässt sich ein hohes Maß zwischen Gewalthandeln und Lernkultur ablesen.

Weiterhin lässt sich ein hohes Gewaltaufkommen an Schulen belegen, in denen Schüler(innen) mit Lern- und Leistungsschwächen unterrichtet werden, also Haupt- und Sonderschulen. So zeigt sich besonders bei Schüler(innen) mit Lernschwierigkeiten eine signifikant höhere Tendenz zur Gewaltanwendung, als bei den übrigen Schüler(innen). Demzufolge ließe sich das Gewaltaufkommen an Schulen reduzieren, wenn es gelänge, die Anzahl der Schüler(innen) mit schwachen Leistungen zu minimieren.

Im Kontext des Sozialklimas spielt auch die Schüler-Lehrer-Interaktion eine gravierende Rolle. Lehrer, die ihr Erziehungsverhalten einschränken, indem sie sich streng an Regeln halten und somit eine Disziplinierung der Schüler(innen) herbeiführen wollen, begünstigen das Aufkommen eines negativen Sozialklimas. *Holtappel/Tillmann* versuchen dieses Phänomen wie folgt zu umschreiben: *„Die starken Zusammenhänge restriktivem Lehrerverhalten und dem Gewalthandeln der Schüler(innen) lassen sich als Indiz für einen interdependenten Aufschaukelungsprozeß interpretieren, in dem nicht nur aggressive Handlungsmuster der Jugendlichen notgedrungen massive Lehrerreaktionen auslösen, sondern letztlich ein autoritär-diziplinierendes Klima wiederum gewaltförmige Bewältigungsmuster hervorruft.“*[192]

*Holtappel/Tillmann* belegen in ihrer Studie weiterhin das existieren eines harter Kerns von Mehrfach- oder Dauertätern. Vor allem bei der Anwendung körperlicher Gewalt treten Jungen zwei- bis dreimal so häufig in Erscheinung wie Mädchen. Dauer- oder Mehrfachtäter bilden etwa fünf bis sieben Prozent der gesamten Schülerpopulation, die in einigen Schulen durchaus zu einer erheblichen Belastung beitragen können. Den größten Anteil derartiger Gewaltaufkommen werden – wie *Holtappel/Tillmann* formulieren – von außen in die Schule importiert, was jedoch eine innerschulische Gewaltbeeinflussung nicht ausschließt, weil, wie bereits angemerkt, die Lehrer(innen) inadäquat auf das Aggressionsverhalten der Schüler reagieren.

Zehn Prozent der Schüler vertreten die Auffassung, dass

---

[192] vgl.: Holtappels, H.G./Tillmann, K.-J.; „Hausgemachte“ Gewaltrisiken – und was in der Schule dagegen getan werden kann. In Fachzeitschrift: Pädagogik; Ausgabe 1 (Januar); Jahr 1999; Seite 9

- auch wenn ich nichts ausgefressen habe, man mich sowieso auf dem Kieker hat;
- ich mich so gut benehmen kann wie ich will, man glaubt immer nur Schlechtes von mir;
- mich die meisten Lehrer schon aufgegeben haben.

Solche Schüler internalisieren diese Auffassungen, ausschließlich im negativen Licht betrachtet zu werden. Ein derartiges Verhaltensmuster führt unter Umständen zu einer dementsprechenden Behandlung seitens der Lehrer. Aggressive Verhaltensmuster aufweisende Schüler fühlen sich negativ geprägt und zum Versager und Übeltäter stigmatisiert. Gerade diese Schüler drohen in eine Außenseiterposition abzurutschen, was in einer erhöhten Aggressions- und Gewaltbereitschaft Ausdruck finden kann.

*Hofer/Pekrun/Zielinski* verweisen in ihrer Abhandlung auf ein durch Misserfolg entstehendes Aggressionspotential gegen die eigene Person, und zwar aufgrund persönlicher Unzulänglichkeit. Dieses entfaltet ein Abblocken sämtlicher Interventionsversuche[193] (→ Autoaggression). Doch nicht nur gegen die eigene Person gerichtete Aggression, auch Aggressionen gegen Sachen sind Folge von Misserfolgserlebnissen. Vandalismus erfährt eine sukzessive Ausprägung. Zudem merken auch *Hofer/Pekrun/Zielinski* an, Aggression kann infolge auftretender Disziplinproblemen auch gegen andere Personen gerichtet werden. Im Extremfall führt es bis zum Mord. Sie zeigen dies am Beispiel eines 14jährigem Jungen aus dem Jahre 1981 auf, der seine Mutter mit einem Kopfschuss tötete.

*Vandalismus*

Vandalismus in Schulen kommt laut *Busch/Trott* so gut wie gar nicht vor.[194] Beschädigungen gehen vielmehr zu Lasten von Unachtsamkeit oder rohem Umgang mit schuleigenen Gegenständen. Nur wenige Schüler gaben bei der Studie an, absichtliche Zerstörungen oder Beschädigungen an Schuleigentum herbeizuführen. Vandalismus tritt ohnehin nicht bei einzelnen Schülern in Erscheinung; er ist vielmehr Ausdruck aggressiven Verhaltens von Cliquen, die sonst überwiegend eine positive Funktion in Form einer Sozialisation des einzelnen Schülers übernehmen. Bildet sich in einer Schule jedoch eine Gruppe devianter Schüler, möglicherweise gar gewaltorientiert,

---

[193] vgl.: Hofer, M./Pekrun, r./Zielinski, W.; Die Psychologie des Lernens. In: Weidenmann, Krapp et al. (1993); Pädagogische Psychologie; Seite 272 bis 275

[194] vgl.: Busch, Ludger/Todt, Eberhard; Gewalt in der Schule. In: Rost, Detlef H. (1998); Handwörterbuch Pädagogische Psychologie; Seite 168 bis 169

führt das meist zu erheblichen Problemen mit Lehrern und anderen Schülern. Gewalttätige Aktivitäten devianter und aggressiver Gruppen entwickeln eine Art Eigendynamik, die zu einer Eskalation führen kann.

### *4.4.3 Bullying*

Bullying – übersetzt soviel wie Schikanieren (Mobbing) – stellt in Schulen ein besonderes Phänomen dar. Eine ausführliche Definition stellen *Busch/Todt* auf: *„Von Bullying spricht man dann, wenn eine oder mehrere Personen regelmäßig, über einen längeren Zeitraum wiederholt eine bestimmte andere Person, die sich aufgrund einer klaren Unterlegenheit kaum zur Wehr setzen kann, körperlich, verbal und/oder mit Hilfe indirekter Strategien (z.B. Ausschluss aus der Gruppe, Gerüchte verbreiten usw.) angreifen."*[195]

Ein typischer Bullie zeigt ein generell aggressives Verhalten mit einer Stabilität über einen Zeitraum von mindestens drei Jahren; auch Eltern und Lehrern gegenüber. Von der Persönlichkeitsstruktur her ist der Bullie eher weniger ängstlich als andere, tritt selbstsicher auf, verfügt über gute verbale Fähigkeiten, strebt nach Dominanz und Überlegenheit und ist in der Regel auch körperlich seinen Opfern überlegen. Er sieht aggressives Verhalten als etwas positives an und empfindet dem Opfer gegenüber kein bzw. lediglich geringes Mitgefühl. Er genießt in der Klasse ein durchschnittliches Ansehen und nennt meist eine kleine Gruppe von Bewunderern sein Eigen. Seinem Verhalten liegt weder ein besonderer Anlass in Form einer Provokation zugrunde, noch stellt es ein kompensiertes Ausmaß an Schwäche dar.

Als ängstlich und unsicher beschreiben *Busch/Todt* die typischen Opfer der Bullies. Sie genießen in der Klasse ohnehin wenig ansehen, beurteilen sich selbst eher negativ und sind körperlich schwächer als der Bullie. Der Reizauslöser, um Opfer von Bullying zu werden, liegt vor allem daran, dass das Opfer von der Klasse isoliert dasteht, Unsicherheit ausdrückt und nach einer Attacke in Weinen ausbricht. Äußerlichkeiten wie Haarfarbe, Brille, Sprache usw. werden zwar benutzt, ein ausgewähltes Opfer zu schikanieren, sind jedoch nicht Auslöser oder Grund eines Angriffs durch den Bullie. Als Folgeschäden von Bullying-Opfern sind im Alter von ca. 23 Jahren ein vermindertes Selbstwertgefühl sowie eine Neigung zur Depression zu diagnostizieren.

*Entstehung des Bullying*

---

[195] vgl.: Busch, Ludger/Todt, Eberhard; Gewalt in der Schule. In: Rost, Detlef H. (1998); Handwörterbuch Pädagogische Psychologie; Seite 169

Die „beste“ Voraussetzung eines „Bullying“ in der Klassengemeinschaft ist das Zusammentreffen eines typischen Bullyingtypus und eines Opfertyps, dem Prügelknaben. Ein Bullie in der Klasse übernimmt so etwas wie eine „Katalysatorfunktion“. Durch den Bullie wird Umgangston in der Klasse rauer und spielerische Aktivitäten entwikkeln im Allgemeinen aggressive Tendenzen, vor allem dem Opfer gegenüber. Kleine Streitereien eskalieren eher zu körperlichen Auseinandersetzungen. Nachdem der Bullie einige Zeit allein das Opfer schikaniert hat wird er versuchen, andere Schüler aus der Klasse für seine Attacken gegen das Opfer zu gewinnen. Kommt es zu einer Eskalierung der Situation, hat das Opfer schlimmstenfalls sogar die ganze Klassengemeinschaft gegen sich gerichtet und nimmt eine völlig isolierte Position ein. Vor allem wenn keine Gruppennorm gegen aggressives Verhalten existiert und der Lehrer ein aggressives Verhalten duldet, wird ein Bullying hierdurch zusätzlich gefördert.

Der Grund, warum ein Kind zum Bullie wird, sieht *Olweus*, auf den sich *Busch/Todt* beziehen, vor allem als einen Mangel an Wärme, eine laissez faire-Haltung oder aufgrund harter körperlicher Strafen.

Auch die Fachzeitschrift „Psychologie heute“ widmet sich der Thematik des Bullying.[196]

In der Abhandlung umschreibt die Autorin *Krumpholz-Reichel* das Bullying als Beziehungsaggressionen, welche wesentlich subtiler und komplizierter in Erscheinung treten. Vor allem bei Jungen scheint Bullying als akzeptables Mittel eingesetzt zu werden. Gaben bei einer Befragung unter 392 Schülern immerhin 25% der Jungen zu, solche Mittel gegen andere einzusetzen, bekannten sich lediglich 10% der Mädchen zu einem schikanierenden Verhalten; jedoch war die Studie schwerpunktmäßig auf Aggressionen bei Jungen aufgebaut. In einer zweiten, neutraleren Studie, wurde ein anderes Ergebnis gewonnen: Mädchen zeigen eindeutig mehr Beziehungsaggressionen als Jungen, die eher zu instrumenteller Aggression neigen. In der Regel ist ein gleiches Opferverhältnis von Jungen und Mädchen gegeben; im Fall einer Extremgruppenbildung scheinen Mädchen allerdings in erhöhtem Maße Opfer von Bullying zu werden.

Bezüglich der Spätfolgen des Bullying kommen Forscher des Max-Planck-Institutes für psychologische Forschung auf ein erstaunliches Ergebnis: Frauen, die Opfer von Bullying wurden, verfügten über ein ebenso hohes Selbstvertrauen wie Frauen, die nicht in eine Opferrolle gedrängt wurden; bei Männern herrscht ein, wie vorhin bereits

[196] vgl.: Krumpholz-Reichel, Anja; Ist Bullying männlich?. In Fachzeitschrift: Psychologie heute; Ausgabe 1 (Januar) Jahr 1998; Seite 14

angemerkt, hohes Maß an Depressionsvorkommen im Erwachsenenalter im Gegensatz zu Nichtopfern.

Einen Grund, weshalb Jungen ihre Opferrolle schwerer verkraften als Mädchen, versucht *Mechthild Schäfer* vom MPI zu deuten: Sie sieht die Ursache im Rangordnungsprinzip der Jungengruppen. Ist ein Junge aus der Gruppe verbannt worden, bleibt er es bis auf Weiteres außen vor. Mädchen hingegen pflegen sich in mehrere kleinere Gruppen einzubinden. Ist ein Mädchen aus dem Kreis einer Gruppe ausgestoßen, besteht für es die Möglichkeit, in einer anderen Gruppe schnell integriert zu werden. Jungen hingegen fallen durch die gesamte Rangordnung hindurch, was sie daran hindert, soziale Kompetenzen zu erwerben. Dies wiederum hat Einfluss auf den gesamten Verlauf ihres späteren Lebens.

*Myschker* sieht im Bullying sogar ein schwerwiegendes Verhaltensproblem.[197] Er erkennt hinter dem Terminus Bullying ein mutwilliges Norm- und/oder Wertverletzen, was unter Umständen extreme Ausmaße annehmen kann, so dass dieses Verhalten schon nicht mehr als Störung bezeichnet werden dürfte. Unter diesem Aspekt betrachtet stehen psychische Störungen im Vordergrund, die ein humanes Zusammenleben von Menschen unmöglich erscheinen lässt; *Myschker* nennt es „sozialisationsbedingte Entkoppelung". Im selben Kontext sieht er auch die Jugendgewalt in den neuen Bundesländern, welche dem Zusammenbruch der Gesellschaftsordnung zugrunde liegt. Weiterhin besteht ein Zusammenhang zwischen Bullying und einem Wert- und Autoritätsverlust bzw. einem Verlust stabilisierender Strukturen, Perspektivlosigkeit und steigender Zukunftsängste.

In den USA hat das Bullying an Ausmaßen zugenommen, dass den Lehrern nicht nur das Erreichen des Klassenziels als wesentlich erscheint, sondern dass die Kinder nach der Schule wieder unbeschadet nach Hause kommen.

---

[197] vgl.: Myschker, Norbert (1996); Verhaltensstörungen bei Kindern und Jugendlichen; Seite 53 bis 54

# 5 Automutilation

Im folgenden Kapitel gehe ich auf selbstschädigende Aggressionen ein: Autoaggressives Verhalten. Zwar werden die von mir im Nachhinein aufgeführten Selbstschädigungen in der Fachliteratur in verschiedenen Kategorien aufgezählt, doch subsumiere ich die selbstschädigenden Verhaltensweisen wie Autoaggression (im Sinne des Selbstbeschädigens durch Schneiden, Ritzen usw.), das Münchhausen-Syndrom, den Masochismus, die Bulimie, die Mager- und Fettsucht, die Selbstschädigung infolge Suchtmittels und suizidale Handlungen respektive den Suizid unter dem Oberbegriff der *Automutilation(en).*

## 5.1 Autoaggressionen

Obwohl der Terminus *Autoaggression* zugleich den Oberbegriff des ganzen Kapitals 7 beschreiben könnte, gebrauche ich diesen als Unterpunkt zur Darlegung jenes Verhaltens, welches mit der Selbstbeschädigung in Form von sich schneiden, ritzen, verbrennen, verätzen oder ähnlichem einhergeht. *Ahrens* beschreibt dieses Verhalten als „offene Selbstbeschädigung". Offen deshalb, weil die sich selbst verletzende Personen kein Geheimnis aus ihrem Handeln machen.[198] Die am Häufigsten angewendete Methode der Selbstbeschädigung ist das Schneiden bzw. Ritzen. Aber auch des Verbrennen mit Zigarettenstummeln, das Schlagen mit der Hand gegen den Kopf oder das Schlagen mit dem Kopf gegen eine harte Oberfläche finden hierbei Anwendung. Die sich in dieser Art schädigenden Personen können nach *Ahrens* Meinung offen über ihr Handeln und sogar bedenkenlos über Inzest oder Gewalt in der Familie sprechen; zudem macht es ihnen nichts aus, was sie mit ihrem Körper anstellen. *Ahrens* schiebt die Verursachung auf ein pseudoautonomes und unerreichbares Ideal von Unabhängigkeit, das aufgrund infantil-symbiotischer Bedürfnisse unbefriedigt bleiben muss. So fällt den Betroffenen das Sprechen über die eigene Selbstschädigung leichter als das Sprechen über deren Verursachung. *Steinhausen* bezieht zu den Automutilationen noch die Stereotypien mit ein, da, wie er postuliert, viele Automutilationen aus vorausgehenden Stereotypien resultieren.[199] Zum Beispiel könnte sich aus einer andauernden Schaukelbewegung des Kopfes ein Schlagen mit dem Kopf gegen harte Gegenstände entwikkeln.

---

[198] vgl.: Ahrens, S. (1997); Lehrbuch der psychotherapeutischen Medizin; Seite 303 bis 305

[199] vgl.: Steinhausen C. (1996); Psychische Störungen bei Kindern und Jugendlichen; Seite 120 bis 121

*Steinhausen* hält Stereotypien in Form von Jakationen bei Kleinkindern für keineswegs atypisch. Bei etwa 15 bis 20% der Säuglinge treten im Laufe ihrer Entwicklung derartige Jakationen in Erscheinung; sie sind im Normalfall kurzauftretend und manifestieren sich in der Regel nicht nach dem Alter von zwei bis drei Jahren. Manifestieren sich die Jakationen beim Kind dennoch, ersetzt das Kind die Manipulationen am eigenen Körper später durch ein Herumhantieren. *Steinhausen* beschreibt die Situationen, in denen Stereotypien auftreten, als „hochspezifisch". Sie treten hauptsächlich bei sozial isoliert aufwachsenden Kindern in Erscheinung. Sie empfinden Müdigkeit, erscheinen inaktiv oder depriviert. In der Regel sind Stereotypien dann um so ausgeprägter, wenn ein Kind wenig Stimulation aus seiner Umwelt erfährt, auf die es reagieren kann.

*Nissen/Trott* beschreiben die Autoaggressivität als eine direkte oder indirekte, psychische oder physische Selbstschädigung, meist in Verbindung mit psychogenen hirnorganischen oder psychotischen Grundkrankheiten.[200] Kinder drücken solch ein Verhalten meist durch Haarausreißen oder einem Mit-dem-Kopf-gegen-die-Wand-laufen aus, womit sie symbolische Handlungen ausdrücken, die eine Folge auswegloser Situationen darstellen.

Bei „normalen" Kleinkindern kommen nach *Nissen/Trott* Selbstverletzungen nur dann vor, wenn der Tod der geliebten Mutter zu betrauern ist, sich die Eltern getrennt haben oder einer schweren Krise mit der Stiefmutter besteht; das Kind verletzt sich vor allem durch Haarausreißen, Selbstschlagen, Kopfschlagen, Kratzen oder Beißen.

*Nissen/Trott* zählen die Körperstereotypien wie Daumenlutschen, Beißen an Nägeln, Nägelhäuten, Wangenschleimhaut und nächtliches Kopfschleudern zu den graduell abgestuften Selbstbeschädigungen und sehen diese als umgeleitete Aggressionen an. Gleiches gilt auch für indirekte Autoaggressionen im Suchtverhalten, wie Nikotin-, Drogen- oder Alkoholabhängigkeit bei Jugendlichen, Mager- und Fettsucht oder anderen chronischen Somatisierungen einhergehender psychosomatischer Erkrankungen.

Selbst in einem anderen Kontext sind autoaggressive Verhaltensweisen anzutreffen, und zwar bei schwachsinnigen Kindern. Sie weisen oftmals einen Hang zur Selbstverstümmelung auf, wie das Abkauen der Lippen oder Fingerkuppen. Schwachsinnige Kinder erkennen in der Regel nicht den Zusammenhang von Schmerz und Schmerzauslösern, worauf sie demnach nicht reagieren können. Weiterhin fehlt ihnen die Gabe, sich akustisch oder optisch zu informieren; viele schwer geistig behinderten Kinder erkennen sich nicht einmal selbst im Spiegel. Demzufolge bleibt ihnen lediglich eine

---

[200] vgl.: Nissen, G./Trott, G.-E.; Psychische Störungen im Kindes- und Jugendalter; Seite 121 bis 122

Auseinandersetzung mit sich selbst. Dies geschieht in Form von Lust- und Unlustgefühlen, die die Kinder während der Nahrungsaufnahme, der Stuhl-entleerung, in genitalen Manipulationen oder einer Schmerzzuführung ausdrücken. Ärzte und Schwestern bemerken immer wieder bei hochgradig schwachsinnigen Kindern eine Indolenz nicht nur bei seelischen, sondern auch in körperlichen Bereichen. Fallen oder stoßen sich die Kinder, stoßen sie weder Schmerzäußerungen heraus, noch geben sie Laute von Weinen oder Schreien ab.

*Wie entsteht Autoaggression bei nicht-schwachsinnigen Kindern?*

*Steinhausen* führt in Bezug auf diese Frage vier Hypothesen auf.[201]

- *Hirnorganische Hypothese:* Hierbei wird angenommen, dass gestörte physiologische Prozesse vorliegen, da bei einigen Formen der geistigen Behinderung geminderte Schmerzempfindlichkeit vorliegt; ebenso kann eine Automutilation infolge einer Mittelohrentzündung bei schwachsinnigen Kindern in Erscheinung treten.
- *Lerntheoretische Hypothese:* In der lerntheoretischen Hypothese wird von einer entweder positiven oder negativen Verstärkung ausgegangen. Durch Beobachtungen und entsprechenden Experimenten geht man davon aus, eine positive soziale Verstärkung beeinflusse das automutilative und stereotype Verhalten. Eine negative Verstärkung läge dann vor, wenn damit beispielsweise einer Anforderung aus dem sozialen Umfeld entgangen werden kann, zum Beispiel durch das Beenden eines aversiven Reizes.
- *Autostimulationshypothese:* Die Autostimulationshypothese nimmt an, Stereotypien und Automutilationen stellen eine Methode dar, um vom Organismus eine angemessene Aktivation zu erzeugen; basierend auf einem Versagen der Umwelt oder durch sensorische, kognitive bzw. persönlichkeitsabhängige Verarbeitungsdefizite.
- *Psychodynamische Theorie:* In der psychodynamischen Theorie wird davon ausgegangen, dass das Kind bzw. der Jugendliche einen Versuch unternimmt, seine Ich-Grenzen zu erkunden und versucht eine Körperrealität herzustellen. Diese Annahme entzieht sich laut *Steinhausen* am stärksten von allen Hypothesen einer empirischen Überprüfbarkeit.

Die eben aufgeführten Hypothesen schließen einander nicht aus und können unter Umständen kooperieren.

---

[201] vgl.: Steinhausen C. (1996); Psychische Störungen bei Kindern und Jugendlichen; Seite 120 bis 121

Auf die von *Steinhausen* als empirisch schwer überprüfbar beschriebene Psychodynamische Theorie zurückkommend, beziehe ich mich nachfolgend auf eine Abhandlung von *Koch*:[202]

*Koch* beschreibt in ihrer Abhandlung die selbst zugefügten Leiden eines Mädchens, einer Selbstverletzerin; ihre Arme sind übersät mit Schnittwunden.

Selbstverletzendes Verhalten stellt ein Phänomen dar, welches in den letzten Jahren immer mehr an Aktualität gewonnen hat. Darauf fußend, dass eine epidemische Zunahme dieses Verhaltens zu verzeichnen ist. Der Göttinger Psychiater *Ulrich Sachsse* schreibt dem selbstverletzendem Verhalten in den 90er Jahren eine ähnliche Bedeutung zu, wie seinerzeit in den 70er Jahren der Magersucht und in den 80er Jahren der Bulimie. Leider beschäftigen zur Zeit noch wenige Fachleute mit dem Phänomen der Selbstverletzung, weshalb, wie auch *Steinhausen* postulierte, die empirischen Werte fehlen. Sachsse beziffert den Anteil der Selbstverletzer auf etwa zwei von hundert psychisch stationär behandlungsbedürftigen Kranke; 200.000 sind nach Schätzungen deutschlandweit vom Phänomen der Selbstverletzung betroffen.

Die Persönlichkeit der Betroffenen ist meist weiblicher Natur. Ist vereinzelt jedoch einmal ein Mann hiervon betroffen, weist dieser sehr feminine Züge auf. Der Altersbereich der Betroffenen liegt zwischen 16 und 25 Jahren, wobei zwei Drittel der Betroffenen ein schweres Trauma in der Kindheit durchlebten; in der Regel schweren sexuellen Missbrauch durch die Eltern oder Bekannte, Vergewaltigung, Misshandlung oder Missbrauch zur Kinderpornographie, so dass postuliert werden kann: Je stärker der selbst zugefügte Schmerz, desto größer das in der Kindheit erlebte Trauma.

Als klassisch weiblich bezeichnet *Koch* die Autoaggression. Im Gegensatz zu Männern, die ihren Aggressionen im sozialen Umfeld freien Lauf lassen und ausleben, tragen Mädchen bzw. Frauen ihre Aggressionen nicht nach außen, sie verfallen in Depressionen und reagieren autoaggressiv auf die Traumata. Ihre Aggressionen schaffen sie nicht gegen den eigentlichen Täter zu richten, weil meist eine hohe emotionale Abhängigkeit zum Täter besteht. Der schweizer Psychologe *Rauchfleisch* schreibt den Selbstverletzern große intrapsychische Spannungen, erhebliche Depressivität, Hemmungen im Bereich der Aggression, starke Affektblockierung, eine geringe Frustrationstoleranz, eine wenig stabile Ich-Integration und ausgeprägte autoaggressive Züge zu, besonders jedoch bestehen ein ausgeprägter Selbsthass und Selbstwertstörungen. Selbstverletzungen stellen jedoch keine Art der Selbstbestrafung dar, sie sind vielmehr

---

[202] vgl.: Koch, Sannah; „Wenn ich mich schneide, werde ich ruhig". In Fachzeitschrift: Psychologie heute; Ausgabe 9 (September); Jahr 1998; Seite 10 bis 11

ein Mittel, seelische Spannungen abzubauen. Greifen Frauen einmal zum Messer, damit sie so ihrer seelischen Spannung verlustig werden, geraten sie in eine Art Trance, wobei das austretende Blut ein Gefühl von Wärme und Lebendigkeit vermittelt; das Resultat ist ein Zustand der Befreiung und der Erleichterung. Aus Nachfragen betroffener Frauen ließ sich erkennen, dass Selbstverletzen ein Überspielen des eigentlich traumatischen respektive psychischen Schmerzes ist und zum Betäubungsmittel für ein unerträgliches seelisches Leid mutiert. *Sachsse* sieht im Phänomen der Selbstverletzung die einzige Möglichkeit der Selbstfürsorge, ja geradezu eine überlebenswichtige Funktion übernimmt; sogar zur Suizidprophylaxe scheint die Selbstverletzung dienlich.

*„Wenn einer Frau ihr Körper in einer seelische Notlage abhanden komme, sie also außer sich gerate, verschaffe ihr die Selbstverletzung ein Grenzerleben des Lebendigseins, erklärt Sachsse."*[203]

In der Regel steht allerdings der beruhigende Effekt der Selbstverletzung im Vordergrund. Eine Heilung ist nur schwer zu prognostizieren, eine therapeutische Behandlung nähme, wenn überhaupt anwendbar, wahrscheinlich Jahre in Anspruch.

*Steinhausen* verweist in seinem Buch auf die Verhaltenstherapie zur Abwendung schwerer Selbstverletzungen bzw. Verstümmelungen.[204]

## 5.2 Das Münchhausen-Syndrom

Im Gegensatz zum Münchhausen-Stellvertreter-Syndrom[205], bei dem einem Kind bzw. einem Jugendlichen Symptome einer Krankheit suggeriert oder infolge von Dreingabe medikamentöser Substanzen hervorgerufen werden, rufen beim Münchhausen-Syndrom die Betroffenen selbst Krankheiten hervor bzw. geben vor, an solchen zu leiden.

*Ahrens* beschreibt das Münchhausen-Syndrom folgendermaßen:[206] Der Typus eines Münchhausen-Patienten erfindet, wie einstmals Baron Münchhausen seine Geschichten erfand, ihre Krankheitsgeschichten, die ebenso dramatisch wie erfunden seien.

---

[203] vgl.: Koch, Sannah; „Wenn ich mich schneide, werde ich ruhig". In Fachzeitschrift: Psychologie heute; Ausgabe 9 (September); Jahr 1998; Seite 11

[204] vgl.: Steinhausen C. (1996); Psychische Störungen bei Kindern und Jugendlichen; Seite 121

[205] vgl. hier: Kapitel 6.3.2.1 Aggressionsursache Misshandlung; Seite 159

[206] vgl.: Ahrens, S. (1997); Lehrbuch der psychotherapeutischen Medizin; Seite 303

Ein derartiges Krankheitsverhalten resultiert aus der frühen Kindheit und findet im Erwachsenenalter eine Art Renaissance, es wird wiedererweckt. Das Münchhausen-Syndrom basiert hauptsächlich auf dem Zusammenbruch von Beziehungen zu Primärobjekten in den frühen Lebensjahren, langen psychischen und physischen Erkrankungen der Eltern, eigenen Krankheiten als Kind mit langer Hospitalisierung, Weisenhauserziehung oder wechselnden Pflegestellen.

In ca. 75% der Fälle stehen vorgespielte Schmerzen im Vordergrund, in 31% Blutungen. Auch Bewusstlosigkeit, Krämpfe und Suizidalität kommen in vielen Fällen vor. Einige Patienten treiben ihre erfundenen Krankheiten soweit, dass es unter Umständen gar zu Amputationen oder zahlreichen sinnlosen Operationen kommt. Es wurden Fälle bekannt, in denen man Patienten regelrecht zu Tode röntge.

In den zukünftig entstehenden Familien am Münchhausen-Syndrom leidender Jugendlicher oder junger Erwachsener, treten oftmals Dissozialität, Delinquenz, Sucht, Kindesmisshandlung und Inzest in Erscheinung, ein hoher Anteil wird straffällig, besonders wegen Alkohol- oder Drogendelikten. Weiterhin steht das Münchhausen-Syndrom einer normalen Berufsausübung im Wege und ist Voraussetzung für mehrmalige stationäre psychiatrische Behandlungen, oftmals aufgrund überdurchschnittlich häufiger Suizidversuche. Im Gegensatz zum Selbstverletzen, in dem Frauen fast ausschließlich die Betroffenen stellen, bilden beim Münchhausen-Syndrom die Männer mit einem Anteil von zwei zu eins die Mehrheit der Erkrankten.

Die Ursache des Münchhausen-Syndroms liegt nach *Ahrens'* Auffassung in der frühen Kindheit begraben. Unerträgliche Erfahrungen unzuverlässiger und sadistischer Primärobjekte konnten narzisstisch nicht adäquat verarbeitet werden und suchen nun nach deren Bewältigung. Der Träger des Münchhausen-Syndroms scheint nicht in der Lage, sein negatives Selbstbild bzw. das negative Bild der Eltern in sein Ich zu integrieren. Er lebt damit, ein ungeliebtes, unbeachtetes, ja vielleicht sogar gehasstes Kind zu sein und womöglich noch misshandelt wird/wurde; die Eltern sehen es als nicht liebens- oder bewundernswert an. Diese Umstände treffen die Kinder in ihrer Entwicklung so früh, dass sie diese nicht bewältigen können. Sie internalisieren demzufolge eine narzisstische Abwehrform, um somit in die Rolle eines im Mittelpunkt stehenden Patientenkindes zu schlüpfen, dass um die Besorgnis und die Bemühungen der Eltern buhlt.

## 5.3 Essstörungen als selbstschädigendes Verhalten

### *5.3.1 Essstörungen bei Kindern*

*Nissen/Trott* definieren die Essstörungen in Störungen des Appetits und der Nahrungsaufnahme.[207] Derartige Störungen treten bei Kindern und Jugendlichen oftmals in Erscheinung, ohne dass organische oder aber erkennbare organische Schäden zugrunde liegen; schon bei 20% der Schulanfänger lassen sich Appetitstörungen diagnostizieren.[208]

Essstörungen finden ihren Ursprung unter Umständen schon im Neugeborenen- bzw. Säuglingsalter, sind jedoch in der Regel nicht organischen Ursprungs. Der Säugling wird *„mit Küssen und Milch ernährt"*. Somit beruht der Stillvorgang grundsätzlich auf einer Mutter-Kind-Interaktion in Form von einem Geben und Nehmen. Instinktmäßig versucht die Mutter dem Säugling viel zu geben, woraufhin sie vom Säugling eine Dankbarkeit erfährt. Sie bekommt von ihm etwas zurück, was bei ihr Befriedigung auslöst. Daraufhin versucht sie, dem Säugling noch mehr zu geben, der Säugling nimmt es dankbar auf. Nimmt sich der Säugling nur schwerlich der ihm dargebotenen Nahrung an oder verweigert er die Nahrungsaufnahme gänzlich, provoziert er mit diesem Verhalten Spannungen in der Mutter. Fasst die Mutter die Nahrungsverweigerung so auf, dass sie die Schuld an der unbefriedigenden Nahrungsaufnahme des Säuglings trägt, reduziert sich möglicherweise ihre Milchproduktion. Sie kann somit weniger Milch dem Säugling zur Verfügung stellen, was wiederum einen Nahrungsmangel für den Säugling zur Folge hat. Demnach ist sie nicht mehr in der Lage, dem Säugling die von ihm benötigte Menge zuführen, der Säugling nimmt weniger auf – ein Teufelskreis. Nach *Nissen/Trott* ist die Muttermilch nicht durch ein Zuführen künstlicher Nahrung zu ersetzen.

Appetitstörungen treten bereits bei Kleinkindern in Erscheinung, was jedoch im unmittelbaren Zusammenhang mit Vorliebe zu bestimmten Speisen steht; meist besteht allerdings bei allen Kindern ein besonderer Hang zu süßen Speisen. Ein Unterschied besteht bei Kindern darin, dass es Kinder gibt, die gerne essen, und Kinder, die weniger gerne essen, also das Essen nur als Mittel zum Zweck ansehen.

---

[207] vgl.: Nissen, G./Trott, G.-E. (1995); Psychische Störungen im Kindes- und Jugendalter; Seite 175

[208] Als ***Appetit*** wird ein gerichtetes Nahrungsverlangen bezeichnet; er ist physiologischen Schwankungen unterworfen. ***Hunger*** hingegen ist ein nicht speziell gerichtetes Verlagen bezüglich einer bestimmten Nahrung, sondern der Wunsch nach Sättigung.

Oftmals über das Essverhalten ihrer Kinder schimpfende Mütter stehen meist im Widerspruch zum Ernährungsstand der Kinder, denn diese naschen meist zwischen den Malzeiten oder trinken kalorienreiche Getränke, weshalb sie während der Hauptmalzeiten wenig Essen zu sich nehmen. Schon in diesem Alter entdecken einige Kinder das Essen als eine Art Machtinstrument gegenüber der Mutter bzw. den Eltern. Das Kind isst nicht, es trödelt oder verweigert die Nahrungsaufnahme total, um zu erlangen, dass die Mutter eine dem Kind nach ungerechte Reglementierung aufhebt; diese können aus älteren oder aktuellen Konflikten resultieren.

*Nissen/Trott* unterscheiden in ihrer Abhandlung Kinder, die sich inappetent entwikkeln und Kindern, die sich hyperappetent entwickeln.

### *5.3.2 Futterstörung im Säuglings- und Kleinkindalter*

Einer Futterstörung im Säuglings- oder Kindesalter können mannigfaltige Ursachen zugrunde liegen und bereits kurz nach der Geburt beginnen.[209] Sie macht sich dadurch bemerkbar, dass der Säugling nicht aufwacht, nicht saugt oder nur eine geringe Menge der Muttermilch trinkt. Ab dem vierten Lebensmonat ist dann ein Säugling in der Lage, seine Lippen selbst zu schließen, wenn ihm eine Flasche oder ein Löffel zum Mund geführt wird. Ist das Kind älter, verweigert es den Löffel oder die Gabel in die Hand zu nehmen. Essen erscheint ihm nicht von Interesse. Hauptsächlich tritt eine Futterstörung während vorübergehenden Stressproblemen in Erscheinung, wie etwa ein Wechsel der Bezugsperson, die Geburt eines Geschwisters oder bei Infektionskrankheiten. Hält eine Futterstörung länger vor, liegt das möglicherweise an einer Unfähigkeit der Bezugsperson; sie erkennt die emotionalen Bedürfnisse des Säuglings nicht. So kommt eine Futterstörung in der Regel häufig bei Kindern vor, deren Eltern zu ängstlicher und überfürsorglicher Kontrolliertheit neigen.

Die Nahrungsaufnahme ist für das Kind nicht nur das Mittel zur Sättigung, sondern geht vielmehr in Form einer Identifizierung mit dem Geliebt- und Umsorgtwerden einher. Gerade in der Kleinkindzeit besteht eine besondere Gefahr von heftigen Machtkämpfen um das Essen mit den Eltern. Manche Kinder essen nur auf Zureden der Eltern hin brockenweise, andere Kinder erdulden stillschweigend ihre Überfütterung, was unter Umständen zu einer Fettsucht führen kann. Zuweilen kommt es vor, dass Kinder zwar ein Übermaß an Essen zur Verfügung haben, aber ein Zuwenig an emotionaler Zuwendung der Eltern bekommen. Um diesen Liebesmangel zu befriedi-

---

[209] vgl.: Nissen, G./Trott, G.-E. (1995); Psychische Störungen im Kindes- und Jugendalter; Seite 176

gen, versuchen sie dieses durch ein übermäßiges Essverhalten zu überlagern. Derartige Essstörungen enden oftmals in der Fett- oder Magersucht.

### *5.3.3 Anorexia nervosa (Magersucht)*

*„Die Anorexia nervosa ist eine Essstörung, die durch die Weigerung gekennzeichnet ist, das Körpergewicht über einem auf Alter und Körpergröße bezogenen minimalen Normgewicht zu halten. (...) Dieser Gewichtsverlust kann (...) mit verschiedenen Methoden selbst herbeigeführt werden."*[210] Darüber hinaus besteht eine gravierende Körperwahrnehmungsstörung und eine große Angst vor dem Dickwerden. Die Kriterien der Anorexia nervosa sind in der ICD-10 definiert. Nachfolgend werde ich in kurzen Stichworten den ICD-10 Inhalt aufzeigen:

- Das Körpergewicht liegt wenigstens 15% unter dem erwarteten Gewicht, das entweder durch selbst gewollte Abnahme herbeigeführt oder nie erreicht wird. Bei Jugendlichen in der Vorpubertät kann die zu erwartende Gewichtszunahme während des Wachstums ausbleiben.
- Der Gewichtsverlust wird selbst herbeigeführt durch:
  - Vermeidung von hochkalorischen Speisen und eine oder mehrere der
  - folgenden Möglichkeiten:
  - selbstinduziertes Erbrechen
  - selbstinduziertes Abnehmen
  - übertriebene körperliche Aktivität
  - Gebrauch von Appetitzüglern und/oder Diuretika
- Die Angst, zu dick zu werden, als tief verwurzelte Idee und das vorgeben einer niedrigen Gewíchtsschwelle
- Beginnt die Erkrankung vor der Pubertät, verzögern sich die pubertären Entwicklungsschritte oder sie werden gehemmt (Wachstumsstop, fehlende Brustentwicklung und primäre Amenorrhö, bei Jungen bleiben die Genitalien kindlich).

Von der Anorexia nervosa sind in der Regel eher Mädchen als Jungen betroffen (die Quote liegt bei circa 15 bis 20 mal häufiger); das Alter der betroffenen Mädchen gipfelt zwischen dem 14ten und 20ten Lebensjahr. Sie sind anfangs nicht unbedingt appetitlos, sie streben nach einer immer größeren Magerkeit und denkend fortwährend an

---

[210] vgl.: Steinhausen C. (1996); Psychische Störungen bei Kindern und Jugendlichen; Seite 173

das Essen.[211] Das betroffene Mädchen fastet entweder oder nimmt ausschließlich kalorienarme Malzeiten zu sich. Unter Umständen erbricht sie sich freiwillig wieder oder entledigt sich dessen auf andere Art. Beispielsweise durch Einnahme von Abführmitteln. Die Mädchen betrachten sich sehr häufig im Spiegel, sammeln Rezepte und kochen gerne für andere; die eigene Malzeit wird auf ein Minimum reduziert. Aufgrund einer erheblich gestörten Körperwahrnehmung bestehen große Ängste in Bezug auf eine Gewichtszunahme; die Mädchen nehmen ihre eigene Abnahme nicht wahr, halten sich in der Regel für normalproportioniert oder aber für noch zu dick, was mit der Zeit zu erheblicher körperlicher Auszehrung führt und auch ein Hunger- oder Sattgefühl nicht mehr erkennen lassen.

Doch nicht nur äußerliche Merkmale deuten auf das Erkranken an einer Anorexia nervosa hin, auch psychopathologische Anzeichen können als Zeichen einer solchen Erkrankung durchaus gedeutet werden. So treten hysterische, unreife und depressive Persönlichkeitsanteile in den Vordergrund und es kommt zu einem sozialen Rückzug. Weiterhin weisen die Erkrankten ein vermindertes Selbstwertgefühl sowie eine Interesseneinschränkung auf. Zuweilen kommt es zu einem Verharren der Gedanken auf Ernährung und Gewicht, einem Verlieren der sozialen Kontakte und dem Verlustigwerden des Realitätsbezugs; auch Schlafstörungen und Stimmungswechsel sind diagnostizierbar. Depressive Symptome finden ihren Ursprung unter anderem im Hungern.[212] Auf die somatischen Symptome der Anorexia nervosa gehe ich nicht weiter ein, da es zu weit in den medizinischen Kontext hineinspielt.

*Auslösefaktoren der Anorexia nervosa*

Zu den Auslösefaktoren zählen unter anderem familiäre Spannungen oder Probleme, der Verlust von Bezugspersonen, Hänseleien und Necken wegen einer primären Adipositas. In den Familien der Betroffenen herrschen unter Umständen abnorme Einstellungen bezüglich des Essens und des Gewichts, Störungen der intrafamiliären Interaktion sowie Kommunikation und eine Belastung durch psychiatrische und körperliche Krankheiten.

Eine Manifestation der Anorexia nervosa erfolgt sehr selten während der Pubertät, sie beginnt eher vor dieser. Aufgrund dessen verzögert sich der Eintritt in die Pubertät, woraus sich wiederum körperliche Unterentwicklungen ergeben (können). Tritt bei Jungen eine Anorexia nervosa in Erscheinung, führt dieses möglicherweise zu einer

---

[211] vgl.: Ahrens, S. (1997); Lehrbuch der psychotherapeutischen Medizin; Seite 456 bis 458

[212] vgl.: Steinhausen C. (1996); Psychische Störungen bei Kindern und Jugendlichen; Seite 175

abweichenden Geschlechtsrollenidentifikation und schwerer Symptomatik mit einer ungünstigen Prognose.

Weiterhin schreibt *Steinhausen* den erkrankten Mädchen eine erschwerte Abnabelung aus dem Elternhaus zu, sowie eine Entwicklungsstörung bezüglich einer Autonomie und der Selbständigkeitsentwicklung.

*Nissen/Trott* sehen die Anorexia nervosa als eine typisch vorpubertäre Erkrankung an, die bei 0,5% der Mädchen und 0,02% der Jungen in Erscheinung tritt, wobei Balletttänzerinnen eine erhöhte Population der Erkrankten bilden. Ob eine Steigerung der Anorexia nervosa in den letzten Jahren stattgefunden hat, wird, so *Nissen/Trott*, kontrovers diskutiert. Ihrer Ansicht nach ist die Anorexia nervosa eine typisch psychosomatische Erkrankung.

### *5.3.4 Bulimia nervosa*

Eine Bulimia nervosa (Ess-Brech-Sucht) zeichnet sich durch Heißhungerattacken aus, in denen große Mengen an Nahrung aufgenommen werden. Im Gegensatz zur Anorexia nervosa erkennen Bulimikerinnen ihr abnormes Essverhalten an, fürchten jedoch, nicht mehr aus eigenem Antrieb mit dem Essen aufhören zu können, woraus sich im Nachhinein depressive Verstimmungen und Schuldgefühle entwickeln können.

Bulimie stellt mitunter ein Symptom bei der Anorexia nervosa dar, wie auch ein Symptom bei einer Adipositas. Auch hier sind die Kriterien in der ICD-10 definiert, die ich verkürzt darstelle:[213]

- Es besteht eine andauernde Beschäftigung mit den Essen, eine unwiderstehliche Gier nach Nahrungsmitteln, so dass innerhalb kurzer Zeit eine Übermenge an Nahrungsmitteln konsumiert wird.
- Die Erkrankten versuchen mit verschiedensten Mitteln einer Zunahme des Körpergewichts infolge der gesteigerten Nahrungsaufnahme entgegenzuwirken, indem sie ein Erbrechen induzieren, Abführmittel einsetzen, Hungerperioden einlegen, Appetitzügler schlucken, Schilddrüsenpräparate missbrauchen und Duiretika einnehmen.
- Es besteht eine psychopathologische Auffälligkeit einer krankhaften Furcht dick zu werden. So setzen sich die Betroffenen eine Gewichtsgrenze unterhalb des vom Arzt als optimal bezeichneten Gewichtes.

---

[213] vgl.: Ahrens, S. (1997); Lehrbuch der psychotherapeutischen Medizin; Seite 459

- Oftmals lässt sich in der Vorgeschichte der Betroffenen eine Anorexia nervosa feststellen, die entweder voll ausgeprägt oder aber verdeckt war.

Nachdem ein „Fressanfall“ stattfand, folgen zwingende Kontrollmaßnahmen; der Durchbruch des Esstriebes steht in Verbindung mit einem Verlust der persönlichen Kontrolle und muss in einer Reinigungsaktion rückgängig gemacht werden. *„Das bulimische Verhalten zeichnet sich aus durch die gegensätzlichen Strebungen nach oraler Befriedigung und reinigender Entleerung, Inkorporation und Exkorporation – es ist im Kern ambitendent.“*[214]

Im Gegensatz zur Anorexia nervosa wird bei der Bulimia nervosa kein bestimmtes Wunschgewicht angestrebt, es liegt meist im Bereich des Normalgewichtes oder leicht darunter; eine Magerkeit oder extreme Schlankheit soll nicht erreicht werden. Neben verschiedenen körperlichen Folgesymptomen finden sich durchaus auch soziale Auffälligkeiten wie gehäufte Ladendiebstähle, Schulden und manchmal auch selbstverletzendes Verhalten.

*Steinhausen* beziffert das Kalorienquantum auf 15.000 bis 20.000 Kalorien pro Tag; anders ausgedrückt auf das 27fache der täglich empfohlenen Nahrungsmenge[215], die meist aus hochkalorischen und süßen Speisen besteht und eine weiche Konsistenz aufweist. Neben einem meist geheimen Verzehr der Nahrungsmittel, die im übrigen mehr geschlungen denn gekaut werden, bekommen die Betroffenen das Gefühl, sie verlören die Kontrolle über ihr Essverhalten. Als Auslöser solcher Fressattacken dienen unter anderem das Gefühl einer inneren Spannung, Langeweile, Einsamkeit und Angst. Zwar bringen die Essanfälle eine kurzfristige Entspannung der Situation, es folgen jedoch nach der Essorgie die Gefühle von Scham, Schuld und Wut. Beendet wird eine übersteigerte Nahrungsaufnahme infolge körperlichen Unwohlseins, Erschöpfung, einem Hinzukommen Dritter, einem Mangel an weiteren Nahrungsmitteln, einem selbstausgelösten Erbrechen oder Schlaf. Hinzu kommen noch depressive Verstimmungen, die bis zu Suizidgedanken führen können.

Das Beenden der gesteigerten Nahrungsaufnahme durch Erbrechen ist klinisch beobachtet worden. Es reicht von einmal 14täglich bis hin zu 15mal(!) an einem Tag unter Anwendung beachtlicher Techniken, mit dem Ziel, auch die letzten Nahrungsreste wieder hervorholen.

---

[214] vgl.: Ahrens, S. (1997); Lehrbuch der psychotherapeutischen Medizin; Seite 459

[215] vgl.: Steinhausen C. (1996); Psychische Störungen bei Kindern und Jugendlichen; Seite 179

*Verursachung der Bulimia nervosa*

Wie auch bei der Anorexia nervosa sind multiple Faktoren bei der Verursachung im Spiel. Es liegen unter Umständen Störungen in den früheren Objektbeziehungen vor, verbunden mit einer gestörten Mutterbeziehungen oder die Folge einer Ich- bzw. Charakterstörung sind.

Auch *Nissen/Trott* sehen in der Bulimia nervosa das Resultat eines neurotischen Grundkonfliktes, verbunden mit einer erhöhten Selbstwertproblematik, die eine Unterstützung in sozialen Erwartungen finden, um einem Schlankheitsideal zu entsprechen.[216]

*Ahrens* beschreibt das Entstehen analog, quasi infolge eines Objektverlustes – einer speziellen Trennungsproblematik, die bereits früh in, oder aber vor der Pubertät stattfand.[217] In ihrer Entwicklungsgeschichte weisen die betroffenen Mädchen/Frauen allesamt eine orale Fixierung auf; sie benutzen – *wie in Kapitel 5.3.1 bereits Erwähnung fand* – die Nahrungsaufnahme als eine Art Kommunikationsmedium, aus der Kindheit mit übernommen. Gestützt wird das bulimische Verhalten noch von den Müttern der betroffenen Mädchen. Sie weisen ein ebenso ambivalentes Essverhalten auf und erleben dementsprechend ihre Töchter gleichermaßen ambivalent. Aufgrund einer neurotisch besetzten Ebene der Bulimia nervosa entsteht somit eine starke mütterliche Abhängigkeit. Infolgedessen entwickelt die Tochter ein mangelhaftes Selbstwertgefühl und besetzt in diesem Zusammenhang ihren Körper sozusagen phallisch. Mit dem phallischen Körpergefühl tritt die Betroffene in die Adoleszenzphase ein. Entstehen in Laufe der Zeit die ersten Freundschaften zum anderen Geschlecht, entsteht ein innerer Konflikt, den *Ahrens* als „Muttersucht" beschreibt. Die Muttersucht bildet eine phallische Übersetzung des Körpers und formt unter Umständen das Fortbestehen einer ödipalen Fixierung. Aufgrund dieser ödipalen Fixierung und der oben genannten phallischen Besetzung des Körpers, empfindet das betroffene Mädchen das Essen als orale Schwängerung und das Erbrechen als eine Abart der Kastration.

Wie bereits angemerkt, geht die Bulimia nervosa mit dem Verlassenwerden der Mutter einher; entweder einem tatsächlichem oder einem von der Tochter innerlich empfundenen. Um den Mutterverlust zu ersetzen, wendet sich die Tochter an den Vater, den sie nur durch das Erbringen besonderer Leistungen an sich binden kann. *Ahrens* spricht in diesem Kontext von einer „pseudo-ödipalen Stabilisierung", einer Art Notlösung, welche das Ausbrechen einer Bulimia nervosa bis in die Spätadoleszenz

---

[216] vgl.: Nissen, G./Trott, G.-E. (1995); Psychische Störungen im Kindes- und Jugendalter; Seite 182

[217] vgl.: Ahrens, S. (1997); Lehrbuch der psychotherapeutischen Medizin; Seite 460

verhindert. Infolge eines Objektverlustes, wie der Tod eines Elternteiles oder das Zerbrechen einer Partnerbeziehung, richtet sich das Denken der Betroffenen auf den eigenen Körper, der daraufhin als Ersatzobjekt angesehen wird. Die Nahrungsaufnahme verkörpert nunmehr das mütterliche Objekt, mit dem jetzt eine Verschmelzung herbeigeführt wird. Um das eigene Selbst jedoch vor einer zu mächtigen Verschmelzung zu retten, wird das mütterliche Objekt (das Essen) wieder ausstoßen bzw. erbrochen, was beim Bestehen des eigenen Selbstwertdefektes das Auftreten einer Depression verhindern soll.

Abschließend komme ich nochmals auf *Nissen/Trott* zurück, die den betroffenen Mädchen eine emotionale Labilität, eine erhöhte Ängstlichkeit und eine verminderte Impulskontrolle zuschreiben; eine erhöhte Anfälligkeit zu anderen Suchtmitteln ist ebenfalls gegeben.[218]

### *5.3.5 Adipositas*

Die Adipositas (Fettsucht) drückt sich durch eine ungewöhnliche und zum Übergewicht führende Ansammlung von Fettgewebe aus. So kann ein Überschreiten des Normalgewichts bezüglich einer Größen-Gewichts-Tabelle von mindestens 20% als eine Adipositas gedeutet werden, muss jedoch nicht unbedingt zutreffen, da dieses Kriterium als nicht genügend valide angesehen werden kann.[219] Diagnostisch gesehen bestehen bei jedem Menschen eine unterschiedliche Verteilung der Knochendichte, der Muskulatur und des Fettgewebes, was alles einen bestimmten Einfluss auf das Körpergewicht ausmacht. Aussagekräftiger ist die Bestimmung der Hautfaltendicke am Oberarm (Trizeps) mit einem speziellen Messinstrument. Aufgrund der nicht validen Bestimmungsmöglichkeiten einer Adipositas variieren die Zahlen bezüglich der auftretenden Häufigkeiten.

*Definition einer Adipositas*

Psychopathologisch ist eine Adipositas nur schwer spezifizierbar. Es können eine Vielzahl von Faktoren als Auslöser in Frage kommen. Auslösefaktoren sind beispielsweise emotionale, gehemmte oder overte Verhaltensauffälligkeiten, die sowohl als Reaktionen auf die Umwelt, als körperliche Störung sowie als ein Verhalten infolge einer inadäquaten Erziehungsstrategie einhergehen können; eine psychische Verhaltensauffälligkeit schreibt *Steinhausen* den Betroffenen – da nicht nachweisbar – nicht

---

[218] vgl.: Nissen, G./Trott, G.-E. (1995); Psychische Störungen im Kindes- und Jugendalter; Seite 182

[219] vgl.: Steinhausen C. (1996); Psychische Störungen bei Kindern und Jugendlichen; Seite 181

zu. Einzig die Folgen einer Adipositas führen unter Umständen zu psychischen Folgeschäden. Adipositas-Betroffene rangieren, ähnlich den behinderten Kindern und Jugendlichen, an hinterster Stelle der Beliebtheitsskala.

*Verursachungsfaktoren einer Adipositas*

Der Entwicklung einer Adipositas liegen mannigfaltige Faktoren zugrunde. So nehmen genetische, physiologische, alimentäre und psychologisch-lebensgeschichtliche Faktoren einen gravierenden Einfluss. Aufgrund der recht medizinisch beschriebenen genetischen, physiologischen und alimentären Darstellung, beschränke ich mich in meiner Arbeit auf die psychologisch-lebensgeschichtlichen Faktoren.

Wie auch bei der Anorexia nervosa liegt die Ursache einer psychischen Entstehung in der Adipositas in der frühen Kindheit verankert. Infolge einer unangemessenen Zufütterung beim Kleinkind, um Äußerungen seines Missempfindens zu stillen, internalisiert der Säugling eine Störung der Wahrnehmung von Hunger, Sättigung und seinem Körperwahrnehmungsgefühl. Die hierdurch vom Kleinkind empfundene Verbindung von physiologischen und motivationalen Bedürfnissen auf der einen Seite und einer daraus resultierenden Nahrungszufuhr auf der anderen Seite, entwickelt sich möglicherweise zu einer Beziehungsstörung zwischen ihm der Mutter. Das hierdurch internalisierte Verhaltensmuster löst im Laufe seines späteren Lebens immer wieder übermäßiges Konsumieren von Nahrungsmitteln aus, die eine emotionale Spannung bzw. Belastung sublimieren sollen.

Ein weiterer Aspekt der Ätiologie der Adipositas liegt im familiären Kontext. Liegen familiäre Vorbelastungen in Form von pathologischem Essverhalten oder Übergewicht vor, erhöht sich die Wahrscheinlichkeit des Kindes, an Adipositas zu erkranken.

In der Entwicklung einer Adipositassymptomatik spielt die reale Anwesenheit der Mutter als Objekt eine wichtige Rolle, postuliert *Ahrens.*[220] Wie bei allen anderen Suchtkrankheiten besteht auch zwischen der Mutter als Objekt und einer möglichen Sucht ein kausaler Zusammenhang, in dem die Nahrung als Droge betrachtet werden muss.

Oftmals sind solche Kinder von der Adipositas betroffen, deren Eltern sie unablässig verwöhnten und fütterten, weil sie entweder den Kindern keinen Triebaufschub zutrauten oder aufgrund ihres eigenen Versagens ihre Schuldgefühle damit zu kompensieren versuchten. Später versucht das Kind das mütterliche Objekt in der Nah-

---

[220] vgl.: Ahrens, S. (1997); Lehrbuch der psychotherapeutischen Medizin; Seite 463

rungsaufnahme zu finden, wenn sich sein Ich nicht genügend festigt. Bei jedem Verlust eines Objektes im Laufe seines Lebens bzw. einer Frustration oder Kränkung, verfällt das Kind in einen regressiven Rückgriff auf die orale Triebbefriedigung, die mit der gesteigerten Nahrungsaufnahme daherkommt. So versucht das Kind eine mögliche Einsamkeit mit einer gesteigerten Nahrungsaufnahme zu überdecken, womit sich ein Teufelskreis bildet, denn, wie bereits erwähnt, rangieren dicke Kinder am Ende der Beliebtheitsskala, was zu Einsamkeit und zu einer gesteigerten Nahrungsaufnahme führt...usw.

An Adipositas leidende Kinder neigen zu einer besonderen Form der *Aggressionsbewältigung*. Ihr Verlangen nach einer aggressiven Auseinandersetzung ist nicht besonders ausgeprägt; sie neigen eher zu einer spezifischen Form der Autoaggression, indem sie ihren Frust – im wahrsten Sinne des Wortes – in sich reinfressen. Es verarbeitet negative Gefühle sozusagen depressiv. Die Schweregrad einer depressiv verarbeiteten Aggression wird unter Umständen dadurch sichtbar, dass ein erhöhtes Maß an Beißen und am Verschlingen der Nahrung besteht. *Ahrens* versucht diese Art des autodestruktiven Verhaltens mit den Worten eines sexuell missbrauchten Mädchens zu verdeutlichen, die ihrer Meinung nach fett werden wollte, damit sie ihr Peiniger nicht mehr hinlegen konnte; sie umschloss sich mit einer dicken Mauer aus Fett.

## 5.4 Masochismus als autoaggressives Veralten

*Definition:*

Masochismus drückt das Empfinden von sexueller Erregung durch Erleiden von körperlichen oder seelischen Misshandlungen aus. Ausdruck findet er in Fesselungen, Schlägen und spezifischen Misshandlungen, bevorzugt oder ausschließlich als Methode sexueller Erregung eingesetzt.[221]

Nach *Steinhausen* setzt eine masochistische Veranlagung normalerweise erst im frühen Erwachsenenalter ein; masochistische Vorstellungen können jedoch bereits in der Kindheit bestanden haben; einen ätiopathalogenetischen Erklärungsansatz lässt sich seiner Auffassung nicht erkennen.[222]

---

[221] Benannt nach dem österreichischen Schriftsteller Sacher-Masoch, 1836-1895; Gegenteil von Sadismus.

[222] vgl.: Steinhausen C. (1996); Psychische Störungen bei Kindern und Jugendlichen; Seite 287

*Nissen/Trott* vermuten die Entstehung des Masochismus im Erziehungsstil der Eltern eines masochistisch Veranlagten.[223] So fußt die Entstehung maso-chistischer Tendenzen möglicherweise auf einer Prügelstrafe in der frühen Kindheit. Doch nicht nur körperliche Züchtigung, selbst verbale Äußerungen gegen das Kind könnten als Auslöser fungieren. Eltern, die ihre Kinder zwar nicht ständig schlagen, sie aber stets aufgrund von Kleinigkeiten kritisieren und benörgeln, verursachen hierdurch womöglich den gleichen Effekt wie durch eine Prügelstrafe. Die vom Kind infolgedessen erlittene Strafangst und Angstlust entwickelt sich zu Bestandteilen einer deformierten Sexualität, in welcher nicht ein Partner, sondern ausschließlich ein Sexualobjekt gesucht wird.

Eine Trennung von Masochismus und Selbstbestrafung, bei der zu einer Autoaggression kommt, postuliert *Mertens* in seiner Abhandlung über Masochismus.[224] Demzufolge ist eine Beziehung zu einer anderen Person eine unbedingte Voraussetzung für ein Ausleben des Masochismus. In den sexuellen Phantasien des Masochisten kommt es zuweilen zu einer Inszenierung zwischen dem liebeshungrigen Kind und einem strafenden und sexuell entgegenkommenden Elternteil.

Eine andere Art des Masochismus, ist der moralische. Diesem liegt das Bedürfnis zugrunde, geliebt werden zu wollen - und zwar in der Weise, wie sich das Kind die Bedürfnisbefriedigung der Eltern erwünschte, aber nicht bekommen hat. Nach dieser Betrachtungsweise erhält die masochistische Neigung den Anschein, dass es sich um die Zuneigung eines hassenden Liebesobjektes handelt. *Mertens* bezieht sich in seiner Abhandlung auf *Berliner*, der im Masochismus kein Triebphänomen wie Sadismus oder Aggression erkennt: *„Masochismus...eine durch libidinöse Bedürfnisse motivierte Abwehrreaktion gegen den Sadismus eines anderen Menschen.“*[225]

Die fehlende Zuneigung in der Kindheit, also das Nicht-geliebt-worden-sein, Demütigung oder Misshandlung wird abgewehrt, die gemachten schlechten Erfahrungen verleugnet und im eigenen Erleben in Zuwendung umgewandelt. Eine Verinnerlichung dieser Erfahrung wird ins Über-Ich übernommen und steht fortan als Teil des Charakters im Vordergrund.

*Ahrens* bezieht sich in seinem Text zum Masochismus auf *Freud*, der ein Triebschicksal postulierte, das die Verkehrung in das Gegenteil gegen die eigene Person ausdrückt.[226] Die Basis hierfür liegt im Sadismus und Masochismus begründet. Dem-

---

[223] vgl.: Nissen, G./Trott, G.-E. (1995); Psychische Störungen im Kindes- und Jugendalter; Seite 194

[224] vgl.: Mertens, W. (1998); Psychoanalytische Grundbegriffe; Seite 130 bis 134

[225] vgl.: Mertens, W. (1998); Psychoanalytische Grundbegriffe; Seite 131

[226] vgl.: Ahrens, S. (1997); Lehrbuch der psychotherapeutischen Medizin; Seite 53 bis 55

entsprechend wird die andere Person als Objekt aufgegeben und durch die eigene Person ersetzt, wodurch es zu einer Wendung gegen die eigene Person und Ersetzung des aktives Triebzieles in ein passives. So wird nunmehr eine Person gesucht, die infolge dieser Triebumkehr die Rolle des Subjektes übernehmen muss. Nach *Ahrens* erfolgt die Befriedigung bei einem derart charakterisierten Masochismus nach dem des Sadismus, wobei sich das eigene passive Ich an die Stelle des Sadisten stellt.

Freud unterscheidet drei Arten des Masochismus:

- den erogenen
- den femininen
- den moralischen

*Erogener* Masochismus resultiert aus einer Lust am Schmerz heraus und ist sowohl biologisch als auch konstitutionell begründet. Ihm liegt auch der *feminine* Masochismus zugrunde. Im femininen Masochismus versetzt sich der Mann in eine sonst für Frauen typische Situation, wie beispielsweise ein Koitiertwerden, verbunden mit der Bedeutung von Sühne und Schuld.

*Moralischer* Masochismus geht mit einer gelockerten Beziehung zur Sexualität einher; er fußt im wesentlichen auf unbewussten Schuldgefühlen.

# 6 Suizid im Kindes- und Jugendalter

Einleitende Worte zum Suizid

*„Als Suizid bezeichnet man ein bewusstes und überlegtes Handeln, um dem eigenen Leben ein Ende zu setzen. Dabei wird der Tod als unmittelbare Folge des Handelns erwartet.“*[227]

*„Die Autoaggression rührt von dem „Druck einer grenzenlosen Erbitterung her“, die angesichts der erlebten Hilflosigkeit nicht als Aggression nach außen, sondern gegen sich selbst gerichtet wird.“*[228]

*„Suizid heißt: Es gibt niemanden, der mich liebt, keiner, der mir hilft, das zu erreichen, was ich erreichen möchte und das zu sein, was ich sein möchte. Die Aggression ist nicht nur gegen die eigene Person, sondern auch gegen die anderen als aggressive Heimzahlung für inadäquate Stimuli und Unterstützung gerichtet.“*[229]

Suizid stellt gerade im Jugendalter von 15 bis 20 Jahren die zweithäufigste Todesursache dar.[230] Nach Steinhausen erhöht sich die Tendenz, an suizidale Handlungen zu denken und diese auch auszuführen, in der Adoleszenz erheblich.[231]

Aus Sicht der Erwachsenen ist die Vorstellung, dass ein Jugendlicher, geschweige denn ein Kind, einen Suizid verüben könnte, geradezu utopisch. Legt man dem Suizid den ausschließlichen Aspekt der Hoffnungslosigkeit zugrunde, ist es für den Erwachsenen nur schwer nachvollziehbar, ein Kind bzw. Jugendlicher sei in seinem – noch jungen Lebensabschnitt – einer Hoffnungslosigkeit verfallen, welche eine solche Tat rechtfertigen könnte. So wird die weitläufige Meinung vertreten, die Kindheit sei eine sorglos glückliche Zeit.[232] *Dickhaut* stellt die wohl am meisten gestellte Frage nach der Grenze, die die Kinder und Jugendlichen nicht überwinden können, vor ihr resignieren und keinen anderen Ausweg mehr sehen, als ihrem Leben ein Ende zu setzen.[233]

---

[227] vgl.: Kranjac, Thomas; Suizid. In: Wittchen, H.-U. [Hrsg. (1998)]; Handbuch Psychische Störungen; Seite 386

[228] vgl.: Oerter, R./Montada, L. (1998); Entwicklungspsychologie; Seite 360

[229] vgl. Myschker, Norbert (1996); Verhaltensstörungen bei Kindern und Jugendlichen; Seite 346

[230] vgl.: Nissen, G./Trott, G.-E. (1995); Psychische Störungen im Kindes- und Jugendalter; Seite 157

[231] vgl.: Steinhausen, C. (1996); Psychische Störungen bei Kindern und Jugendlichen; Seite 12

[232] vgl.: Orbach, I. (1990); Kinder, die nicht leben wollen; Seite 27

[233] vgl.: Dickhaut, H.H. (1995); Selbstmord bei Kindern und Jugendlichen; Seite 9

### 6.1 Kinder, Jugendliche und Suizid – ein Phänomen?

Im Kindesalter treten Suizidversuche und vollendete Suizide nur extrem selten in Erscheinung – auszuschließen ist suizidales Verhalten jedoch nicht. Im Jugendalter hingegen erreichen die *Suizidversuche* ihren Gipfel, doch stellt die Adoleszenz nicht den Lebensabschnitt dar, in dem die meisten Suizide vollendet werden.

*Nissen/Trott* beziffern die Anzahl der Suizidversuche auf das acht bis zehnfache der ausgeführten Suizide, wobei die Suizidversuche doppelt so häufig von Mädchen begangen werden wie von Jungen.[234] Um bei einem Kind oder Jugendlichen im Nachhinein abschätzen zu können, ob es sich um einen bewusst ernsthaften Suizidversuch handelte, erscheint insofern schwierig, da das Suizidrisiko von ihnen oftmals falsch eingeschätzt wird. Demnach kommt es immer wieder zu suizidalen Handlungen, die eine Art „Gottesurteilscharakter" aufweisen, weil sie einerseits sowohl demonstrative als auch andererseits ernsthafte Anteile in sich vereinigen; *Nissen/Trott* vergleichen jene Handlungen hier zurecht als eine Art „Russisches Roulette". Dementsprechend kommt es unter Umständen zu Suiziden, die ursprünglich lediglich als demonstrative anzusehen sein sollten aber tödlich endeten, da beispielsweise die Menge des zugeführten Giftes zu hoch war, oder aber die Menge des Giftes war zu gering, obwohl der Suizid ernsthaft in Erwägung gezogen wurde. Aus diesem Grunde erscheint ein solches Unterscheidungskriterium von vorn herein als unbrauchbar, um eine Suizidabsicht zu unterstellen; vielmehr muss bei Kindern und Jugendlichen nach einem Suizid(versuch) unbedingt die soziale Situation berücksichtigt werden.

Auch *Kranjak* sieht in einer Vielzahl von suizidalen Handlungen oftmals das Motiv, lediglich Aufmerksamkeit zu erregen[235]; hierauf gehe ich in Punkt *8.3.1 (vorgetäuschte Suizidversuche)* näher ein.

Laut *Orbach* zweifeln eine Vielzahl von Psychologen daran, dass Kinder unter zwölf Jahren überhaupt imstande sind, einen Suizid zu begehen unter dem Aspekt: *„Kinder sind zu Schuldgefühlen oder einem destruktiven Terror, den Voraussetzungen für Selbstmord, nicht fähig. Sie wissen nicht, was Tod bedeutet. Sie könnten keinen Selbstmord ausführen, auch wenn sie wollten, weil sie die planmäßige Durchführung überfordern würde."*[236]

---

234 vgl.: Nissen, G./Trott, G.-E. (1995); Psychische Störungen im Kindes- und Jugendalter; Seite 157ff.

235 vgl.: Kranjac, Thomas; Suizid. In: Wittchen, H.-U. [Hrsg. (1998)]; Handbuch Psychische Störungen; Seite 384ff.

236 vgl.: Orbach, I. (1990); Kinder, die nicht leben wollen; Seite 18

## 6.2 Suizid-Theorien

Wie bei den Aggressionen unterliegen auch die suizidalen Handlungen respektive dem Suizid verschiedenen Forschungstheorien; wobei ich in diesem Abschnitt *nicht* auf die Auslösefaktoren eingehen werde, die zu suizidalen Handlungen führen – dazu später mehr.

*Die psychoanalytische Suizidtheorie*

Freud postulierte zwei unterschiedliche Suiziderklärungen:[237]

1. Der Suizid stellt eine Depression dar, in deren Erweiterung ein Mord begangen wird, weil eine zugleich geliebte und gehasste Person verloren und introjiziert wurde. Die der verlorenen Person empfundene Aggression richtet der Suizidant gegen sich selbst; sind die Aggressionen stark genug, versucht er sich umzubringen.
2. Der von Freud postulierte Todestrieb, Thanatos, kehrt sich nach innen und der Betroffene nimmt sich das Leben aufgrund dessen.

Anhänger der Freudschen Theorien erweiterten die Suiziderklärungen dahingehend, dass sie unterschiedliche Vorstellungen wie Libido, Es, Ich, Über-Ich und Identifikation in die Theorien involvierten und mit Verlusterfahrungen, Urbedürfnissen nach der Mutter und einer Wiedergeburt in Verbindung setzten.[238]

So gesehen erscheint der Suizid nach der psychoanalytischen Theorie als ein äußerst komplexes Unterfangen, welches sich eng mit der Depression und einer pathologischen Trauer verbindet – fußend auf einem ambivalenten Verhältnis von Hass-Liebe zu einer Person, die entweder durch Tod, Verlassen oder Zurückweisung erfahren wird. Aufgrund emotionaler Hemmungen wird die empfundene Aggression nicht nach außen abgeleitet, sondern nach innen gekehrt und in selbstzerstörerische Tendenzen umgewandelt. Nach Freud straft das Über-Ich das Ich mit dem unbewussten Wunsch zu sterben, um hiernach wieder mit der verlorenen Person vereinigt zu werden.

*Fenichel* schreibt dem Suizid einen symbolischen Mord zu, zu dem eine Hass-Liebe besteht; hierin sind psychosexuelle und erotische Aspekte enthalten. Es besteht der unbewusste Wunsch nach Wiedervereinigung mit der verlorenen Person und im Versuch frühe erotische Wünsche zu aktualisieren. Einige Psychoanalytiker postulieren,

---

[237] vgl.: Davison, G.C./Neale, J.M. (1996); Klinische Psychologie; Seite 284

[238] vgl.: Orbach, I. (1990); Kinder, die nicht leben wollen; Seite 19

Kinder sehen den Tod als eine omnipotente Figur an, die einerseits anziehend und andererseits abstoßend wirkt.

Ein weiterer psychoanalytischer Forschungsansatz ist die *Objektbeziehungstheorie*, die auf einer Internalisierung von positiven wie negativen Elternbildern basiert. Im Gegensatz zur Psychoanalyse im eigentlichen Sinne beruht der innere Konflikt nicht auf Leben und Tod, Libido und Aggression, vielmehr auf Problemen von Trennung und Individuation. Löst sich im Laufe der Entwicklung das Kind von seinen Eltern, um eine eigenständige Persönlichkeit zu entwickeln, stellt der Suizid in der Objektbeziehungstheorie eine Weigerung dar, sich abzulösen und die symbiotische Bindung aufzugeben. Der Suizid verhindert sozusagen eine Fortführung des Reifungsprozesses mit dem Hintergrund, eine Entfernung zur elterlichen Quelle von Liebe, Sicherheit und Geborgenheit zu umgehen. Der Tod mutiert in einem solchen Kontext zur Basis, welche die Aufrechterhaltung der Beziehung zu den Eltern gewährt.

Weiterhin zeigt *Orbach* eine konträre Sichtweise zur Objektbesetzungstheorie auf. Und zwar, dass Suizid auch als Fluchtweg aus dem Familienverbund angesehen werden kann.

*Die Theorie Durkheims*

*Durkheim* postuliert eine soziologische Betrachtungsweise des Suizids. Sie tritt in drei unterschiedlichen Formen in Erscheinung, und zwar aus der Art der Kontrolle, die eine Gesellschaft auf die Person ausübt und der Position der Person, wie sie der Gesellschaft gegenübersteht.[239]

*Altruistischer Suizid:* Die Gesellschaft übt auf die Person durch Normen, Werte und Rituale eine bestimmte Kontrolle aus, so dass bestimmte Gesellschaftsformen dem Einzelnen keinen Freiraum gewähren; ein Suizid kommt hier unter Umständen einer Normerfüllung gleich.

*Egoistischer Suizid:* Zum egoistischen Suizid kommt es in den Gesellschaftsformen, in denen auf die Person überhaupt keine Kontrolle ausgeübt wird; die Person verfügt über keinerlei Kontakte zur Gemeinschaft, soziale Bindungen fehlen. Aus diesem Grunde heraus kommt es unter Umständen aus Isolationsgefühlen und fehlendem Zugehörigkeitsgefühl zum Suizid. Solche Menschen fühlen sich entfremdet und nicht sozialisiert.

---

[239] vgl.: Orbach, I. (1990); Kinder, die nicht leben wollen; Seite 20 bis 21 sowie Davison, G.C./Neale, J.M. (1996); Klinische Psychologie; Seite 285

*Anomischer Suizid*: Hierzu kommt es, wenn die Person ihr Verhältnis zur Gesellschaft als gestört ansieht. Derartige Störungen sind mitunter der Verlust des Arbeitsplatzes, Statusverlust, Verlust sozialer Zugehörigkeit oder der Verlust von Liebe. Doch nicht nur negative Veränderungen lassen eine Person Suizid begehen, selbst positive Veränderungen wie plötzlicher Reichtum oder erwarteter sozialer Aufstieg verursachen ein nicht mehr kontrollierbares Ungleichgewicht der betreffenden Person. Anomie kann, so *Davison/Neale,* eine ganze Gesellschaft ins Chaos stürzen und die Suizidrate ansteigen lassen.

*Shneidmans Suizidtheorie*[240]

*Shneidmann* geht von drei empirischen Ausgangspunkten aus: Lebensstil, Gefühlswelt und Denkmuster. Er postuliert einen suizidalen Lebensstil, der sich dadurch auszeichnet, dass eine Feindseligkeit gegen sich selbst und gegen andere besteht; eine suizidale Persönlichkeit ist fortwährend pessimistisch und kann sich weder an seiner Umgebung noch an seinen Mitmenschen erfreuen. Außerdem steckt sich die suizidale Persönlichkeit stets nicht zu erreichende Ziele, aus denen sich eine unaufhörliche Unzufriedenheit entwickelt. Dementsprechend ist die Gefühlslage des suizidalen Menschen immerzu angespannt, es besteht eine andauernde Unruhe und eine Kombination aus Schuldgefühlen, Angst, Scham, Unsicherheit und Verwundbarkeit. Aufgrund dessen fühlt sich die suizidale Person gefangen, eingesperrt, abgelehnt und aufgebracht; sie entwickelt Gefühle der Hilfs- und Hoffnungslosigkeit, wobei er keinen Ausweg mehr findet und sich innere Unruhe manifestiert.

Weiterhin geht *Shneidmann* davon aus, suizidale Personen besitzen charakteristische Gedankenmuster, die eine gespaltene Wahrnehmung von Ereignissen von schwarz oder weiß, ja oder nein, brauchbar oder unbrauchbar hervorbringt; die Wahrnehmung beschränkt sich auf lediglich zwei Ansichten bzw. Schattierungen, Übergänge und dritte Möglichkeiten werden nicht mehr in die Lösungsstrategie einbezogen. Daraus resultiert, dass es entweder ein Gut oder Böse gibt; keine Liebe ist gleichbedeutend mit Hass und kein Erfolg auf ganzer Linie bedeutet absoluter Misserfolg. Daraus folgt: Wenn das Leben nicht perfekt ist, sterbe ich lieber. Die Wahrnehmung des suizidalen Menschen verringert sich, sein Blickwinkel wird enger, woraufhin Hintergründe und Zusammenhänge nicht mehr ins Kalkül gezogen werden.

---

[240] vgl.: Orbach, I. (1990); Kinder, die nicht leben wollen; Seite 21 bis 24 sowie Davison, G.C./Neale, J.M. (1996); Klinische Psychologie; Seite 285

Shneidmann stellte *„Die zehn Gebote des Suizids"* auf:[241]

I. Die Absicht des Suizids besteht in der Suche nach einer Lösung.
II. Das zentrale Ziel des Suizids ist die Beendigung des Bewusstseins.
III. Der Auslöser des Suizids ist ein nicht mehr zu ertragender psychischer Schmerz.
IV. Der Stressor beim Suizid besteht in frustrierenden psychologischen Bedürfnissen.
V. Die vorherrschende Emotion beim Suizid ist Hoffnungslosigkeit – Hilflosigkeit.
VI. Der vorherrschenden kognitive Zustand beim Suizid ist Ambivalenz.
VII. Der vorherrschende Zustand der Wahrnehmung beim Suizid ist Einschränkung.
VI-VII. Die beim Suizid angestrebte Handlung ist, einen Ausweg zu finden.
IX. Die interpersonale Handlung beim Suizid besteht in der Kommunikation einer Absicht.
X. Beim Suizid gibt es eine Übereinstimmung mit den lebenslang praktizierten Copingstrategien.

Abschließend sei angemerkt, suizidale Personen neigen zu Pessimismus und zu Inflexibilität. Sie sind nicht in der Lage, Kompromisse einzugehen und können Unklarheiten und Unbestimmtheit nur schwer tolerieren. Tritt in ihnen das Gefühl der Frustration auf, ziehen sie sich zurück, was soweit gehen kann, dass sie aus dem Leben scheiden wollen. Führt ein hierauf versuchter Suizid nicht zu einer Befriedigung, kann es zu einem vollendeten Suizid führen.

*Theorie über die suizidale Karriere nach Maris*[242]

Maris´ Forschungsansatz, so *Orbach*, fußt einerseits auf einer Existenzphilosophie und andererseits liegen empirische Werte zugrunde.

---

[241] vgl.: Davison, G.C./Neale, J.M. (1996); Klinische Psychologie; Seite 285

[242] vgl.: Orbach, I. (1990); Kinder, die nicht leben wollen; Seite 25 bis 26

Suizid ist nach Maris′ Ansicht das Ergebnis der Unfähigkeit oder Weigerung die eigenen Lebensumstände zu akzeptieren. Nicht alle Menschen, die ihren Lebensumstand derartig empfinden, begehen einen Suizid. Vielmehr suchen sie andere Lösungswege wie Religion, Kunst, Arbeit, Sexualität, Familienbeziehungen, Ablenkung, Geld, Alkohol, Drogen und Verdrängung.

*„Diejenigen, die sich weigern, das Leben zu akzeptieren, wie es ist, unterscheiden sich in auffälligen Punkten von anderen Menschen, die unter ihrem Leben leiden. Erstens sind sie nicht in der Lage, effektive Alternativen zum Suizid finden – oder sie weigern sich, sie zu suchen. Selbstmord ist immer naheliegender, logischer und angenehmer. Zweitens sind diese Menschen aufgrund physischer, entwicklungsgeschichtlicher oder psychischer Defizite einfach nicht in der Lage, mit ihrem Lebensproblem fertig zu werden."* [243]

Die Toleranzschwelle einer suizidalen Person ist demnach äußerst gering, die Anpassungsbemühungen schlagen in der Regel fehl. Selbst als nicht unmittelbar suizidal anzusehende Bewältigungsversuche, wie Alkoholismus, Isolation, Drogenkonsum, Risikobereitschaft usw., stellen letztendlich erste Schritte in Richtung Tod dar.

Suizid beinhaltet Flucht, Angriff oder Veränderung; der suizidale Mensch versucht einen Ausweg zu finden, dem Leid oder der Hoffnungslosigkeit, die durch Altern, Misserfolg, Krankheit oder Unzufriedenheit hervorgerufen werden, zu entgehen. Maris sieht im Suizid auch Tendenzen eines Angriffs, der sich als aggressiver Schlag gegen eine Person oder Institution darstellt. Hinzu gesellt ich der Wunsch nach Veränderung des Selbst oder der derzeitigen Lebenssituation, wonach eine Zielgerichtetheit die Entscheidung für einen Suizid nur in einem positiven Licht erscheinen lässt, selbst dann, wenn die Entscheidung vorher nicht überdacht war.

## 6.3 Kausale und motivationale Faktoren suizidaler Handlungen von Kindern und Jugendlichen

Zwar sind die Auslöser suizidaler Handlungen bei Kindern und Jugendlichen vielfältig, doch treten einige hiervon häufiger in Erscheinung. *Nissen/Trott* beschreiben fünf immer wiederkehrende Faktoren:[244]

1. Nach dem Tode einer geliebten Bezugsperson besteht der starke Wunsch nach einer *Wiedervereinigung.* Suizid infolge Wiedervereinigungstendenzen kann

[243] vgl.: Orbach, I. (1990); Kinder, die nicht leben wollen; Seite 25

[244] vgl.: Nissen, G./Trott, G.-E. (1995); Psychische Störungen im Kindes- und Jugendalter; Seite 160

sowohl durch Unkenntnis wie auch im vollen Bewusstsein über die Endgültigkeit des Todes begangen werden. Derartiges lässt sich aufgrund von Erhebungen an Todes- und Geburtstagen empirisch belegen.

2. Suizidhandlungen mit *Appelfunktion* an die Umgebung, in der Hoffnung, die daraus resultierende Aufmerksamkeitserregung verändere etwas am sozialen Umfeld ; anders ausgedrückt: Eine Korrektur der Realität zum Besseren soll herbeigeführt werden.
3. Suizidhandlungen als nach *außen gerichtete Aggression*. Hierbei soll eine geHasste aber dennoch geliebte Person in ihrer Existenz getroffen werden: „Das hast Du jetzt davon, wenn ich mich töte."
4. Suizidhandlungen als *aggressiver Akt gegen die eigene Person*.
5. Suizidhandlung als *Prävention* gegen einen bevorstehenden Verlust einer bestimmten Person. Beispielsweise vor einer bevorstehenden Scheidung oder Trennung von den Eltern aufgrund einer Heimeinweisung: „Wenn Du mich verlässt, tötest Du mich".

Zu den Suizid-Faktoren gehören nach *Steinhausen* vier zentrale Merkmale:

1. Bedingungen einer gestörten Familienumwelt
2. psychiatrische Störungen
3. Suizidhandlungen in der Familie und
4. Kindermisshandlung.[245]

Besonders häufig neigen Kinder und Jugendliche aus Familien zu suizidalen Handlungen, in denen ein oder beide Elternteile fehlen, die entweder durch Trennung oder Scheidung die Familie verlassen haben bzw. wenn eine Heimunterbringung bevorsteht.

Als einen Weiteren suizidauslösenden Aspekt sieht *Steinhausen* psychiatrische Störungen an, entstehend infolge Alkohol- bzw. Drogenkonsums in der Familie. Aufgrund der Sucht kommt es in diesen Familien vermehrt zu Suizidhandlungen seitens der Eltern, was häufig von den Kindern in Form von Modellernen übernommen wird.

Letztlich leiden einige suizidale Kinder und Jugendliche zudem an den Folgen eines sexuellen Missbrauchs und/oder Misshandlungen durch ihre psychisch erkrankten Eltern.

---

[245] vgl.: Steinhausen, C. (1996); Psychische Störungen bei Kindern und Jugendlichen; Seite 276 bis 277

Als wichtigsten Aspekt suizidalen Handelns von Kindern und Jugendlichen wird der Schrei nach Hilfe angesehen. Meist finden sie keine Beachtung, selbst Kinder oder Jugendliche können die wahren Gründe ihres Handelns nicht lokalisieren und reagieren unverhältnismäßig; die Gründe erscheinen nach außen hin als nichtig: „Ihr mögt meine Schwester mehr als mich.“ „Es geht mir nicht gut, ich weiß nicht warum“... .[246]

Suizidversuche bzw. deren Androhung dienen Kindern und Jugendlichen sehr oft als Mittel zum Zweck. Sie versuchen damit ihre Eltern emotional unter Druck zu setzen, mit dem Ziel einer Wunscherfüllung. Zu solchen drastischen Mitteln greifende Kinder haben in der Regel die Erfahrung gemacht, dass auf normalem Wege die Befriedigung des Wunsches einen erheblichen Aufschub erfahren. Aus diesem Grund wird auch einem ernst zunehmenden Hilferuf des Kindes zuweilen keine rechte Bedeutung beigemessen. Das erpresserische Verhalten der Kinder verschlimmert im Endeffekt eher die Lage, als dass es sie verbessert. Das eigentliche Problem wird in den Hintergrund gedrängt.

Angst vor einer nahenden drastischen Veränderung stellen einen weiteren Aspekt suizidalen Handelns dar; vor allem dann, wenn das Kind die Veränderungen als ein Anschlag auf das gesamte Lebensgefüge ansieht, in denen der Status, das Selbstwertgefühl und soziale Bindungen gefährdet werden. So sieht das suizidale Kind bei der geringsten Veränderung die absolute Notwendigkeit, eine Anpassung anzustreben. Diese Notwendigkeit übersteigt unter Umständen seine Fähigkeiten bei weitem.[247]

Nicht nur ausweglos erscheinende Situationen führen bei Kindern und Jugendlichen zu suizidalen Handlungen, vielmehr das Interesse am Tod an sich.[248] Das Thema Tod betreffende Spiele können jedoch auch bei Kindern festgestellt werden, die keine suizidalen Tendenzen aufweisen, denn Fragen zum Tod gehören zu einer normalen Entwicklung des Kindes im Alter zwischen zwei und acht Jahren. Interesse am Tod tritt als Neugier in Erscheinung, wenn im engeren Bekanntenkreis oder der Familie ein Todesfall eintrat und Gefühle von Angst und Neugier zugleich auftreten. Es kommen das Sterben betreffende Fragen der Kinder auf, wie: „Wer ist gestorben?“; „Sterbe ich auch?“; „Stirbst Du auch?“ usw. Derartige Fragen beinhalten immer ein gewisses Maß an Trennungsangst, die als normal und durchaus verständlich angesehen werden kann.

---

[246] vgl.: Orbach, I. (1990); Kinder, die nicht leben wollen; Seite 35

[247] vgl.: Orbach, I. (1990); Kinder, die nicht leben wollen; Seite 36

[248] vgl.: Orbach, I. (1990); Kinder, die nicht leben wollen; Seite 43

Nach *Nissen/Trott* bilden sich konkrete Vorstellungen bei Kindern in Bezug auf den Tod im Alter von sieben bis acht Jahren, sind jedoch noch unscharf umrissen.[249] Kinder erleben den Tod eher als eine Form des Verlassenwerdens, so als ob die gestorbene Person absichtlich weggegangen wäre. Infolgedessen spielen sich in ihren Phantasien Suizidgedanken ab, um mit der verlassenen Person wiedervereinigt zu werden. Zwar kann ein Kind im Vorschulalter durchaus an der Beerdigung einer Person teilnehmen, sich aber trotzdem wundern, weshalb er kein Geburtstagsgeschenk oder ähnliches mehr von ihr erhält.

Nach *Steinhausen* dominieren im Vorfeld suizidaler Handlungen Konflikte mit Eltern, Schule oder Arbeitsplatz sowie mit Freunden oder Freundinnen.[250] Konflikte mit den Eltern beziehen sich in der Regel auf den jeweils gegengeschlechtlichen Elternteil; sehr oft zwischen Vater und Tochter. Beziehen sich die Konflikte auf die Schule, sind es meist schlechte Schulleistungen, ein schlechtes Verhältnis zu den Lehrern bzw. Mitschülern oder der Wunsch, die Schule vorzeitig zu verlassen, die zu einem suizidalen Handeln führen. Doch sowohl schulische Konflikte als auch Konflikte am Arbeitsplatz fußen, so *Steinhausen*, auf einer Beziehungsunfähigkeit bzw. auf einem verminderten Selbstwertgefühl.

Suizidale Handlungen infolge gescheiterter oder schlechter heterosexueller Beziehungen bestehen möglicherweise durch Verlustängste aufgrund früherer unterentwikkelter interfamiliärer Beziehungen, die sich auf die Beziehung zum Partner übertragen.

Auch *Orbach* erkennt suizidale Gründe in Beziehungsproblemen.[251] Von suizidalen Kindern im Alter zwischen fünf und zwölf Jahren genannte Gründe sind unter anderem:

- Damit ich bei meinem Bruder bin und meine Mutter mich so sehr liebt, wie sie ihn geliebt hat.
- Damit mein Vater mich nicht mehr schlägt.
- Alle schimpfen mit mir.
- Ich bin eine Last für die ganze Familie.
- Ich bin traurig und ich bin böse. Usw.

*Orbach* sieht in der Analyse derartiger Aussagen eine deutlich erkennbare Verlassenheit, Zurückweisung, Hilflosigkeit und das Fehlen *jeglicher* Hoffnung, die die Kinder

[249] vgl.: Nissen, G./Trott, G.-E. (1995); Psychische Störungen im Kindes- und Jugendalter; Seite 161

[250] vgl.: Steinhausen, C. (1996); Psychische Störungen bei Kindern und Jugendlichen; Seite 276f.

[251] vgl.: Orbach, I. (1990); Kinder, die nicht leben wollen; Seite 67ff.

empfinden. So muss ein Kind etwas Außergewöhnliches erlebt haben, damit es eine suizidale Handlung in Betracht zieht.

Eine Theorie von *Salk*, die *Orbach* im Verlauf seines Textes benennt, sagt aus, dass der Grundstein für einen Suizid bereits bei der Geburt gelegt wird; der Suizid hängt kausal mit den Problemen der Schwangerschaft der Mutter und dem Geburtsvorgang zusammen. Anhand von 52 suizidalen Jugendlichen wurde eine Studie vorgenommen. Man verglich Daten der medizinischen Überwachung während der Schwangerschaft, wie Krankheiten der Mutter, Familienstatus, Entbindungsschwierigkeiten und Geburtsverlauf. In drei Punkten unterschieden sich die suizidalen Jugendlichen von normalen: 1. Es bestand eine Nachlässigkeit bei der Geburtsvorsorge; 2. litt die Mutter an einer chronisch verlaufenden Krankheit; und 3. wiesen die Kinder eine Atemschwierigkeit gleich nach der Geburt auf, welche eine Stunde oder länger andauerte. Mehr als 60% der Kinder litten gleich an mehreren der drei Punkte. Wenige der Säuglinge hätten ohne medizinische Intervention keine Überlebenschancen gehabt.

*Suizid als Reaktion auf den Verlust eines geliebten Menschen*

Kinder, deren Eltern bzw. ein Elternteil durch Tod genommen wurde, erfahren eine Vielzahl von emotionalen Reaktionen: Schock, Apathie, Angst, Wut, Zorn, Schuld, Scham, Vorwürfe und Erschöpfung. Hinzu kommen Einsamkeit, Sehnsucht und Hilflosigkeit, so dass ernsthafte psychische Veränderungen eintreten; einhergehend mit der Suche nach der verstorbenen Person an allen möglichen Orten. Eine häufige kindliche Reaktion stellt die Regression dar. Vor allem zerbricht jedoch das Sicherheitsgefüge des Kindes besonders, wenn es die Hauptbezugsperson verloren hat. Es klafft eine große Lücke im Beziehungskontext und die gewohnte Sicherheit geht verloren. So kommt es unter Umständen zu einer Regression (Rückfall in frühere Verhaltensmuster wie Daumenlutschen, nachts Einnässen oder auch tagsüber in die Hose zu machen). Auch Weinen, Wimmern, Klammern oder Aufmerksamkeitsforderungen können eine Regression zum Ausdruck bringen; nicht selten erfolgen hieraus suizidale Handlungen, hoffend, mit der verlorenen Person wieder zusammen zu kommen.

*Kindliche Misshandlung und Vernachlässigung*

*„Misshandlungen und Vernachlässigung wurden in einer Anzahl von Studien als stark gefährdende Faktoren für den Suizid von Kindern ermittelt.“*[252]

*Orbach* bezieht sich hierbei auf die Studie *Greens*, deren Aussage eine klare Unterscheidung von Vernachlässigung an sich und der Kombination von Vernachlässigung

---

[252] vgl.: Orbach, I. (1990); Kinder, die nicht leben wollen; Seite 89

und Misshandlung zulässt. So entsteht die Vermutung, dass emotionale Vernachlässigung und psychische Grausamkeit in späteren Jahren zu selbstzerstörerischen Tendenzen führen kann. Neben suizidalen Handlungen kommt es zudem verstärkt zum Selbstverletzen in Form von schneiden, Haare ausreißen und mit dem Kopf gegen eine Wand rennen.[253] *Green* schloss daraus, Vernachlässigung und Misshandlung führt im Zusammenspiel zu einer explosiven Tendenz der Selbstverletzung. Erschwerend hinzu kommen noch die internalisierten aggressiven Verhaltensweisen der Eltern, untermauert durch eine geringe Frustrationstoleranz. Diese Kinder nehmen die aggressiven Verhaltensmuster der Eltern auf, unter denen sie selbst so sehr gelitten haben.

*Green* sieht inadäquate Erziehungsmethoden bereits in sehr frühen Lebensjahren als die Ursache selbstzerstörerischer Tendenzen. Beispielsweise eine strafende Erziehung oder ein streng kontrolliertes Sauberkeitstraining. Erfährt das Kind im Laufe seiner Entwicklung ein Zusammentreffen von strafenden Maßnahmen im Zusammenhang mit Zurückweisung, verändert sich seine Selbstwahrnehmung zum Negativen und es empfindet sich selbst als schlecht, hässlich und widerlich. Zukünftige Misserfolge und Zurückweisungen werden emotional schlechter verarbeitet und haben eine selbststrafende Tendenz zur Folge.

Verstärkt demnach die Vernachlässigung die Misshandlung noch? Die Teilnahmslosigkeit der Eltern gegenüber dem Kind lässt diesem das Gefühl von Überflüssigkeit erfahren. Viele vernachlässigte Kinder sind das „Produkt" einer ungewollten Schwangerschaft. So basiert ihr Verhalten darauf, das soziale Umfeld von ihrer eigenen Anwesenheit befreien zu wollen; sie ziehen sich selbst zurück, um nicht als Störfaktor angesehen zu werden, zeitgleich versuchend, ihr eigenes Leid der Vernachlässigung zu verdrängen. Andererseits sehnen vernachlässigte Kinder sich nach sozialen Beziehungen. Sind sie noch klein, gieren sie nach jeglicher Art von Zuwendung. Sie klettern Fremden auf den Arm oder springen ihnen impulsiv auf den Schoß. Folgernd daraus kann festgestellt werden: Zurückweisungen und emotionale Vernachlässigung nehmen dem Kind die Möglichkeit, enge und befriedigende Beziehungen aufzubauen.

*Kosky* misst der Vernachlässigung und der Zurückweisung keine zentrale Bedeutung zu. Er erkennt in der Vernachlässigung lediglich einen Risikofaktor, dem insofern eine tragende Rolle zugesprochen wird, als dass er andere familiäre, persönliche und soziale Faktoren widerspiegelt.

Zu der ohnehin kontaminierten Familienatmosphäre gesellt sich meistens noch die ein latent aggressives, immer wieder zum Ausbruch kommendes Verhalten. Einen

---

[253] vgl. hierzu: Kapitel 7.1 Autoaggression

Kindersuizid aus einer solchen Blickrichtung betrachtet lässt den Schluss zu, dieser sei ein aggressiver Angriff nach außen hin, der in einer aggressiven Familienatmosphäre wurzelt. In dieser Hinsicht kamen Forscher in einer Studie mit 43 suizidalen Kindern zu dem Schluss, dass die meisten von ihnen aus Familien stammten, in denen ein gewalttätiges Klima vorherrscht(e). In derartigen Familien arteten auftretende Konflikte schnell zu Kämpfen mit Waffengewalt aus (Messer, Rasierklinge, geladene Waffe usw.). Aus allen Richtungen waren die Kinder von aggressiven Handlungen eingeschlossen, 20% der Kinder erlebten sogar einen Mord innerhalb der Familie mit. Andere wurden Zeuge von Anschlägen auf das Leben von Geschwistern, bei denen eine Bedrohung mit Waffen, Erwürgen und Vergiften keine Seltenheit darstellten. Zwar liegt eine dermaßen aggressive Familienatmosphäre nicht bei allen suizidalen Kindern vor, doch lässt sich hierbei das selbstzerstörerische Verhalten der Kinder durchaus nachvollziehen. Die aggressiv kontaminierte familiäre Atmosphäre verringert beim Kind die Fähigkeit, seine Triebkontrolle und seine Frustrationstoleranz zu kontrollieren, wodurch in ihm Aggressionen ausgelöst werden. Zudem liegt in diesem Kontext der Grundstein für eine depressive Persönlichkeitsstruktur des Kindes begraben.

Ein weiterer im familiären Kontext stehender Punkt ist der *Leistungsdruck* von Kindern und Jugendlichen.[254] Auch hierin liegt Suizidpotential verborgen. Besonders wenn das Kind unter Druck gesetzt wird, damit es hervorragende Leistungen erbringt. Suizidale Kinder gaben an, schulisches Versagen sei hierfür das auslösende Moment gewesen. Eine weitere Exploration ergab jedoch ein sehr viel komplexeres Gefüge an Gründen. Häufig sind suizidale Kinder überdurchschnittlich intelligent, zumindest in der Regel nicht unintelligenter als andere Kinder ihrer Altersgruppe. Suizidgefahr scheint besonders bei Kindern gegeben, welche ansonsten sehr gute schulische Leitungen erbringen, jedoch einen kurzzeitigen Leistungsabfall als ein totales Versagen interpretieren. Das Selbstwertgefühl erscheint abhängig von einem Leistungsmaximum. Begeht daraufhin ein Kind eine suizidale Handlung, ist diese nicht als primäre Ursache anzusehen, vielmehr als Teilaspekt eines umfassenden Problems.

In den Kontext des Schulversagens müssen allerdings viele externe Faktoren herangezogen werden. Nicht die Schulleistungsreduzierung führt zu den Suizidwünschen, es ist das soziale Umfeld. Schulische Leistungen hängen unter anderem mit einem Scheidungserleben oder dem Tod einer Bezugsperson zusammen, was die Kausalität zum Leistungsabfall herstellt.

---

[254] vgl.: Orbach, I. (1990); Kinder, die nicht leben wollen; Seite 94ff.

Ein zwanghaftes Streben nach schulischem Erfolg kann allerdings auch als ein Schutzschild gegen Alltagsängste oder unbefriedigende Beziehungen angesehen werden. Erfolgsstreben dient zudem als zentrale Basis der eigenen Anerkennung und der Eigenliebe, wenn eine allgemeine Entfremdung empfunden wird. Für manche Kinder werden gute schulische Leistungen zur Grundlage der Persönlichkeit und eines Leistungskonzeptes. In diesem Zusammenhang erscheint der kleinste Leistungsabfall als bedrohlicher Anschlag auf das Selbstwertempfinden. Die Leistung dient dem Kind als Schutzschild; bröckelt es ab, fühlt es sich nackt und wehrlos mit einem Quantum an negativen Gefühlen.

*Nissen/Trott* postulieren, der Schülersuizid spielte schon um die Jahrhundertwende eine entscheidende Rolle bei als sonst motivlos geltenden Suiziden.[255] Damals wie heute bestand ein Zusammenhang zwischen den als motivlos geltenden Suiziden und einer mangelhaften Elter-Kind-Interaktion bzw. einer gestörten Persönlichkeit des Suizidanten.

Letztendlich stößt noch der Druck des sozialen Umfeldes bzw. der Familie hinzu, vor allem der Eltern. Manche Eltern sehen in ihren Kindern das eigene Leben als Erweiterung an und versuchen hierin ihren eigenen Selbstwert widerzuspiegeln. Sind solche Eltern über die Leistungen ihrer Kinder enttäuscht, geht dieses mit einem möglicherweise enormen Druck auf das Kind einher. Das Kind muss sich in einer solchen Konstellation die Liebe und Achtung der Eltern durch gute schulischen Leistungen erkaufen. Ein Versagen führt unweigerlich zu einer Zurückweisung seitens der Eltern. *Orbach* verbindet hiermit nicht unbedingt die schulische Leistung als Auslöser familiärer Auseinandersetzung, vielmehr ein komplexes Feld zwischenmenschlicher Beziehungsproblematik. Schulisches Versagen oder Leistungsdruck stellt zuweilen ein Problem der ganzen Familie dar, könnte aber auch auf ein Verdecken anderer Probleme von Familienmitgliedern hinweisen.

Aus Sicht Außenstehender können selbst banalste Anlässe zu einem Suizid führen, zuweilen, wie bereits angemerkt, ein drohender Verlust einer geliebten Person, so *Nissen/Trott*.[256] Verfolgt man allerdings die Entwicklung des suizidalen Kindes zurück, stellt man fest, dass der banale Anlass nur der Tropfen war, der letztendlich das Fass zum Überlaufen brachte; es war das letzte Glied einer Kette aus vermeintlichen Entbehrungen, Kränkungen, Beschimpfungen, Versagungen und/oder körperlicher Miss-

---

[255] vgl.: Nissen, G./Trott, G.-E. (1995); Psychische Störungen im Kindes- und Jugendalter; Seite 160 bis 161

[256] vgl.: Nissen, G./Trott, G.-E. (1995); Psychische Störungen im Kindes- und Jugendalter; Seite 160f.

handlungen. Laut *Nissen/Trott* gelten als letzte Anlässe beispielsweise ein Verbot, den Freund zu treffen, sich nicht schminken zu dürfen, ein bestimmtes Teil nicht kaufen oder die Haare nicht mit einer bestimmten Frisur tragen zu dürfen. Nach eingehender Erforschung jener Anlässe wurde festgestellt: sie sind der Reihe nach austauschbar und spiegeln nur einen Teilaspekt der Krisensituation wider.

Zu den bisher genannten Suizidauslösern gesellt sich noch ein weiterer: Der Nachahmungseffekt. Begeht ein Schauspieler, Sänger oder eine andere Person von öffentlichem Interesse einen Suizid, wächst die Zahl der Nachahmer in kurzer Zeit rapide an. Selbst Filme im Fernsehen, in denen der Suizid eine scheinbare Lösung aller Probleme ausdrückt, vermögen die Suizidrate kurzfristig ansteigen zu lassen. *Steinhausen* umschreibt den Nachahmungseffekt als eine Art Modellernen, welches durch die Medien vom Kind aufgenommen und umgesetzt wird.[257] *Oerter/Montada* weiten das Feld des Modellernens noch dahingehend aus, als dass ein Nachahmungseffekt auch entsteht, wenn im Familien- oder Bekanntenkreis ein Suizid begangen wurde.[258] Sie merken an, Modelle werden nicht einfach nachgeahmt, sie bilden aber einen Pool an Wissen von suizidalen Möglichkeiten einschließlich der zu verwendenden Mittel.

Auf die Psychosen wie Depressionen oder Arten der Schizophrenie gehe ich nicht im Detail ein, merke hierzu aber an, dass eine enge Beziehung zwischen einer Deprivation, einer Depression und einem Verlusterleben besteht; ebenso ein Zusammenhang von Schizophrenie und suizidalen Handlungen.[259]

*Kranjac* schreibt suizidalen Handlungen überlebenden Personen komplizierte und widersprüchliche Motive zu.[260] Einige sahen im Suizid die Lösung bestimmter Probleme, meist basierend auf einer endlosen Ketten von familiären Beziehungsproblemen. Andere glaubten an eine Verbesserung ihres desolaten Zustandes oder um eine weitere Verschlechterung dessen abzuwenden. Selbst der Wunsch nach Bestrafung anderer durch den eigenen Tod wurde angegeben, um aus dem Jenseits heraus die Reaktion der Hinterbliebenen zu erfassen. Sie betrachteten den Tod als Zustand fortdauernder Bewusstheit und waren sich über dessen Endgültigkeit nicht im Klaren.

---

[257] vgl.: Steinhausen, C. (1996); Psychische Störungen bei Kindern und Jugendlichen; Seite 277

[258] vgl.: Oerter, R./Montada, L. (1998); Entwicklungspsychologie; Seite 360 bis 361

[259] vgl. Myschker, Norbert (1996); Verhaltensstörungen bei Kindern und Jugendlichen; Seite 349

[260] vgl.: Kranjac, Thomas; Suizid. In: Wittchen, H.-U. [Hrsg. (1998)]; Handbuch Psychische Störungen; Seite 387 bis 386

Alles in allem betrachtet bedarf es zu einem Suizid zwei nicht austauschbare Faktoren: Eine anlagebedingte und durch das soziale Umfeld geprägte suizidale Persönlichkeitsstruktur – und letztendlich getrieben von Hoffnungslosigkeit.

## 6.4 Suizid und Suizidversuche

*Steinhausen* grenzt den Suizidversuch klar von den öfter auftretenden Suizidgedanken ab.[261]

Zwar lassen sich Suizidversuche nicht in bestimmte Klassen einteilen, doch lassen sie sich empirisch gestützt in drei Gruppen gliedern.:

1. *Akut:* Die beim Suizidversuchszeitpunkt anhaftenden Probleme bestehen seit weniger als einem Monat, Verhaltensauffälligkeiten fehlen
2. *Chronisch:* Zum Zeitpunkt des Suizidversuchs bestanden die auslösenden Probleme länger als einen Monat keine Verhaltensauffälligkeiten,.
3. *Chronisch mit Verhaltensauffälligkeiten:* Zum Zeitpunkt des Suizidversuchs bestanden die auslösenden Probleme länger als einen Monat und es liegen Verhaltensauffälligkeiten vor, die in unmittelbarer Vergangenheit sichtbar wurden, wie Stehlen, wiederholtes Weglaufen, Drogeneinnahme, körperliche Auseinandersetzungen, Konflikte mit der Polizei usw.

Suizidhandlungen sind nach *Steinhausen* im Kindesalter relativ selten, obgleich in diesem Altersbereich Suizidgedanken oder -androhungen häufig zu beobachten sind. Kommt es dennoch zu einem Suizidversuch, werden sie öfter von Jungen als von Mädchen begangen. Im Gegensatz zu Jugendlichen, bei denen eine suizidale Absicht des öfteren in die Tat umgesetzt wird, sind Kinder aufgrund ihrer noch engen Familienbindung und der unabgeschlossenen kognitiven Entwicklung nicht unmittelbar in der Lage, einen Suizid zu planen und dementsprechend auszuführen. Sofern es doch einmal zu suizidalen Handlungen im Kindesalter kommt, sind die Kinder eher in (vor)belasteten familiären Umfeldern zu Hause.

*Orbach* sieht ebenso wie *Steinhausen* Suizidversuche von unterschiedlichen Entwicklungsstadien abhängig. Eine zuerst harmlose Suiziddrohung kann zu einem späteren Zeitpunkt durchaus in die Tat umgesetzt werden.[262]

Dementsprechend besteht die größte Gefahr selbstzerstörerischen Verhaltens im Kindesalter nicht im sofortigen Tod, sondern eher in der Entwicklung einer suizidalen

---

[261] vgl.: Steinhausen, C. (1996); Psychische Störungen bei Kindern und Jugendlichen; Seite 273

[262] vgl.: Orbach, I. (1990); Kinder, die nicht leben wollen; Seite 31ff.

Persönlichkeit. Auf dieser Grundlage fußend verüben Jugendliche womöglich nicht aufgrund nichtiger Anlässe eine suizidale Handlung, sie entwickeln eine suizidale Persönlichkeit, die sie zu einem Suizid treibt; die Suizidimpulse sind sozusagen in der Kindheit verwurzelt und kommen unter Umständen in der Adoleszenz zum Ausbruch.

Manchen Kindern erscheint eine suizidale Handlung als eine durchaus vernünftige Alternative zu einer unerträglichen Lebenssituation. Sie versuchen damit ihre Vergangenheit auszuwischen, was sie mit einem Gefühl von großer Ruhe und wohltuender Entspannung empfinden. Obgleich sie an Schuldgefühlen dem sozialen Umfeld gegenüber leiden, wird der Suizid zum Notausgang für den inneren Druck, als eine Art Überdruckventil.

Suizidversuche werden bei Kindern und Jugendlichen oftmals nicht als solche erkannt. Eine Ernsthaftigkeit erscheint als unwahrscheinlich oder die Handlungen werden als Unfall eingestuft.[263] Derartige Unfälle passieren unter Umständen im Straßenverkehr, im Umgang mit Medikamenten oder auch im Umgang mit Elektrizität. *Myschker* beziffert die Unterschätzungen auf bis zu 500%.

Wie auch bei den Suizidversuchen sind auch die vollendeten Suizide das Ergebnis von mehreren Belastungsfaktoren, zu denen eine gestörte Sozialisation und ein gestörtes Familienleben gehört. Wie oben angemerkt, erhöht sich das Risiko, einen Suizid zu vollenden, wenn bereits einige Suizidversuche unternommen wurden.[264]

*Suizidmethoden*

Zu der am Häufigsten angewendeten Methode eines Suizidversuchs im Kindes- und Jugendalter zählt das Selbstvergiften.[265] Besonders Mädchen greifen zu dieser Art des Suizidversuchs, während Jungen in der Regel zu härteren Methoden neigen. Die sogenannten harten Methoden sind Erhängen, Springen aus großer Höhe, Erschießen, Ertränken, Sprung vor ein Verkehrsmittel sowie schwere Stich- und Schnittwunden. Vergiftungen erfolgen in der Regel mit der Einnahme von Überdosen an Schmerz- und Beruhigungsmitteln sowie der Einnahme von Psychopharmaka. Bei der Einnahme von Drogen ist eine Differenzierung nur schwer möglich, Überdosierungen können sowohl freiwillig als auch versehentlich eingenommen werden.

---

[263] vgl. Myschker, Norbert (1996); Verhaltensstörungen bei Kindern und Jugendlichen; Seite 347 bis 348

[264] vgl.: Steinhausen (1996); Psych. Störungen bei Kindern und Jugendlichen; Seite 278 bis 279

[265] vgl.: Steinhausen (1996); Psych. Stör. bei Kindern und Jugendlichen; Seite 274

*Steinhausen* unterteilt vorgenommene Suizidversuche in drei Hauptgruppen. Erstens in oberflächliche Verletzungen, wie Schnittwunden am Handgelenk oder am Unterarm, die meist durch eine geringe suizidale Absicht gekennzeichnet ist; zweitens die eben genannten Verletzungen in Verbindung mit Essstörungen sowie Alkohol- oder Drogenmissbrauch; schwere Selbstverletzungen in Form von den oben genannten harten Suizidmethoden.

*Kranjac* vertritt die Meinung, dass wenn erst einmal der Entschluss gefallen ist, Suizid zu begehen, jederzeit geeignete Mittel zur Verfügung stehen.[266] Studien ergaben einen direkten Zusammenhang zwischen leicht verfügbaren Mitteln von Tötungswerkzeugen und -gelegenheiten. In Ländern, in denen Schusswaffen frei käuflich sind, wie Amerika, liegt die Suizidmethode Erschießen an oberster Stelle usw.

## 6.5 Abschlussdiskussion zum Suizid

Suizidale Handlungen stellen gerade bei Kindern und Jugendlichen ein nicht zu unterschätzendes Phänomen dar. Aus welchen Gründen letztendlich eine suizidale Handlung begangen wird, ist dahingehend unerheblich. Natürlich ist es nachvollziehbar, dass ein Kind oder Jugendlicher im Überschwang seiner negativen Emotionen zuweilen vorgibt, sich das Leben nehmen zu wollen, gerade deshalb, um etwas bestimmtes für sich erreichen zu wollen. Wie bereits zu Anfang des Kapitels angemerkt, steckt in jedem Suizidversuch ein Warnsignal, welches einer unbedingten Beachtung bedarf. In der Realität jedoch übersieht der Einzelne oftmals die potentielle Absicht hinter einer Suizidandrohung. Weil der Suizid einen Ausdruck der Hoffnungslosigkeit in sich birgt, erscheint seine Androhung in der Regel als Erpressungsversuch. Vor allem bei den Suiziden bzw. Suizidversuchen, bei denen einer Grund nur schwer definierbar erscheint, vermag das betroffene soziale Umfeld eher mit Unverständnis denn mit Mitgefühl zu reagieren, eben weil ein Nachvollziehen der Tat unverständlich erscheint. Gesetzt den Fall, ein Jugendlicher „erpresst" eine Liebesbeziehung mit den Worten – „Wenn Du mich nicht (mehr) willst, bringe ich mich eben um, dann ist es deine Schuld!" – ‚steht der andere Partner unter einer permanenten psychischen Anspannung, dass eine solche Beziehung von vorn herein zum Scheitern verurteilt ist. Möglicherweise hält der erpresste Partner dem psychischen Druck nicht stand, sondern versucht unter Umständen seinerseits mit suizidalen Handlungen die Partnerschaft zu beenden, was im Endeffekt auf eine wechselseitige Schuldzuweisung hinauslaufen kann;

[266] vgl.: Kranjac, Thomas; Suizid. In: Wittchen, H.-U. [Hrsg. (1998)]; Handbuch Psychische Störungen; Seite 388

es artet womöglich zu einem „Spiel“ aus, bei dem es weder Verlierer noch Gewinner geben kann.

Suizidversuche, die eigentlich als Drohung an das soziale Umfeld gedacht waren und tödlich enden, sind von der Anzahl her als sehr hoch zu betrachten. Diesbezüglich stelle ich mir die Frage, ob der Suizid bewusst nicht vollendet aber unbewusst doch gewollt war. Wenn dem nicht so ist, wo liegt dann die Schuld des Todes eines solchen Suizidanten? Trägt er sie in diesem speziellen Fall allein, weil er nicht in der Lage war zu bestimmen, welche möglich tödliche Folge seine Handlung nach sich ziehen könnte? Gerade bei Kleinkindern mit suizidalen Gedanken ist ein mögliches Risiko kaum abschätzbar. Wie in *Orbach*s Buch „Kinder, die nicht leben wollen“ geschrieben steht, werden viele Unfälle bei Kindern als solche angesehen, obgleich, laut *Orbach*, dieser oder jene Unfall eine suizidale Handlung hätte sein können – bewusst oder unbewusst.

Letztendlich bleibt in diesem Kontext anzumerken, dass eine Person, ob Kind, Jugendlicher oder Erwachsener, einen Suizid ausführen wird, wenn er sich seiner sicher ist. Ein Eingreifen von außen wird hierbei sicherlich nicht als hinderlich angesehen werden können. Warum ein Mensch auch immer einen Suizid begeht, hat genau so viele Ursachen, wie es Suizidanten gibt – nur eines haben alle suizidalen Personen gemeinsam: Hoffnungslosigkeit!

## 7 Medien: Aggressionsauslöser oder Katharsis?

Vermag das Ansehen von Gewaltfilmen ein aggressives bzw. gewalttätiges Verhalten von Kindern und Jugendlichen zu unterstützen oder gar auszulösen? Bewirken Gewaltfilme das Gegenteil, stellen beim Kind die eigenen aggressiven Tendenzen in den Hintergrund und ein Auslebenwollen von Aggressionen hebt sich damit auf? Verändern Gewaltfilme die persönliche Einstellung zur Aggression? Haben derartige Filme möglicherweise überhaupt keinen Einfluss auf das Verhalten von Kindern?

In nahezu allen im Fernsehen und Kino gezeigten Filmen sind Gewaltszenen kaum noch wegzudenken. Demnach hat jeder, der fernsieht, mit hoher Wahrscheinlichkeit bereits Szenen gesehen, in denen mit brachialer Gewalt der Gegner schwer verletzt oder sogar getötet wurde. Selbst in den für Kinder produzierten Zeichentrickfilmen sind Gewaltdarstellungen an der Tagesordnung.

Unzählige Forschungsarbeiten mit dieser Thematik wurden bis heute ausgewertet; mit teilweise widersprüchlichen Ergebnissen, wie im Laufe des Kapitels ersichtlich wird.

Einige Forscher gehen von einem anwachsen antisozialen Verhaltens nach dem rezipieren von Gewaltfilmen aus, andere sehen keinen kausal messbaren Zusammenhang.[267] Nach *Kumpfs* Ansicht setzt sich die Meinung einer der Aggressions-Verstärkungs-Theorie immer weiter durch. In verschiedenen Experimenten fand man heraus, die Bereitschaft zur Aggression steigt, nachdem Gewaltszenen im Film zu sehen waren; besonders dann, wenn der Rezipient bereits vorher frustriert oder verärgert war.

*„Aus den Darstellungen im Fernsehen lernen Kinder, dass die Ausübung von Gewalt häufig vorkommt, dass sie belohnt wird, dass sie für gerechtfertigt, sauber, spaßig und phantasievoll gehalten wird und dass sie für Männer eher angebracht ist als für Frauen. Sie beginnen auch, die wirkliche Bedrohung durch Gewalt in ihrem täglichen Leben zu überschätzen. Das wiederum macht sie ängstlich und misstrauisch gegenüber Fremden.“* [268]

*Zimbardo* zeigt im Verlauf seines Textes auf, dass eine Studie an amerikanischen Kindern im Alter von 7 bis 11 Jahren mit einem hohen Konsum an Fernsehsendungen im Vergleich zu Kindern, die wenig fern gesehen haben, über mehr Ängste im alltägli-

---

[267] vgl.: Kumpf, Martin; Massenkommunikation. In: Frey, D./Greif, S. [Hrsg. (1997)]; Sozialpsychologie; Seite 242

[268] vgl.: Zimbardo, P.G. (1995); Psychologie; Seite 432

chen Leben berichten. So stehen Ängste, es könnte jemand in ihr Haus einbrechen oder ihnen etwas antun, vorn an.

Psychologische Untersuchungen belegen einen kausalen Zusammenhang zwischen dem Sehen von Gewalt und einem entsprechenden Handeln bei Kindern. Wenn es auch nicht einwandfrei nachweisbar erscheint, so *Zimbardo,* deuten Korrelationen doch darauf hin, gewalttätige Filme ziehen ein ebensolches Handeln nach sich.

Auch *Mummendey* sieht einen Zusammenhang zwischen dem rezipieren von Gewaltszenen und einem sich daraus entwickelnden aggressiven Verhaltensmuster.[269] Sie berichtet von einem Feldversuch mit jugendlichen ,in Wohnheimen lebenden Straftätern, in den USA sowie in Belgien. Den jungen Straftätern zeigte man fünf Tage hintereinander spannende Filme; entweder mit oder ohne gewalttätigen Szenen. Beobachter hielten hinterher das tatsächlich an den Tag gelegte Verhalten des jeweiligen Straftäters fest. Das Resultat war eindeutig: Die Jugendlichen, die Filme mit Gewaltdarstellungen zu sehen bekamen, verhielten sich auch im Alltagsleben auffällig aggressiver. Verstärkt wurden diese Beobachtungen zudem noch in einem Laborexperiment. Hier hatten die Straffälligen die Gelegenheit, an ihrem – in den Versuch eingeweihten – Gegenüber, der sie zuvor provoziert hatte, Elektroschocks zu versetzen. Gewaltfilme konsumierende Jugendlichen neigten zu einer höheren Stromstärke als die Jugendlichen, die gewaltfreie Filme zu sehen bekamen.

Ein ähnliches Ergebnis erzielte man bei 5 bis 9jährigen Kindern. Auch hier verhielten sich Kinder, nachdem sie Filme mit Gewaltdarstellungen gesehen hatten, aggressiver zu ihrem Gegenspieler als die Kinder, denen man statt dessen Filme ohne Gewaltszenen zeigte.

Kinder, wie eben beschrieben wurde, tendieren nach einem Ansehen gewaltverherrlichender Filme nicht nur dazu, sich anderen gegenüber aggressiv zu verhalten, sie tolerieren die Aggression zwischen anderen Personen auch eher; sie sind nachsichtiger, wenn andere Kinder sich untereinander aggressiv verhalten.[270] *Zimbardo* nennt die Wahrscheinlichkeit zwar gering, meint aber, Kinder gehen verantwortungsbewusster mit Aggressionen und greifen möglicherweise sogar in einen Kampf zwischen kleineren Kindern ein.[271]

---

[269] Mummendey, Amélie; Aggressives Verhalten. In: Stroebe, W. /Hewstone, M./Stephenson, G.M. [Hrsg. (1996)]; Sozialpsychologie; Seite 431

[270] vgl.: Zimbardo, P.G. (1995); Psychologie; Seite 432

[271] vgl.: Zimbardo, P.G. (1995); Psychologie; Seite 433

Gleich hieran möchte ich mich wiederholt auf *Kumpf* beziehen, der die These aufstellt, Personen mit potentiell aggressiven Verhaltensweisen bevorzugen den Konsum gewaltdarstellender und –verherrlichender Filme.[272] *Zimbardo* berichtet von einem Versuch, in dem die Ursache-Wirkungs-Beziehung geprüft werden sollte. In diesem Versuch brachte man Personen mit einem Faible für Gewaltfilme dazu, ihre Einstellung der Gewalt im Film gegenüber zu ändern. Schafften es die Forscher, das Fernsehverhalten in Bezug auf gewalttätige Filme der Personen zu verringern, reduzierte sich gleichermaßen die persönliche aggressive Verhaltensweise der Person. Allerdings, so *Zimbardo*, ergab der gleiche Test an einer Kontrollgruppe nicht den gleichen Effekt.

Bei allen bisher aufgezeigten Studien handelte es sich um Labor- und Feldstudien. *Mummendy* hingegen zeigt eine Langzeitstudie auf, in der das Fernsehverhalten über einen Zeitraum von zehn Jahren bei Kindern festgehalten wurde, die einen permanenten Konsum von Gewaltfilmen bevorzugten. Zu Beginn waren die Kinder 8 Jahre alt, am Ende der Studie 18 Jahre. In regelmäßigen Abständen beobachteten die Forscher das aggressive Verhalten der Kinder im Alltag. Das Ergebnis erscheint nach *Zimbardo* eindeutig: Jugendliche mit einem hohen Konsum an Gewaltfilmen in der Kindheit neigten zu einem wesentlich aggressiveren Verhalten als die Vergleichsgruppe. Resultierend lässt sich aussagen: Häufiges Ansehen von Gewaltfilmen in der Kindheit = hohe Aggressivität im jungen Erwachsenenalter.

In einer 3jährigen Langzeitstudie kamen die Forscher zu dem Resultat, dass Jungen und Mädchen, die in Filme aggressive Inhalte bevorzugen und oftmals ansahen, im späteren Leben die aggressive Vergeltungshandlungen positiver beurteilten.

Vier Faktoren beeinflussen die aggressiven Verhaltensweisen des Zuschauers von Gewaltfilmen in Bezug auf die Aggressionstendenzen im Alltag:[273]

- *Effektivität:* Aggression wird in den Medien als wirksames Mittel zur Erreichung der eigenen Ziele dargestellt und bleibt unbestraft.
- *Normativität:* Körperliche Gewalt oder absichtlich verletzende Handlungen werden ohne Konsequenzen für das Opfer dargestellt; das Leiden, der Schmerz oder ähnliches bleibt unberücksichtigt. Vielmehr wird die Darstellung gerechtfertigt, wenn beispielsweise die „Guten" die eigentliche aggressiven sind.

---

[272] vgl.: Kumpf, Martin; Massenkommunikation. In: Frey, D./Greif, S. [Hrsg. (1997)]; Sozialpsychologie; Seite 242 bis 243

[273] vgl.: Zimbardo, P.G. (1995); Psychologie; Seite 433

- *Angemessenheit:* Der Zuschauer fühlt sich dem Gewalttäter im Film ähnlich, er kann sich mit ihm identifizieren. Aggression wird realistisch und nicht las Fiktion dargestellt.
- *Empfindlichkeit:* Der eigene emotionale Zustand des Zuschauers verzerrt seine kritische Betrachtungsweise des Dargestellten und verhindert dessen Distanzierung.

Eine „psychische Abstumpfung" bewirkt der regelmäßige Konsum von mit humoristischen Einlagen unterlegte Gewaltfilmen. Sie schaffen eine Betäubung sowohl der Empfindlichkeit als auch der moralischen Empörung gegenüber Aggressionen im Alltag.

Belege dafür, dass das Rezipieren von Gewaltfilmen eine katharsische Wirkung haben soll und zur Reduktion des eigenen aggressiven Verhaltens beitrüge, lassen sich kaum beobachten:[274]

*Schorb/Mohn/Theunert* stellen im Bereich der Sozialisationsforschung vier Hypothesen bezüglich der Gewalt-Forschung auf, die allesamt einer empirischen Verifizierung unterliegen:[275]

1. *Stimulations- oder Imitationshypothese:*

   Diese Hypothese geht davon aus, dass das Ansehen von Gewalt beim Zuschauer gewalttätiges Handeln stimuliert und der Rezipient das Verhalten imitiert.

2. *Katharsishypothese:*

   Eine Gewaltfilme rezipierende Person reagiert sich hierbei ab und hat das Ausleben seiner aggressiven Tendenzen nicht mehr nötig.

3. *Inhibitionshypothese:*

   Auf die Darstellung von Gewalt wird deswegen nicht aggressiv reagiert, weil der Rezipient eine negative Sanktion erwartet.

4. *Habitualisierungshypothese:*

   Die ständige Konfrontation mit Gewalt führt zu einem Abstumpfungseffekt, Gewöhnungseffekt.

---

[274] vgl.: Kumpf, Martin; Massenkommunikation. In: Frey, D./Greif, S. [Hrsg. (1997)]; Sozialpsychologie; Seite 243

[275] vgl.: Schorb, B./Mohn, E./Theunert, H.; Sozialisation durch (Massen-)Medien. In: Hurrelmmann, K./Ulrich, D. (1998); Handbuch der Sozialisationsforschung; Seite 496

Im Bewusstsein der Bevölkerung, wie *Schorb/Mohn/Theunert* bemerken, konkurriert noch immer die Stimulations- und die Katharsisthese, wobei die Zahl derer, die eine katharsische Wirkung beim Ansehen von Gewaltfilmen erwarten, immer geringer ausfällt.

Wie schon in anderen Kapiteln beziehe ich auch hier zwei Berichte aus Fachzeitschriften ein, in denen es sich um die Aggression bzw. Gewalt auf dem Bildschirm dreht.

Beginnen möchte ich mit einem Artikel von *Renate Luca,* die sich auf handlungsorientierte Medienarbeit bezieht:[276]

*Luca* bemängelt schon eingangs die Erforschung der Gewaltdarstellung in Filmen. In der Regel beschränken sie sich lediglich auf die physische Auseinandersetzung zweier oder mehrerer Personen. Sie prangert die Vernachlässigung von Einbeziehungen verdeckter Gewaltformen wie psychische oder strukturelle Gewaltdarstellungen an und möchte in die Erforschung Aggressionsstrukturen in Form von belastenden Arbeitsbedingungen, Machtstrukturen in Beziehungen usw. eingebunden sehen. Gewalt soll nach ihrer Auffassung alles das sein, was einen Menschen physisch und *psychisch* schädigt.

*Luca* sieht – wie auch andere Wissenschaftler – die Hauptrichtung der Forschung auf das Zusammenspiel von medialer und realer Gewalt und beziffert das Studienaufkommen auf über 5.000, die ausschließlich auf das Reiz-Reaktions-Muster hin durchgeführt wurden. Auch *Luca* bemängelt, alle Studien beschränkten sich auf die zwei widersprüchliche Standpunkte: dem Imitieren und der katharsischen Wirkung. Im Gegensatz zu den anderen Wissenschaftlern, zumindest zu denen, die ich bisher aufführte, sieht *Luca* einen Weiteren wesentlichen Aspekt in Bezug auf die Wirkung von Gewaltdarstellungen: die Wirkungslosigkeit von Medien. Diese monokausale Betrachtungsweise hält *Luca* für nicht aussagefähig. Die Ergebnisse der Mainstreamforschung erscheinen äußerst widersprüchlich und wenig zufriedenstellend.

Um die Wirkung der Gewaltdarstellungen in den Medien auf den Rezipienten umfassend analysieren zu können muss beachtet werden, in welchem Kontext die Gewalt in das Filmgeschehen eingebettet ist. Wird im Film die Gewalt legitimiert oder wird sie als inadäquate Form der Konfliktlösung eingebunden? Resultierend hieraus vermag der Rezipient die Gewalt als etwas positives oder negatives empfinden, zumindest auf den Handlungskontext bezogen. *Luca* verweist in hier auf eine Studie von *Grimm* aus

[276] vgl.: Luca, Renate; Gewalt auf dem Bildschirm. In: Pädagogik; Ausgabe 1 (Januar); Jahr 1999; 51. Jahrgang; Seite 21ff.

dem Jahre 1995. Hierin fand man einen interessanten Aspekt in Bezug auf das aggressive Verhalten nach dem rezipieren eines Gewaltfilmes: Wurden den Rezipienten die Folgen in Form von Leiden, Schmerzen oder Qualen der Opfer im Film nicht gezeigt bzw. ausgeblendet, besteht nachher eine höhere Wahrscheinlichkeit der Nachahmung; weiterhin könne, so *Grimm*, die sozialverträgliche Spielfilmgewalt das Einfühlungsvermögen der Zuschauer verringern.

Trickfilme, die sich in der Regel gerade bei Kindern einer großen Beliebtheit erfreuen, beinhalten oftmals unrealistisch hohes Gewaltaufkommen. 8jährige sind nach Aussage von *Luca* jedoch bereits in der Lage, fiktiver von realer Gewalt zu trennen.

In der Jugendphase kommt dem Ansehen von Filmen mit hoher Gewaltdarstellung ein hoher Stellenwert zu. Bestimmte Filme werden nun in der Peergroup angesehen, um langsam in den tabuisierten Bereich der Erwachsenenwelt vorzudringen; besondere Bedeutung bekommen Filme, in denen sexuelle Darstellungen sowie exzessive Gewalt dargeboten wird. Derartige Filme versetzen Jugendliche in einen Zustand der Anspannung und einer neuen Körpererfahrung, mit zuweilen an die Grenzen des gerade noch Aushaltbaren anstoßend. Solch ein Erleben von Angst und Lust dient im allgemeinen der willkommenen Abwechslung im sonst öden Alltags(er)leben. Ab einem Alter von 19 Jahren hebt sich diese Art der „Mutproben und Riten“ – wie *Luca* sie benennt – wieder auf.

Gewalt auf dem Bildschirm hat nach wie vor noch immer eine geschlechtsspezifische männliche Komponente. Männer stellen in der Regel die Täter – Opferrollen hingegen werden von Frauen ausgefüllt. Hieraus entwickeln sich unterschiedliche Reaktionen zwischen Mädchen und Jungen auf die Gewaltdarstellungen. Während sich Jungen aufgrund des männlichen Täters eher mit dessen Rolle identifizieren, reagieren Mädchen auf mediale Gewalt mit Angst und Ohnmacht; auch Kinder und Erwachsene reagieren mit den gleichen Emotionen. *Luca* sieht in den Gewaltdarbietungen eine Verstärkung der weiblichen Ohnmacht und eine Steigerung männlicher Allmachtsgefühle.

Resultierend besteht zwischen dem Ausstrahlen gewalthaltiger Filme und deren rezipieren eine komplizierte Wechselbeziehung. *Luca* bezeichnet die Darbietung von medialer Gewalt nicht gleichbedeutend mit der Gewaltausübung. Zudem sieht sie es als unklar an, welche Auswirkung das Ansehen von Gewaltfilmen auf den Rezipienten überhaupt hat. Auch brachte eine Studie *Grimms* keine endgültige Klarheit in Bezug auf die Gewaltdisposition und einer späteren Gewaltausübung der Rezipienten, weshalb es sich anböte, nicht von medialen Vorbildern, sondern lediglich von medialen Impulsen zu sprechen. So können Gewaltfilme entweder aggressionsfördernd oder aggressionshemmend wirken, je nachdem, wie sie der jeweilige Rezipient verwertet und umsetzt. Nach *Luca* besteht ein direkter Zusammenhang zwischen dem Fernsehkonsum und der Bewältigung des Alltags. Demnach suchen Jugendliche in gewalttätigen Filmen, was sich in ihrem Inneren Erlebtes oder Phantasiertes widerspiegelt. Einen gekonnten Umgang mit der Gewalt lernen sie demnach nicht in den rezipierten Gewaltdarstellungen, sondern im Umgang mit realen Personen.

Potentielle Gefahren beim ansehen gewalttätiger Filme erkennt *Luca* jedoch bei Kindern und Jugendlichen, die

- aufgrund ihres Alters oder Intellekts nicht zwischen Fiktion und Realität unterscheiden können,
- mit ihren medialen Erlebnissen allein gelassen werden,
- im eigenen Leben oftmals Gewalt erfahren oder
- sich in Peergroups befinden, die eine gewaltverherrlichende Einstellung aufweisen.

Nachfolgend beziehe ich mich auf einen Artikel von *Sulzbacher*. Im Gegensatz zu den bisher in meinem Text aufgeführten Wissenschaftlern ist *Sulzbacher* kein Forscher im Bereich der Psychologie bzw. Soziologie. Er ist Oberstaatsanwalt und Leiter der Zentralstelle des Landes Rheinland-Pfalz zur Bekämpfung schwer jugendgefährdender Schriften und Medieninhalten.[277]

Nach Angaben *Sulzbachers* stieg die Zahl der jugendlichen Tatverdächtigen in den Jahren von 1984 bis 1996 um etwa 70%. Die Ursachen hierfür erscheinen mannigfaltig. Möglicherweise liegen sie bei Eltern, Lehrern und Erziehern, vielleicht liegt es aber auch an der zunehmenden Gewaltdarstellungen in den Medien. 3 von 4 Deutschen sind der Überzeugung, dass eine Kriminalisierung der Jugend auf die gesteigerte mediale Gewaltdarstellung zurückzuführen ist, zumindest aber eine nachteilige Wirkung ausübe.

Zwischen dem 5. und dem 15. Lebensjahr sieht ein Kind im Schnitt 14.000 getötete Menschen auf dem Bildschirm. In 48% der in Deutschland ausgestrahlten Sendungen ist mindestens eine aggressive Handlung zu sehen, was etwa 2.745 Gewaltszenen pro Woche ausmacht.

Gewalt wird, so *Sulzbacher*, in verschiedensten Formen von Filmen dargeboten. Zu allen Tages- und Nachtzeiten flimmern Filme über den Äther, die Mord und Totschlag

---

[277] vgl.: Sulzbacher, Klaus; Aggressionen in Film und Fernsehen. In Fachzeitschrift: Jugend Medien Schutz-Report; Ausgabe 1 (Februar); Jahr 1999; 22. Jahrgang; Seite 58

als handlungsauslösenden Effekt beinhalten. Obgleich Tötungsdelikte, Körperverletzung, Raub, Erpressung, Menschenraub, Vergewaltigung und Geiselnahme lediglich 2,3% der im wahren Leben begangenen Straftaten darstellen, liegt der Gewaltanteil im Fernsehen zwischen 35 und 50%, kommen also weit häufiger vor. Ein derartiges Generalisieren der Gewalt löst insbesondere bei jungen und alten Menschen eine hohe Furcht vor Verbrechen aus. Doch nicht nur die Gewalt in Filmen nimmt ständig zu, nein auch Beiträge aus Sportübertragungen und Demonstrationen, in denen prügelnde Hooligans, randalierende Autonome und militante Rechtsradikale randalieren, wirken unter Umständen gewaltverstärkend auf die Rezipienten ein. Solch eine ständige Berieselung in Form von Gewalt verursacht beim Rezipienten eine Abstumpfung gegenüber Aggressionen im Alltag, fördert sie womöglich noch.

Der weitere Verlauf *Sulzbachers* Artikel deckt sich im großen und ganzen mit den bisher aufgezeigten Theorien, jedoch möchte ich eine, wie ich finde, abschließend erklärende Textstelle zitieren:

*„Zusammenfassend kann mithin festgehalten werden, das exzessive Gewaltdarstellungen bei Kindern und Jugendlichen gewaltfördernde Auswirkungen haben können. Sie verändern Werte, Normen und Einstellungen zur Aggression, desensibilisieren gegenüber Gewalt und stärken den Glauben an die Angemessenheit aggressiver Problem- und Konfliktlösungen."*[278]

---

[278] vgl.: Sulzbacher, Klaus; Aggressionen in Film und Fernsehen. In Fachzeitschrift: Jugend Medien Schutz-Report; Ausgabe 1 (Februar); Jahr 1999; 22. Jahrgang; Seite 58

# 8 Prosoziales Verhalten

Unter dem Prosozialen Verhalten werden die positiven Verhaltensweisen im Gegensatz zu den negativen Verhaltensweisen bewertet – hilfreiches versus aggressives Verhalten usw. Prosoziales Verhalten beinhaltet zwei Formen: das altruistische Verhalten und die Wiedergutmachung.[279]

*Witte* führt in seinem Buch das folgende Schema auf:[280]

*Gesellschaftliche Bewertung:*

| **Sicht des Rezipienten** | **prosozial** | **antisozial** |
|---|---|---|
| hilfreich | prosoziales Handeln | unmoralisches Handeln |
| schädigend | moralisches Handeln | aggressives Handeln |

*Witte* impliziert in den Kontext des Prosozialen Verhaltens noch den moralischen Aspekt. Er bezieht sich hierbei auf den Philosophen *Comte* (1789 – 1857), der den Terminus „Altruismus“ seinerzeit einführte, und unter Altruismus die moralische Grundhaltung, die auf das Wohl anderer bedacht ist, verstand; demnach das Gegenteil von Egoismus bedeutet.[281]

Prosoziales Verhalten umfasst unterschiedliche Reaktionsweisen wie beispielsweise einer anderen Person Hilfe zu leisten, sie zu verteidigen oder etwas mit ihr zu teilen.

Nach dieser kurzen Einführung beschränke ich mich nachfolgend auf das Prosoziale Verhalten in der Schule. Ein Prosoziales Verhalten in der Schule umschreibt *Bierhoff* mit folgendem Beispiel:

*„Prosoziales Verhalten in der Schule ist dann gegeben, wenn ein Lehrer oder Schüler einem Lehrer oder Schüler eine Wohltat erweist und wenn er freiwillig handelt (und nicht im Rahmen seiner Aufgaben, die sich durch Lehreranweisung ergeben). Wenn zum Beispiel eine Lehrerin ein Kind beauftragt, einem Mitschüler beim Tragen eines schweren Paketes zu helfen, dann fehlt die Freiwilligkeit, und insofern kann nicht von Prosozialem Verhalten gesprochen werden. Wenn ein Schüler einem ande-*

[279] vgl.: Häcker/Stapf (1996); Dorsch Psychologisches Wörterbuch; Seite 594

[280] vgl.: Witte (1994); Lehrbuch Sozialpsychologie; Seite 92

[281] vgl.: Witte (1994); Lehrbuch Sozialpsychologie; Seite 85ff.

*ren spontan bei den Hausaufgaben in der Pause hilf, ist die Definition Prosoziales Verhalten erfüllt.“*[282]

Prosoziales Verhalten bedarf immer einer Interaktion zwischen Helfer und Hilfeempfänger. Demnach, so *Bierhoff* weiter, gibt es einerseits Einflüsse, die in der helfenden Person lokalisiert sind und andererseits Faktoren, die von der hilfsbedürftigen Person ausgehen.

Ein weiteres wichtiges Attribut des Prosozialen Verhaltens ist die Empathie. *Bierhoff* gliedert den Empathie-Begriff in drei Komponenten:

1. *Affektives Nachempfinden* von Gefühlen anderer, 2. *Perspektivenübernahme* und 3. *Verhalten*, in dem Empathie zum Ausdruck kommt.

Prosoziales Verhalten nimmt im Grundschulalter zu. Ist bei vierjährigen Kindern das Prosoziale Verhalten noch wenig ausgeprägt, zumindest weniger oft auftretend als das aggressive Verhalten, steigert sich das Hilfeverhalten bei Schulkindern zunehmend. Die Prosoziale Tendenz verringert sich jedoch im Laufe der Schulzeit wieder, was in einem unmittelbaren Zusammenhang mit dem sozialen Kontext gesehen werden muss, da das Kind schon vorher eine eventuelle Missbilligung anderer Personen in seinen Hilfegedanken einbezieht. Ältere Kinder befürchten nach *Bierhoffs* Ansicht, dass ihr Eingreifen in einer Notsituation kritisiert werden könnte, weil eine Grenze (moralisch oder geologisch) überschritten werden müsste, um eine Hilfeleistung erbringen zu können.

Ein weiterer interessanter Aspekt des Prosozialen Verhaltens ist der Geschlechtsunterschied der Helfer. Greifen männliche Akteure eher dann ein, wenn eine Initiative in Form von aktivem Eingreifen erforderlich erscheint (Notsituation), ziehen es Mädchen vor in jenen Situationen einzugreifen, in denen sozialer, emotionaler oder sorgender Beistand vonnöten scheint.

*Kann Prosoziales Verhalten gefördert werden?*

Ein Belohnungsmodell im Sinne materieller Werte werden im Sozialisationsprozeß eher selten eingesetzt. In einigen Situationen vermag die materielle Belohnung eine erforderlich Hilfeleistung zwar steigern, hat jedoch den Nachteil, dass eine Generalisierung auf alle Hilfeleistung stattfindet und sich somit negativ auswirkt; besonders dann, wenn für eine erfolgte Hilfeleistung stets eine Belohnung erwartet wird und sich aus diesem Umstand eine extrinsische Motivation entwickelt.

---

[282] vgl.: Bierhoff; Prosoziales Verhalten in der Schule. In: Rost (1998); Handwörterbuch Pädagogische Psychologie; Seite 410 bis 414

Mit einer auf lobende Rückmeldung aufgebaute Belohnung, also in Form von verbaler Auszeichnungen, wie „Du bist ein hilfsbereites Kind“ oder ähnlichem, wird ein Anstieg Prosozialen Verhaltens herbeigeführt.

*Auf die Förderung des Prosozialen Verhaltens komme ich in Kapitel 9.2 Soziales Lernen nochmals zurück.*

# 9 Therapeutische Interventionsverfahren

In diesem Kapitel zeige ich einige Therapieformen auf, die in der Praxis zuweilen Anwendung finden. Welche Maßnahmen eine erfolgreiche Intervention versprechen, hängt in der Regel von der Schwere der Aggressivität ab, die das Kind bzw. der Jugendliche internalisierte.

Im Gegensatz zu anderen psychischen Störungen weisen Störungen des Sozialverhaltens respektive der Aggressivität eine ungünstige Prognose in Bezug auf eine therapeutische Intervention auf.[283]

## 9.1 Therapeutische Grundlagen

*Petermann/Petermann* sehen es als einen wesentlichen Aspekt an, die Ursachen der Verhaltensstörung in einem möglichst kurzem Zeitraum ausfindig zu machen, um die Problemauslöser beim Kindes und der Familie rasch beheben zu können; ausgegangen wird von einem Kosten-Nutzen-Prinzip.[284] Aggressive Kinder neigen dazu noch aggressiver zu reagieren, wenn das soziale Umfeld – Eltern – eine nicht-lenkende und gewährende Atmosphäre schafft, in welchem dem Kind Raum gelassen wird, seine Aggressionen auszuleben, was zu einer Verstärkung seiner negativen Verhaltensmuster führt und die Aggressionen fördert. Somit muss eine therapeutische Intervention erfolgen, in der Kindern ein neues Verhalten beigebracht wird *– sie müssen beginnen zu denken bevor sie handeln;* solch ein Verhalten muss in der Therapie mit dem Kind trainiert werden.

*Petermann/Petermann* führen in ihrem Buch ein – bereits oben erwähntes – Kosten-Nutzen-Prinzip auf, welches einen günstigen Einfluss auf die therapeutische Arbeit nimmt:[285]

1. Aus ethischen Gründen darf ein Kind nicht seiner Verhaltensstörung überlassen werden.
2. Langandauernde Verhaltensstörungen mindern erheblich die psychische Leistungsfähigkeit.
3. Je früher die Verhaltensstörung auftritt und je länger sie anhält, desto folgenschwerer ist dies auf die Entwicklung des Kindes. Im Jugendalter kann die Störung nur mit größter Anstrengung noch aufgefangen werden.

---

[283] vgl.: Steinhausen (1996); Psychische Störungen bei Kindern und Jugendlichen; Seite 223

[284] vgl.: Petermann/Petermann (1997); Training mit aggressiven Kindern; Seite 21ff.

[285] vgl.: Petermann/Petermann (1997); Training mit aggressiven Kindern; Seite 21 bis 22

4. Erfährt ein Kind mehrere erfolglose Therapien, so wird das Kind therapeutisch nur noch schwer zugänglich sein, es wird therapieresistent.
5. Ist eine langwierige Therapie erfolgreich, lässt sich die Besserung nicht unbedingt dieser zuschreiben, sondern es besteht im Kindesalter zudem die Möglichkeit, dass die Verhaltensstörung auswächst.
6. In einer kurzzeitigen Therapie besteht die Wahrscheinlichkeit, dass sich die Eltern eher engagieren, da der Zeitraum, der auf sie zukommt, überschaubar bleibt, was vom Kind ebenso empfunden wird.
7. Kurzzeitige Therapien sind in der Regel finanziell verträglicher als mehrjährige.

## 9.2 Soziales Lernen

Die Ziele des Sozialen Lernens bestehen nach *Petillon* aus folgenden *Fähigkeiten* und *Bereitschaften:*[286]

| | |
|---|---|
| **Kommunikation** | *Fähigkeit und Bereitschaft, sich verständlich zu machen und andere zu verstehen.* |
| **Kontakt** | *Fähigkeit und Bereitschaft, mit anderen Kontakt aufzunehmen.* |
| **Kooperation** | *Fähigkeit und Bereitschaft mit anderen zusammenzuarbeiten.* |
| **Solidarität** | *Fähigkeit und Bereitschaft zu gemeinsamen Handlungen in kleineren und größeren Gruppen; Bewusstsein der Zusammengehörigkeit und Erkenntnis der gemeinsamen Lage.* |
| **Konflikt** | *Fähigkeit und Bereitschaft, konstruktives Konfliktlöseverhalten zu praktizieren.* |
| **Ich-Identität** | *Fähigkeit und Bereitschaft, Fremderwartungen und eigene Bedürfnisse so zu verarbeiten, dass ein eigenes selbstbestimmtes Rollenverhalten entwickelt und praktiziert werden kann.* |
| **Soziale Sensibilität** | *Fähigkeit und Bereitschaft, sich in die Rolle eines anderen zu versetzen, sich in seine Lage einzufühlen und das Ergebnis dieser Bemühung in das eigene Verhalten einzubeziehen.* |
| **Toleranz** | *Fähigkeit und Bereitschaft, die Andersartigkeit, Eigentümlichkeit Hilfsbedürftigkeit usw. anderer zu erkennen und zu respektieren, Vorurteile zu hinterfragen.* |

[286] vgl.: Petillon (1993); Das Sozialleben des Schulanfängers; Seite 5 bis 10

| | |
|---|---|
| **Kritik** | *Fähigkeit und Bereitschaft, In Formationen, Normen, Handlungen, feststehende Urteile kritisch zu hinterfragen und gegebenenfalls Alternativen zu entwickeln.* |
| **Umgang mit Regeln** | *Fähigkeit und Bereitschaft, wichtige Regeln des Zusammenlebens zu erarbeiten, zu beachten und gegebenenfalls zu revidieren.* |
| **Gruppen-kenntnisse** | *Fähigkeit und Bereitschaft, Kenntnisse über wesentliche Aspekte der sozialen Gruppe (Schulklasse o.ä.) zu erwerben.* |

Nach *Petermann/Petermann* lassen sich mit Hilfe Sozialen Lernens folgende drei Effekte erzielen:[287]

1. *Beobachtungslerneffekt:*

   Erweiterung und Erfahrung durch bloßes Hinsehen und Nachahmen; Erwerb neuen Verhaltens ohne Versuch und Irrtum möglich.

2. *Hervorhebung oder Abschwächung von Verhaltenshemmungen:*

   Lerneffekt aus der Erkenntnis heraus, in welcher Weise ein Modell belohnt oder bestraft wird; Belohnung fördert, Bestrafung hemmt ein bestimmtes, bereits erlerntes Verhalten.

3. *Aktivierung durch gezielte Hinweise:*

   Verdeutlichung, wann ein bestimmtes Verhalten angebracht ist (Diskriminationslernen). Hierbei wird kein neues spezifisches Verhalten gelernt, sondern es geht darum zu erkennen, wann man ein prinzipiell schon gekonntes aber aktuell nicht gezeigtes Verhalten einsetzen kann. Einem aggressiven Kind muss vermittelt werden, dass es sich in konkreten Situationen nicht bedroht fühlen muss; durch diese In Formation kann das kooperative Verhalten aktiviert werden.

Folgende vier Fertigkeiten müssen vorliegen, wenn der Prozeß des Sozialen Lernens erfolgreich vermittelt werden soll:

*1. Aufmerksamkeit:*

Der Aspekt der Aufmerksamkeit ist dahingehend relevant, als dass das Kind bzw. der Jugendliche dem Geschehen Aufmerksamkeit zukommen lässt und präzise beobachtet, was geschieht. Einem aggressiven Kind muss unter Umständen erst einmal vorgeben werden, wie es sich in einer kritischen Situation realitätsgerecht verhalten kann. *Petermann/Petermann* benutzen hierzu das Modell des Videofilms, in dem das aggressi-

[287] vgl.: Petermann/Petermann (1997); Training mit aggressiven Kindern; Seite 22ff.

ve Kind erkennen kann, wie sich ein anderes Kind (im Film) in einer bestimmten Situation aggressionslos verhält. Je größer die Aufmerksamkeit des zuschauenden Kindes ausfällt, desto höher ist die Wahrscheinlichkeit, erfolgreich aus dem Film lernen und zu übernehmen. Das beobachtende (aggressive) Kind wird jedoch erheblich von seinen eigenen Erfahrungen beeinflusst. Hier bedarf es dann zuvor einer Schulung der Aufmerksamkeit des Kindes bzw. Jugendlichen.

*2. Gedächtnis*

Hat das Kind bzw. der Jugendliche das ihm gezeigte und von ihm zukünftig erwünschte Verhalten wahrgenommen, muss es von ihm behalten werden, es bedarf dessen späterer Umsetzung. Wurden dem Kind im Film zu komplexe Handlungsvarianten bezüglich der Verhaltensweisen aufgezeigt, so dass nicht mehr alle Details behalten werden konnten, kodiert das Kind das Gezeigte im Gedächtnis. Es wird nicht der genaue Handlungsablauf gespeichert, sondern eine verschlüsselte verbale und bildhafte Bedeutung. *Petermann/Petermann* beschreiben es anhand des Beispiels eines aggressiven Kindes:

> Ein aggressives Kind erlebt, dass sich ein anderes Kind ihm schnell nähert, eine schnelle Handbewegung vollzieht und ihm einen Schlag versetzt. Das aggressive Kind codiert nunmehr, alle schnellen Handbewegungen und der darauf folgende Schlag seien identisch. In einer späteren Situation erkennt das aggressive Kind eine schnelle Handbewegung nicht mehr als normalen Bewegungsablauf, es fühlt sich generell bedroht oder angegriffen. Hierauf reagiert es in Form einer Aggression. Wird das Kind später darauf angesprochen, warum es aggressiv handelte, behauptet es, es sei angegriffen worden, obgleich lediglich sein subjektiver Eindruck, dass es angegriffen wurde, als Rechtfertigung vorliegt. Das Kind hat somit seine kognitive Rückmeldung fehlinterpretiert.

*3. Motorische Reproduktion*

Motorische Reproduktion stellt ein wiederholendes motorisches Einüben eines konkreten Verhaltens dar. Das Einüben eines solchen Verhaltens setzt beim Kind körperliche Fähigkeiten sowie Teilreaktionen eines komplexen Verhaltens voraus, was schrittweise mit aggressiven Kindern eingeübt werden kann. Eine große Bedeutung der motorischen Reproduktion liegt darin, dass der Außenstehende (anderes Kind oder Therapeut) genau auf das einzuübende Verhalten achtet und dem Kind ein differenziertes Feedback geben kann. Letztendlich kann die motorische Reproduktion entweder aufgrund von dargebotener als auch verinnerlichter Verhaltensweisen erfolgen.

*4. Motivation*

Erfolgt von Außen her keine Bekräftigung auf das durch Beobachtung und motorische Reproduktion erlernte Verhalten, wird es kaum ausgeführt. Das Bekräftigen durch den Außenstehenden steuert das Verhalten des Kindes ebenso, wie die selektive Wahrnehmung und die Gedächtnisleistung.

I. *Materielle Verstärkung/soziale Verstärkung*

Will man bei einem Kind ein erwünschtes Verhalten erzeugen, bedarf es unter Umständen einer äußeren Verstärkung, die entweder in Form materieller (Geld, Essen, Münzen usw.) oder in sozialer (Lob, Zuwendung, Anerkennung usw.) Verstärkung angeboten wird. Eine solche direkte Verstärkung wird in der Regel von der Bezugsperson gegeben, wobei der Entzug einer Verstärkung eine strafende Wirkung ausübt. *Petermann/Petermann* sprechen hierbei auch von einer „Münzverstärkung“ oder symbolischer Verstärkung, das heißt, dass das Kind als Belohnung Münzen erhält, welche es nach einem bestimmten Zeitraum in reale Belohnungswerte eintauschen kann.

II. *Stellvertretende Verstärkung*

Die stellvertretende Verstärkung ist eine weitere Art der Bekräftigung. Hierbei handelt es sich um Bekräftigung infolge des Modellernens. Das aggressive Kind beobachtet ein Modell, in dem ein anderes Kind für ein positives Verhalten gelobt wird. Bezieht das aggressive Kind das dargestellte Verhalten auf sich und empfindet es als positiv und nachahmenswert, übernimmt es das gesehene und bekräftigende Verhalten.

III. *Selbstverstärkung*

Das selbstverstärkende Verhalten spielt sich im Kopf des aggressiven Kindes ab und ist von äußeren Einflüssen weitestgehend unabhängig. Selbstverstärkung resultiert aus dem Beobachten des eigenen Verhaltens bzw. der eigenen Person, verglichen mit den sich selbst gesteckten Zielen. Erreicht man ein sich selbst gestecktes Ziel, belohnt man sich selber, in dem man beispielsweise etwas bestimmtes unternimmt oder sich einen anderen Wunsch erfüllt; wird das Ziel verfehlt, straft man sich dadurch, dass man sich keine Wunscherfüllung zugesteht und an sich selbst zu zweifeln beginnt.

## 9.3 Umsetzung sozialen Lernens

In der Umsetzung des sozialen Lernens geht es darum, die aggressiven Verhaltensweisen des Kindes zu verringern. Hierfür stehen einige Vorgehensweisen zur Verfügung, von denen ich nachfolgend drei aufzeige:[288]

*Ausleben von Aggressionen*

Das Ausleben von Aggressionen wurde bereits in Kapitel 3.6 (Katharsis der Aggressionen) angesprochen. Wie dort bereits angemerkt, steigert ein Abreagieren in Form vom körperlichen Ausleben der Aggressionen eher als das es beruhigend wirkt; *Petermann/Petermann* bezeichnen es ich ihrem Buch als einen Prozess selbstverstärkenden Verhaltens. Die Spannungsabfuhr erlebt das Kind allerdings unter dem Aspekt des Angenehmen, es wirkt befreiend, was sein Verhalten dahingehend steigern wird – der Ärger verschwindet. Demzufolge wird ein aggressives Kind immer wieder und womöglich auch öfter zu einem Ausleben seiner Aggressionen greifen, um das angenehme Gefühl der Entspannung zu erleben. *Petermann/Petermann* negieren das Ausleben der Aggressionen nicht, möchten den Spannungsabbau über andere Mechanismen erfolgen lassen, etwa durch Spannungsregulation mit Hilfe von progressiver Muskelentspannung oder autogenem Training.

*Diskriminierungslernen*

Diskriminierungslernen erfolgt auf zwei verschiedenen Wegen: Simultanes oder sukzessives Diskriminierungslernen infolge Darbietung verschiedener Reize.

Beim simultanen Diskriminierungslernen werden dem aggressiven Kind gleichzeitig verschiedene Lösungsmöglichkeiten vorgelegt, aus dem es die angemessenste auswählt. Das Kind wählt in der Regel die Möglichkeit aus, in der es im realen Leben die wenigsten negativen Folgen zu erwarten hat. Beim sukzessiven Diskriminierungslernen werden dem aggressiven Kind nacheinander verschiedene Konfliktlösungswege vorgelegt, aus denen es sich keinen aussuchen soll, sondern es lernt in Rollenspielen und Gesprächen, welche Möglichkeit angemessen erscheint und ausprobiert werden soll. Die Vorgabe der Lösungsschritte erleichtert das Lernen mit dem sukzessiven Diskriminierungslernen. Gezielte Verstärkung wirkt beim Diskriminierungslernen begünstigend. So tritt nach einem unerwünschten Verhalten entweder keine (erwünschte) Verstärkung ein oder ein bestimmtes Verhalten wird in einer Situation belohnt, in einer anderen jedoch nicht. Will man bei einem aggressiven Kind ein neues Verhalten

[288] vgl.: Petermann/Petermann (1997); Training mit aggressiven Kindern; Seite 25 bis 27

aufbauen, halten es *Petermann/Petermann* für sinnvoll, schrittweise vorzugehen und bereits internalisierte Teilreaktionen zu stärken, womit eine Annäherung an ein gewünschtes Verhalten erreicht werden kann.

*Rollenspiel*

Das Rollenspiel verschafft aggressiven Kindern die Möglichkeit, sich mit neuen Erfahrungen und veränderten Verhaltensweisen auseinander zu setzen, diese angemessen zu verändern und auf den Umgang mit anderen zu übertragen; auch soziale Regeln gilt es im Rollenspiel zu erlernen. Unter sozialen Regeln versteht man hier Übereinkünfte mit dem Interaktionspartner. welches Verhalten in einer spezifischen Situation als angemessen gelten soll(te). Kleine Kinder wenden soziale Regeln automatisch an, während ältere Kinder aus einem Verständnis heraus bestimmte Regeln befolgen. Das Regelverständnis setzt im Alter von etwa neun bis zehn Jahren ein, ist jedoch nur teilweise als altersabhängig anzusehen, da auch Erfahrungen im Umgang mit Regeln berücksichtigt werden müssen.

Im Rollenspiel soll das Kind die eigenen Bedürfnisse angemessen darstellen können. Besonders der Aspekt des Ausprobierens verschiedener Lösungsmöglichkeiten ohne negative Sanktionen, also ohne realen Alltagsbezug, verschafft dem Kind einen spielerischen Umgang mit sozialen Regeln.

*„Man kann also festhalten: Mit dem Rollenspiel werden soziale Regeln erworben und durch „Ausprobieren" erfahrbar gemacht; bei strukturierten Rollenspielen gelingt es den Kindern, das Gelernte auf den Alltag zu übertragen.*"[289]

Therapeutische Interventionsverfahren in Bezug auf aggressive Verhaltensweisen ist immens, da jede Therapierichtung eine Vielzahl solcher anbieten. Aus diesem Grund beschränkte ich mich auf eine kleine Einführung und verweise auf die einschlägige Literatur.

[289] vgl.: Petermann/Petermann (1997); Training mit aggressiven Kindern; Seite 26

## 10 Schlussbemerkungen

Dass ich in meiner vorliegenden Arbeit nicht alle Aspekte bezüglich der Aggressionsentstehung bei Kindern und Jugendlichen einbringen konnte, ist wohl verständlich. Trotzdem hoffe ich, dass ein wesentlicher Teil dessen, was Aggressionen verursacht und fördert, in angemessener Quanti- wie auch Qualität zur Sprache kam und angemessen ausgeführt wurde.

Aufgrund der vorliegenden – doch recht umfangreichen Abhandlung – sehe ich es als nicht unbedingt notwendig an, nochmals in dieser Schlussbemerkung alle Aspekte aufzuzeigen, da ich meine persönlichen Ansichten bereits in die einzelnen Kapitel einfügte; zumindest bei denen es mir wichtig erschien.

*Letztendlich ist und bleibt aggressives Verhalten bei Kindern und Jugendlichen ein Phänomen, an denen die Kinder an sich meines Erachtens nach im Grunde völlig schuldlos sind. Sie sind das Opfer einer falschen Erziehung, falscher Freundschaften und einer Gesellschaft, die mit diesem Problem deswegen nicht fertig wird, weil sie in der Regel die Wirkung aber nicht die Ursache bekämpft – nämlich ihr eigenes Verhalten, was sich in ihren/den Kindern und Jugendlichen widerspiegelt!*

# 11 Glossar

**adaptiv:** an die Umgebung oder Situation anpassen

**Adipositas:** Fettsucht bzw. Fettleibigkeit oder die übermäßige Vermehrung oder Bildung von Fettgewebe

**Agitation:** aggressive Tätigkeit zur Beeinflussung anderer

**Altruismuns:** Durch Rücksicht auf andere gekennzeichnete Denk- und Handlungsweise, Selbstlosigkeit;

**Altruismus:** Durch Rücksicht auf andere gekennzeichnete Denk- u. Handlungsweise bzw. Selbstlosigkeit; ggs. zum Egoismus.

**ambitendent:** anderer Ausdruck für ambivalent

**Ambivalenz:** gleichzeitiges Bestehen entgegengerichteter Gefühle

**Amenorrhö:** Ausbleiben bzw. Fehlen der Menstruation

**Anomie:** Zustand mangelnder sozialer Ordnung oder Zusammenbruch der kulturellen Ordnung.

**anomisch:** gesetzlos, gesetzwidrig

**anreiztheoretsiche Zug-Konzeption:** laut Heckhausen ist dieser Ausdruck eine Verbindung lerntheoretischer und kognitivistisch-motivationstheoreti-scher Tradition.

**Antagonismus:** Gegensatz, Gegnerschaft, Widerstreit, Widerstand

**antagonistisch:** gegensätzlich, in einem nicht auszugleichenden Widerspruch stehend, gegnerisch

**antizipieren:** etwas (gedanklich) vorwegnehmen

**archaisch:** der Vor-, Frühzeit angehörend bzw. aus ihr überkommend; vor-, frühzeitlich; oder auch entwicklungsgeschichtlich älteren Schichten der Persönlichkeit angehörend

**archaisch-apokalyptisch:** entwicklungsgeschichtlich älteren Schichten der Persönlichkeit angehörend-auf den Weltuntergang hinzielend

**Assertion:** bestimmte, einfache Behauptung; Feststellung

**attribution bias:** Attribution = Charakteristische Beigabe einer Person/bias = Verzerrung, Verdrehung

**Automutilation:** Selbstverletzung

**Aversion:** Abneigung; Widerwille

**Betragensstörung:** nicht-aggressive Verhaltensstörung nach DSM-III

**Bulimie:** von bous = Stier bzw. Ochse und limos = Hunger bzw. Heißhunger; was soviel bedeutet wie Stierhunger oder Hunger auf einen Ochsen

**cerebral:** das Gehirn betreffend

**Circulus vitiosus:** Teufelskreis

**cranio:** Schädel/**facial:** das Gesicht betreffend

**Das Es**

Das Es bildet ökonomisch gesehen das Hauptreservoir an psychischer Energie und bildet den Triebpol der Persönlichkeit. Der Inhalt des Es ist unbewußt; einesteils angeboren und erblich, andernteils verdrängt und erworben. Das Es befindet sich stets in einem dynamischen Konflikt mit dem *Ich* und dem *Über-Ich.* Im Besonderen beinhaltet das Es die aggressiven und die sexuellen Triebe. Da im Es die aggressive und sexuelle Energie sozusagen gespeichert wird und demnach jederzeit abrufbereit ist und zur Verfügung steht, ist das Es in der Lage kurzfristig auf körperliche Bedürfnisse direkt zu reagieren. Aufgrund der Tatsache, daß das Es eine innere körperliche Anspannung nicht ertragen kann, trachtet es danach, sich umgehend zu entladen. Weil das Es nach unmittelbarer Befriedigung strebt und der Triebgenuß nicht aufgeschoben werden kann, kann es bei einer Nichterreichung des Triebzieles zu aggressiven Verhaltensweisen kommen. Das Es reagiert selbständig nach dem Lustprinzip des *Hedonismus (1),* das heißt, es wird die unmittelbare Lust angestrebt und durch *Homöostase (2)* zwecks Spannungsreduktion erreicht. Anders ausgedrückt ist das Es ein „Reflexapparat". *Weiner* (1994) nennt als Beispiel hierzu den Saugreflex des Säuglings. Beim Auftreten eines Hungergefühls reagiert der Säugling mit einem Saugreflex. Sind in dessen Umfeld etwa die Brust der Mutter oder eine Saugflasche vorhanden, reduziert das Reflexverhalten das Hungergefühl und ruft dadurch einen angenehmen Zustand sowie Schlaf hervor.

**Das Ich**

Als das Ich wird die zweite Instanz bezeichnet, die Freud neben dem Es und dem Über-Ich postulierte. Das Ich steht in unmittelbarer Abhängigkeit von Es und Über-Ich; des weiteren von den Forderungen der Realität. Seine Autonomie ist, trotz des großen Einflusses auf die Gesamtheit einer Person, nur als relativ zu bewerten. Im Bereich neurotischer Konflikte stellt das Ich in hohem Maße eine Reihe von Abwehrmechanismen dar, die mit der Wahrnehmung unlustvoller Affekte begründet werden. So warnt das Ich beispielsweise vor Gefahren, und zwar inform von Angst.

Ein weiterer Aspekt des Ichs, ist die Unterscheidung zwischen Phantasie und Wirklichkeit. Das Ich ist - bei einem „normalen psychisch gesunden" Menschen - in der Lage zu unterscheiden, ob es sich um etwas Reales (z.B. ein Nahrungsmittel) handelt oder eine nur imaginär auftreten Erscheinung, weil die Person möglicherweise gerade Hunger auf eben solche Speise hat. Das Es, welches ja nach unmittelbarer Befriedigung strebt, wird infolge des Ich-Auftretens gebremst, was einen Befriedigungsaufschub zur Folge hat; es erkennt die Notwendigkeit des Befriedigungsaufschubes, wenn einer Es-Trieb-Befriedigung etwas entgegensteht und reagiert dementsprechend darauf.

Der hedonistische Trieb des Es´ wird durch das Eingreifen des Ichs jedoch nicht unterdrückt; das Ich übernimmt eine Unterstützungsfunktion, um dem Es eine adäquate und substantielle Befriedigung zu verschaffen, die nicht als unrealistisch bzw. unerfüllbar anzusehen ist.

Weiterhin sammeln sich im Ich die Sekundärprozesse das Denkens, wie Logik, Zeitorientierung und Unterscheidung von Realität und Irrealität. Es beherbergt weiterhin das Gedächtnis, die Konzentration und die Kontrolle der Willkürmotorik. Alle Aspekte des Ichs sind dem Menschen jedoch nicht bewußt. So beinhaltet das Ich auch die Verdrängung, die eine Person vor seelischem Schmerz schützen sollte. Die Verdrängungsmechanismen sind dem Individuum in der Regel nicht bewußt. Ebenso stecken im Ich der größte Teil an früheren Erfahrungen, die nicht direkt im Bewußtsein verankert sind, allerdings als vorbewußt abgelegt und somit jederzeit vom her Gedächtnis aufrufbar.

**Das Über-Ich**

Es ist die letzte der laut Freud sich entwickelnden Persönlichkeitsstrukturen. Das Über-Ich kann mit einem Richter oder einem Zensor gleichgesetzt werden, der über das Ich wacht. Ein anderer Termini aus der Umgangssprache ist der des Gewissens bzw. einer kritischen Selbstbeobachtung nach den Regeln und Ordnungen des sozialen Umfeldes. Da sich das Über-Ich mit Normen und Regeln auseinandersetzt, kann es als ein Erbe des *Ödipuskomplexes* fungieren, das bedeutet, daß das Ich die elterlichen Verbote und Forderungen internalisiert. Im Gegensatz zum Ich werden inakzeptable Impulse nicht aufgeschoben, sondern mit aktivem Widerstand entgegengewirkt.

*Ödipuskomplex:* Der Ödipuskomplex bildet in seiner Gesamtheit das liebes- und feindselige Wünschen, das ein Kind seinen Eltern gegenüber verspürt. Man unterscheidet beim Ödipuskomplex zwei Formen, den positiven und den negativen. Der positive Ödipuskomplex geht einerseits mit dem Todeswunsch des gleichgeschlechtlichen Elternteils einher, andererseits mit sexuellen Wünschen in Bezug auf den andersgeschlechtlichen Elternteil. Als negativer Ödipuskomplex wird jener gewertet, welcher das sexuelle Verlangen auf den gleichgeschlechtlichen Elternteil und den eifersüchtigen Haß mit Todeswünschen auf den andersgeschlechtlichen Elternteil bezieht. Freuds Auffassung nach tritt der Höhepunkt des Ödipuskomplexes zwischen dem dritten und dem fünften Lebensjahr in Erscheinung - zur Zeit der *phallischen Phase* - und endet mit dem Eintritt in die *Latenzperiode.* Wiederbelebt wird der Ödipuskomplex in der Pubertät, findet jedoch in der Objektwahl eines anderen Partners meist Überwindung.

**delinquent:** straffällig, kriminell (siehe auch Kapitel Delinquenz bei Kindern und Jugendlichen)

**deviant:** von der Norm sozialen Verhaltens abweichend

**deviant:** von der Norm sozialen Verhaltens, vom Üblichen abweichend

**direktiv:** an Verhaltensregeln gebunden; (in diesem Fall also nicht an Verhaltensregeln gebunden)

**dispositionell:** empfänglich

**dissozial:** aufgrund bestimmten Fehlverhaltens nicht od. nur bedingt in der Lage, sich in die Gesellschaft einzuordnen

**dissozial:** Aufgrund bestimmten Fehlverhaltens nicht oder nur bedingt in der Lage, sich in die Gesellschaft einzuordnen

**Dissoziation:** Krankhafte Entwicklung, in deren Verlauf zusammengehörende Denk-, Handlungs- oder Verhaltensabläufe in Einzelheiten zerfallen, wobei deren Auftreten weitgehend der Kontrolle des Einzelnen entzogen bleibt (z. B. Gedächtnisstörungen, Halluzinationen)

**Diuretika:** harntreibende Mittel

**DSM-III-R:** Diagnostic and Statistical Manual of Mental Disorders [Diagnostisches und statistisches Nachschlagebuch der psychischen Störungen (Zusammenstellung von Krankheiten, Syndrom- und Symptombezeichnungen und später Klassen psychischer Störungen mit erklärendem Begleittext)]

**dysfunktional:** einer Funktion, Wirkung o. Ä. abträglich, schädlich

**Empathie:** Bereitschaft und Fähigkeit, sich in die Einstellung anderer Menschen einzufühlen.

**energetisieren:** in Kraft setzen

**ergotrop:** leistungssteigernd

**Exkorporation:** Ausscheidend

**expansiv:** sich ausdehnen, räumliches Ausdehnen

**Exploration:** Nachforschung

**extrinsische Motivation:** Von außen her (angeregt), nicht aus eigenem innerem Anlaß erfolgend, sondern aufgrund äußerer Antriebe. Belohnung – Bestrafung

**fetal:** den Fetus (Fötus) betreffend

**fraternisieren:** sich verbrüdern, vertraut machen

**Habit:** Erlerntes, Erworbenes, Erfahrenes

**habituell:** zur Gewohnheit geworden; ständig

**Hedonismus**: Der Terminus „Hedonismus" stammt aus dem Bereich der Motivations-psychologie und besagt, daß der Mensch seine Handlungen und sein Streben stets nach dem Gewinn von Lust und nach der Vermeidung von Schmerz ausrichtet, das heißt der Sinnesgenuß ist als höchstes Ziel angesetzt.

**heterogen:** uneinheitlich, aus Ungleichartigem zusammengesetzt

**Homöostase**: Als Homöostase wird der Prozeß bezeichnet, der das Gleichgewicht der inneren Vorgänge des Körpers versucht aufrechtzuerhalten; weiterhin versteht man darunter die Tendenz, das Gleichgewicht des Gesamtorganismus zu erhalten und sämtlichen Veränderungen zu widerstehen.

**hyperappentent; Hyperappetenz:** ein übersteigertes Nahrungsverlangen aufweisen

**Hysterie:** auf psychotischer Grundlage beruhende oder aus starken Gemütserregungen entstehende, abnorme seelische Verhaltensweise mit vielfachen Symptomen ohne genau umschriebenes Krankheitsbild

**ICD:** International Classification of Diseases (Internationale Klassifikation von Krankheiten. (ICD-10 ist als das Kapitel eingebunden, in welchem die Klassifikation der psychischen Störungen aufgeführt werden.)

**Imago:** im Unterbewußtsein existierendes [Ideal]bild einer anderen Person der sozialen Umwelt

**inappentent/Inappetenz:** fehlendes Nahrungsverlangen

**indifferent:** überlappend, überschneidend, kreuzend

**Individuation:** Prozess der Selbstwerdung des Menschen, in dessen Verlauf sich das Bewußtsein der eigenen Individualität bzw. der Unterschiedenheit von anderen zunehmend verfestigt Ggs. Sozialisation.

**Indolenz:** Schmerzunempfindlichkeit

**Inhibition:** Einhalt, gerichtliches Verbot, einstweilige Verfügung

**Inkontinenz:** Unfähigkeit, Harn oder Stuhl willkürlich zurückzuhalten

Inkorporation: Einverleibung

**Intention:** Ziel, Absicht

**interdependent:** voneinander abhängend

**Intoxikationen:** schädigende Einwirkung von Giftstoffen auf den Organismus

**introvertiert:** nach innen gewandt, zur Innenverarbeitung der Erlebnisse veranlagt

**Jakation:** unwillkürliches Gliederzucken, unruhiges Hin- u. Herwälzen bei schweren Erkrankungen

**Jakationen:** (Jacatio); Kindliches Kopfwerfen. Meist im Einschlafzustand zu beobachtende Verhaltensstörung in Form unablässigen Hin- und Herrollen des Kopfes. Tritt meist im Kleinkindalter in Erscheinung und ist nach der Pubertät extrem selten. Als Ursache kommt meist eine soziale Störung der Familienmitglieder, eine Milieuschädigung, eine kühle Elternhaus-Atmosphäre oder eine zu labile unterdrückende Erziehung in Frage.

**Katharsis:** das Sichbefreien von seelischen Konflikten und inneren Spannungen durch emotionale Abreaktion

**Konstitution:** allgemeine körperliche Verfassung

**konstitutionell:** anlagebedingt

**konstitutionell:** anlagebedingt, in der Veranlagung des Individuum enthalten

**laissez faire:** Schlagwort für das Gewährenlassen (z. B. in der Kindererziehung)

**Latenz:** durch die Nervenleitung bedingte Zeit zwischen Reizeinwirkung u. Reaktion

**maligne:** bösartig

**mobben:** (einen Kollegen) ständig schikanieren, quälen, verletzen [mit der Absicht, ihn zur Aufgabe seines Arbeitsplatzes zu veranlassen].

**Motilität:** Gesamtheit der nicht bewußt gesteuerten Bewegungen des menschlichen Körpers u. seiner Organe

**Narzißmus**: [krankhafte] Selbstliebe, Selbstbewunderung, Ichbezogenheit

**Neuropsychologie:** Teilgebiet der Psychologie, das sich mit den Zusammenhängen von Nervensystem u. psychischen Vorgängen befasst.

**Neurose:** Hauptsächlich durch Fehlentwicklung des Trieblebens u. durch unverarbeitete seelische Konflikte mit der Umwelt entstandene krankhafte, aber heilbare Verhaltensanomalie mit seelischen Ausnahmezuständen u. verschiedenen körperlichen Funktionsstörungen ohne organische Ursachen; Neurose kann als Ambivalenz zur Perversion angesehen werden.

**Obstipation:** Stuhlverstopfung

**Omnipotenz:** göttliche Allmacht; absolute Machtstellung.

**overt:** offenkundig, unverdeckt

**floried:** voll entwickelt, stark ausgeprägt, rasch fortschreitend

**Paradigma:** Denkmuster

**Partialtrieb:** Einer der als Komponenten des Sexualtriebs angesehenen, in den verschiedenen Entwicklungsstadien nacheinander sich entwickelnden Triebe, z. B. oraler, analer, genitaler Trieb.

**Partialtrieb:** Einer der als Komponenten des Sexualtriebs angesehenen, in den verschiedenen Entwicklungsstadien nacheinander sich entwickelnden Triebe, z. B. oraler, analer, genitaler Trieb. Auf die einzelnen Triebvarianten gehe ich später detailliert ein.

**pathogenetisch/Pathogenese:** Gesamtheit der an Entstehung u. Entwicklung einer Krankheit beteiligten Faktoren

**perinal:** vor der Geburt auftretend

**perinatal:** den Zeitraum kurz vor, während und nach der Entbindung betreffend, während dieser Zeit eintretend, in diesen Zeitraum fallend

**permissiv:** die Einhaltung bestimmter Verhaltensnormen nur locker kontrollierend; in nicht autoritärer Weise gewähren lassend

**persistent:** anhaltend, dauernd, ständig

**Persistenz:** Bestehenbleiben eines Zustandes über längere Zeiträume

**phylogenetisch:** die Stammesgeschichte betrefend

**Pica:** Heißhunger auf bestimmte Speisen

**postnatal:** nach der Geburt auftretend

**Prädiktor:** zur Vorhersage eines Merkmals herangezogene Variable

**prämorbid: Prämorbidität**: Gesamtheit der Krankheitserscheinungen, die sich bereits vor dem eigentlichen Ausbruch einer Krankheit zeigen

**pränatal:** kurz vor oder nach der Geburt auftretend

**Psychopath:** Jemand, der an der Abnormität des Gefühls- und Gemütslebens leidet, die sich in Verhaltensstörungen äußert.

**Regression:** Reaktivierung entwicklungsgeschichtlich älterer Verhaltensweisen bei Abbau oder Verlust des höheren Niveaus, oder aber das Zurückfallen auf frühere, kindliche Stufen der Triebvorgänge

**Regression:** Reaktivierung entwicklungsgeschichtlich älterer Verhaltensweisen bei Abbau oder Verlust des höheren Niveaus. Das Zurückfallen auf frühere, kindliche Stufen der Triebvorgänge.

**Remission:** vorübergehendes Abklingen

**restriktiv:** einschränkend, einengend

**retardiert:** in der geistigen od. körperlichen Entwicklung zurückgeblieben

**Rezipient:** jemand., der einen Text, ein Werk der bildenden Kunst, ein Musikstück o. Ä. aufnimmt; Hörer, Leser, Betrachter.

**Schub-Konzeption:** Schub bedeutet in der Psychologie Bezeichnung für einen Vorgang, der sich nicht gleichmäßig fortschreitend entwikkelt, sondern fallweise in unregelmäßigen Zeitabständen akut wird bzw. sich steigert.

**Stereotypien:** Als Stereotypien werden sich immer wiederholende, relativ gleichförmige Bewegung des Kopfes, des Körpers und/oder der Hände, zumindest eine Körperregion im Sinne einer zweckvollen und offensichtlich willensgesteuerten Bewegung bezeichnet. Sie weisen einen hohen Autonomiegrad auf und manifestieren sich als rhythmische Bewegungen von Kopf und Körper; zum Beispiel mit einem Wedeln der Hände, Ziehen, Kratzen, Beißen, Schlagen des eigenen Körpers usw., was unter Umständen zu erheblichen Verletzungen führen kann.

**Suizid:** Aus den lateinischen Begriffen *sui (= sich selbst)* und *(ceades = das Töten)* zusammengesetzt.

**symbiotisch/Symbiose:** Zusammenleben von Lebewesen verschiedener Art zu gegenseitigem Nutzen.

**sympathikoton**: erhöht erregbar

**verifizieren:** Durch Überprüfen die Richtigkeit von etwas bestätigen.

**ZNS:** Zentralnervensystem

**Zytomegalovirus:** latente Einschlußkörperchenkrankheit, die in der zweiten Phase der Schwangerschaft auftreten kann. Die Viren gehören der Herpesgruppe an und verursachen eine Hauterkrankung (Schwangerschaftsbläschen); sie können Taubheit und Retardierung verursachen.

# 12 Literaturverzeichnis


*(ohne Autor)* (1998) **Aggressive Mütter – aggressive Kinder**. In: Psychologie heute; 25. Jahrgang; Ausgabe Nr.11; Seite 14

*(ohne Autor)* (1998) **Kleine Biester**. In: Psychologie heute; 25. Jahrgang; Ausgabe Nr.8; Seite 11

*(ohne Autor)* (1998) **Nervenschwache Lehrkräfte**. In: Psychologie heute; 25. Jahrgang; Ausgabe Nr.; Seite 10

*Ahrens, Stephan* (1997) **Lehrbuch der psychotherapeutischen Medizin**/F.K. Schattauer Verlagsgesellschaft mbH, Stuttgart

*Ammon, Günter* (1981) **Gruppendynamik der Aggression**/Ausgabe 1998/2. Auflage/Verlag Dietmar Klotz GmbH, Eschborn bei FFM

*Angermeier, Wilhelm*
*Bednorz, Peter*
*Hursh, Steven R.* [Hrsg. (1994)] **Operantes Lernen**/Ernst Reinhardt Verlag München Basel

*Asanger, Roland*
*Wenninger, Gerd* (1994) **Handwörterbuch Psychologie**/5. Auflage/Psychologie Verlags Union, Weinheim

*Beck, Aaron T. et al.* (1999) **Kognitive Therapie der Depression**/Psychologie Verlags Union, Weinheim und Basel

*Becker, Thomas* (1994) **Sie sind weniger rechtsradikal als gewalttätig** In: Jugend & Gesellschaft; Ausgabe 1; Seite 2-4

*Beins, Hans-Jürgen*
*Lensing-Conrady, R.*
*Pütz, Günter*
*Schönrade, Silke* [Hrsg.(1997) **Wenn Kinder durchdrehen**/2. Auflage/borgmann publishing, Dortmund

*Benesch, Hellmuth* (1995) **Enzyklopädisches Wörterbuch Klinische Psychologie und Psychotherapie**/Psychologie Verlags Union Weinheim

***Bierhoff, Hans W.*** [Hrsg.(1998)] **Gewalt und Aggression**/W. Kohlhammer Verlag GmbH, Stuttgart, Berlin, Köln
***Wagner, U.***

***Davison, Gerald C.*** (1996) **Klinische Psychologie**/4. Auflage/Psychologie Verlags Union, Weinheim
***Neale, John M.***

***Deister, Arno*** (1998) **Schizophrenie und verwandte Psychosen**/Wissenschaftliche Verlagsgesellschaft, Stuttgart
***Möller, Hans-Jürgen***

***Dickhaut, Hans H.*** (1995) **Selbstmord bei Kindern und Jugendlichen**/Beltz Verlag, Weinheim

***Dornes, Martin*** (1997) **Die frühe Kindheit**/Fischer Taschenbuch-Verlag GmbH, Frankfurt/Main

**Fenichel, Otto** (1974/Nachdruck 1997) **Psychoanalytische Neurosenlehre** (Band I)/Psychosozial-Verlag, Gießen

***Frey, Dieter*** (1997) **Sozialpsychologie**/4. Auflage/Psychologie Verlags Union, Weinheim
***Greif, Siegfried***

***Fuhr, Reinhard*** [Hrsg. (1999)] **Handbuch der Gestalttherapie**/Hogrefe Verlag Göttingen, Bern, Toronto, Seattle
***Streckovic, Milan***
***Gremmler-Fuhr, Martina***

***Glomp, Ingrid*** (1999) **Falsche Eltern, falsche Freunde, falsches Geschlecht**. In: Psychologie heute; 26. Jahrgang; Ausgabe Nr.9; Seite 16

***Glomp, Ingrid*** (1999) **„Unsoziale" Kinder lernen schlechter**. In: Psychologie heute; 26. Jahrgang; Ausgabe Nr.4; Seite 14

***Grubitsch, Siegfried*** (1998) **Psychologische Grundbegriffe**/Rowohlt Taschenbuch Verlag, Reinbeck bei Hamburg
***Weber, Klaus***

***Haas-Rietschel, Helga*** (1998) **Rebellion und Männlichkeitskult**. In: Erziehung und Wissenschaft; Ausgabe 10; Seite 12-14

***Häcker, Hartmut*** (1994) **Dorsch Psychologisches Wörterbuch**/12. Auflage/Verlag Hans Huber, Bern, Göttingen, Toronto
***Stapf, Kurt H.***

*Heckhausen, Heinz* (1989) **Motivation und Handeln**/2. Auflage/Springer Verlag, Berlin Heidelberg New York

*Heiliger, Anita* (1999) **Warum Jungs die Mädchen belästigen**. In: Psychologie heute; 26. Jahrgang; Ausgabe Nr.3; Seite 16

*Heinemann, Evelyn; Rauchfleisch, Udo; Grüttner, Tilo* (1992) **Gewalttätige Kinder**/Fischer Taschenbuch-Verlag GmbH, Frankfurt/Main

*Holtappels, H.G. Tillmann, K.-J.* (1999) **„Hausgemachte" Gewaltrisiken – und was in der Schule dagegen getan werden kann**. In: Pädagogik; 51.Jahrgang; Ausgabe 1; Seite 8-12

*Hurrelmann, Klaus Ulrich, Dieter* (1998) **Handbuch der Sozialisationsforschung**/5. Auflage/Beltz-Verlag, Weinheim und Basel

*Kerns, Lawrence L.* (1997) **Hilfen für depressive Kinder**/Verlag Hans Huber, Bern, Göttingen, Toronto

*Knecht, G.* (1997) **Erfahrungen mit psychisch Kranken**. In: psycho, Zeitschrift für Praxis und Klinik; 23. Jahrgang; Ausgabe Nr. 5; Seite 299-305

*Koch, Sannah* (1998) **Wenn ich mich schneide, werde ich ruhiger**. In: Psychologie heute; 25. Jahrgang; Ausgabe Nr.9; Seite 10-11

*Koch, Sannah* (1997) **Die Ängste der Kinder**. In: Psychologie heute; 24. Jahrgang; Ausgabe Nr.7; Seite 12-13

*Kohnstamm, Rita* (1990) **Praktische Kinderspychologie**/3. Auflage/Verlag Hans Huber, Bern

*Kohnstamm, Rita* (1996) **Praktische Psychologie des Schulkindes**/3. Auflage/ Verlag Hans Huber, Bern

*Kohnstamm, Rita* (1999) **Praktische Psychologie des Jugendalters**/Verlag Hans Huber, Bern

*Krumpholz-Reichel, Anja* (1998) **Ist Bullying männlich?**. In: Psychologie heute; 25. Jahrgang; Ausgabe Nr.1; Seite 14

*Laplanche, J.*
*Pontalis, J.-B.* (1996) **Das Vokabular der Psychoanalyse**/13. Auflage/Suhrkamp Taschenbuch, Frankfurt/Main

*Lösel, F.*
*Bender, D.* (1997) **Antisoziales Verhalten von Kindern und Jugendlichen**. In: psycho, Zeitschrift für Praxis und Klinik; 23. Jahrgang; Ausgabe Nr. 5; Seite 321-329

*Mann, Leon* (1997) **Sozialpsychologie**/11. Auflage// Psychologie Verlags Union, Weinheim

*Maslow, Abraham H.* (1981) **Motivation und Persönlichkeit**/Rowohlt Taschenbuch Verlag, Reinbeck bei Hamburg

*Mertens, Wolfgang* (1998) **Psychoanalytische Grundbegriffe**/2. Auflage/Psychologie Verlags Union, Weinheim

*Mönks, Franz J.*
*Knoers, Alphons M.P.* (1996) **Lehrbuch der Entwicklungspsychologie**/Ernst Reinhardt Verlag, München

*Müller-Pozzi, Heinz* (1995) **Psychoanalytisches Denken**/2. Auflage/Verlag Hans Huber, Bern

*Myschker, Norbert* (1996) **Verhaltensstörungen bei Kindern und Jugendlichen**/2. Auflage/Kohlhammer, Stuttgart, Berlin, Köln

*Nagera, Humberto* (1977) **Psychoanalytische Grundbegriffe**/Ausgabe 1998/Fischer Taschenbuch-Verlag, Frankfurt/Main

*Nissen, Gerhardt*
*Trott, Götz-Erik* (1995) **Psychische Störungen im Kindes- und Jugendalter**/3. Auflage/Springer Verlag, Berlin Heidelberg New York

*Oerter, Rolf*
*Montada, Leo* (1998) **Entwicklungspsychologie**/4. Auflage/Psychologie Verlags Union, Weinheim

*Orbach, Israel* (1990) **Kinder, die nicht leben wollen**/Vandenhoeck & Rupecht, Göttingen

| | |
|---|---|
| *Petermann, Franz*<br>*Petermann, Ulrike* | (1997) **Training mit aggressiven Kindern**/Psychologie Verlags Union, Weinheim |
| *Petermann, Franz* | (1998) **Lehrbuch der Klinischen Kinderpsychologie**/3. Auflage/Hogrefe Verlag für Psychologie, Göttingen, Bern, Toronto, Seattle |
| *Petermann, Franz*<br>*Kusch, Michael*<br>*Niebank, Kay* | (1998) **Entwicklungspsychopathologie**/Psychologie Verlags Union, Weinheim |
| *Peters, Uwe Henrik* | (1999) **Wörterbuch Psychiatrie, Psychotherapie, medizinische Psychologie**/5. Auflage/Urban & Schwarzenberg, München, Wien |
| *Petillon, Hanns* | (1993) **Das Sozialleben des Schulanfängers**/Psychologie Verlags Union, Weinheim |
| *Rigos, Alexandra* | (1998) **„Eltern sind austauschbar"**. In: Der Spiegel; Ausgabe 47 (16.11.98); Seite 110-135 |
| *Rossmann, Peter* | (1991) **Depressionsdiagnostik im Kindesalter**/Verlag Hans Huber, Bern |
| *Rost, Detlef H. (Hrsg.)* | (1998) **Handwörterbuch Pädagogische Psychologie**/Psychologie Verlags Union, Weinheim |
| *Schmidt-Atzert, Lothar* | (1996) **Lehrbuch der Emotionspsychologie**/Kohlhammer-Verlag, Stuttgart |
| *Schulmann, Lutz* | (1994) **Kinderbanden als Aggressionsventil**. In: Jugend & Gesellschaft; Ausgabe 1; Seite 21 |
| *Sollmann, Ulrich* | (1999) **Die eigenen Ängste werden anderen eingejagt**. In: Psychologie heute; 26. Jahrgang; Ausgabe Nr.9; Seite 31-35 |
| *Steinhausen, Hans-Christoph* | (1996) **Psychische Störungen bei Kindern und Jugendlichen**/3. Auflage/Urban & Schwarzenberg Verlag, München, Wien, Baltimore |

*Stroebe, Wolfgang*
*Hewstone, Miles*
*Stephenson, Geoffrey* (1996) **Sozialpsychologie**/2. Auflage/Springer Verlag, Berlin, Heidelberg

*Sulzbacher, Klaus* (1999) **Aggressionen in Film und Fernsehen**. In: Jugend Medien Schutz-Report; 22.Jahrgang; Ausgabe 2; Seite 58-59

*Thomä, Helmut*
*Kächele, Horst* (1996) **Lehrbuch der psychoanalytischen Therapie**/2. Auflage/Springer Verlag, Berlin Heidelberg New York

*Thomae, Hans* (1965) **Die Motivation menschlichen Handelns**/Verlag Kiepenheuer & Witsch/Köln, Berlin

*Walther, Hellmuth* (1981) **Angst bei Schülern**/2. Auflage/Ernst Reinhardt Verlag, München

*Weidenbach, Julia* (1996) **Wann ist ein Kind böse?**. In: Psychologie heute; 23. Jahrgang; Ausgabe Nr.4; Seite 14

*Weiner, Bernard* (1994) **Motivationspsychologie**/3. Auflage/Psychologie Verlags Union, Weinheim

*Winnicott, D.W.* (1983) **Von der Kinderheilkunde zur Psychoanalyse**/Fischer Taschenbuch-Verlag GmbH, Frankfurt/Main

*Wittchen, Hans-Ulrich* [Hrsg. (1998)] **Handbuch Psychische Störungen**/2. Auflage/Psychologie Verlags Union, Weinheim

*Zimbardo, Philip G.* (1995) **Psychologie**/6. Auflage/Springer-Verlag, Berlin Heidelberg New York

*Zobel, Martin* (1999) **Vater war Trinker – Mutter auch**. In: Psychologie heute; 26. Jahrgang; Ausgabe Nr.4; Seite 60-63